正向支持學生的行為問題
簽到簽退策略之運用

Responding to Problem Behavior in Schools
The Check-In, Check-Out Intervention

作者 Leanne S. Hawken、Deanne A. Crone、Kaitlin Bundock、
Robert H. Horner

策畫 臺灣正向行為支持學會

校閱 洪儷瑜、蔡淑妃

譯者 洪儷瑜、蔡淑妃、翁素珍、林迺超、王心怡、李忠諺、袁銀娟

Responding to Problem Behavior in Schools

The Check-In, Check- Out Intervention

THIRD EDITION

Leanne S. Hawken
Deanne A. Crone
Kaitlin Bundock
Robert H. Horner

目次 CONTENTS

CHAPTER **1**
簽到簽退的介紹 /1

執行 CICO 時相關的角色、責任及培訓需求　/67

設計適合學校的 CICO　/103

選擇精準度和成效資料系統引導 CICO 的決策　/129

AUTHORS

Leanne S. Hawken博士　國際認證行為分析師（BCBA），擔任
Parent Playbook 的內容和課程總監、猶他大學（University of Utah）特殊教
育系名譽教授。自 1990 年代以來，她一直從事行為分析領域的工作，將
該技術應用於不同的學生和成人。自 2000 年代初，Hawken 博士一直在培
訓、指導和進行有關「簽到簽退」（CICO）的研究。她是《在學校建立正
向行為支持系統》（第二版）和培訓影片《簽到簽退：高風險學生的第二
層級介入》（第二版）的合著者。

Deanne A. Crone 博士　奧勒岡大學（University of Oregon）教學與
學習中心的研究員。 她指導了多項有關解決行為障礙、正向行為支持和功
能性行為評估等問題的研究和培訓專案。Crone 博士也在行為功能評量與
正向行為支持方面針對教師、專業人員、校長和特殊教育主任進行了廣泛
的培訓。

Kaitlin Bundock 博士　猶他州立大學（Utah State University）特殊
教育和復健系助理教授。Bundock 博士曾任特殊教育高中數學教師，她的
研究和教學重點著重在對中學階段數學困難的學生進行有效的指導和介
入。 Bundock 博士還專注於中學的行為介入和支持。 她為學校和地區團隊
提供了 CICO 介入培訓，並協助在中小學實施 CICO。

Robert H. Horner 博士　奧勒岡大學特殊教育名譽教授。他的研究重點是應用行為分析、正向行為支持、多層次教學系統、教育公平和系統變革。自 1990 年代以來，Horner博士與著名教授 George Sugai 合作開發和實施「全校性正向行為介入與支持」（PBIS）。Horner 博士曾獲得美國智障協會頒發的教育獎、行為分析促進協會頒發的行為分析公共服務獎、美國心理學會第 25 分會頒發的 Fred S. Keller 行為教育獎，以及美國教育研究協會之特殊和融合教育研究特別興趣小組頒發的傑出研究員獎。

校閱者簡介

洪儷瑜

| 學歷 |

美國維吉尼亞大學（University of Virginia）特殊教育哲學博士

| 現任 |

國立臺灣師範大學特殊教育學系教授

正向行為支持學會臺灣聯絡網負責人

臺灣正向行為支持學會理事長

蔡淑妃

| 學歷 |

美國華盛頓大學（University of Washington）特殊教育哲學博士

| 現任 |

國立臺南大學特殊教育學系副教授

國立臺南大學師資培育中心教學與輔導組組長

譯者簡介

洪儷瑜（第 1、2 章）

（見校閱者簡介）

蔡淑妃（第 3、10、12、13、15 章）

（見校閱者簡介）

翁素珍（第 4、6 章）

　|學歷|　國立臺灣師範大學特殊教育學系博士

林迺超（第 5、7 章）

　|學歷|　國立臺灣師範大學特殊教育學系博士
　|現任|　臺北市劍潭國小特教教師
　　　　　國立臺灣師範大學兼任助理教授

王心怡（第 10、12 章）

　|學歷|　國立臺灣師範大學特殊教育學系博士
　|現任|　臺北市北投國小專任輔導教師

TRANSLATORS

李忠諺（第 11、14 章）

　│ **學歷** │ 國立中央大學認知與神經科學研究所碩士
　│ **現任** │ 臺東縣泰源國中特教教師

⋯⋯⋯⋯⋯⋯⋯⋯⋯⋯⋯⋯⋯⋯⋯⋯⋯⋯⋯⋯⋯⋯⋯⋯⋯⋯⋯⋯⋯⋯⋯⋯⋯⋯⋯⋯

袁銀娟（第 8、9 章）

　│ **學歷** │ 國立臺灣師範大學特殊教育學系博士
　│ **現任** │ 廣州市教育研究院研究人員

簡單有效的次級預防策略——簽到簽退

「簽到簽退」（Check-In/Check-Out, CICO）是學校實施多層級支持系統（Multi-tiered system for support, MTSS）架構中，最普遍使用次級預防的策略，而且是可以兼顧行為和學業兩項目標的介入。Hawken 自 2000 年初就從奧勒岡州開始，她提供培訓和進行相關研究，約二十年來，CICO 已經獲得很多研究證實其成效。CICO 也從原來的名稱「行為教育計畫」（behavior education program, BEP）在原文書第三版正式從 BEP 更名為 CICO，可見此策略之轉型和成熟。

第二層級的介入主要在提早預防問題行為的惡化，盡早幫助高風險的學生降低他們發展出嚴重適應問題的機率。正向行為教導或社會技巧訓練常被用於第二層級，但其類化問題也經常受到詬病。CICO 依據行為學派的原則，教導和支持正向行為，以及減少對負向行為不當的增強，強調可行性，並用制約原理讓有風險的學生可以跟喜歡的大人建立正向互動經驗，以持續增強其正向行為的機會。CICO 將重要原理設計為五個步驟的介入方法：

1. 簽到：學生每日到校跟 CICO 輔導員簽到，輔導員審查和提醒學生的期待行為和目標。
2. 每日進展卡：簽到、上課、簽退，以及回家親師溝通都用得到。
3. 教師回饋：教師定期在每日進展卡提供口頭或書面回饋。

4. 簽退：學生在結束學校活動放學前，向 CICO 輔導員簽退，並檢核每日進展卡。

5. 家長簽名：學生帶著每日進展卡回家，並由家長簽名。

　　這五個步驟包括了有效改變教學的元素，針對正向行為提供明示教學和結構性教學；並啟動了行為動能：每日正向互動、高頻率回饋和正向陳述；每日進展卡的運用也提供大人與學生互動有所依據，且可為親師間的溝通橋梁。

　　雖然有人認為 CICO 的實施適合取得注意力功能的問題行為，但 Kingbeil 等人（2019）回顧文獻，發現多數研究所處理的行為功能都是要求大人或同儕的注意力、逃避等兩個功能，雖尚未看到 CICO 運用於要求事物或自我增強行為功能，研究者會因不同的功能在五個步驟的實施做調整，這些應用上的調整在本書第八、九章有專章說明。也有些學者認為 CICO 對於某些功能或某些目標行為（依變項）比較有效，Drevon 等人（2018）利用後設分析的中介變項分析，發現行為功能和學生年齡對於 CICO 的成效並沒有顯著影響，而其對問題行為的減少效果值為 1.16，學業投入的效果值為 1.53，二者都超過大效果量的標準 0.50，由此可知其實施方式的調整和目標行為都未能影響其成效，可見 CICO 的實施成效不受功能、年級、調整方式和目標而影響。惟，Drevon 等人建議擔任 CICO 的

輔導員最好是學生熟悉和喜歡的大人或同學，本書也強調輔導員與學生的正向關係，輔導員的訓練和全校實施團隊成員與運作在第五章有詳細說明。可見本書在 CICO 的實施程序、實施場域和重要議題，都提供了說明。

　　本書作者提出一個 PBS 革新的做法——實施 CICO 前不需先實施行為功能評量，這是作者在原文書第三版才提出來的建議。第九章作者提出此建議的理由，精準的行為功能評量費時費力，且靠需受過專業訓練的行為專家。他們認為次級預防應能越早實施越好，如果以估計 15～20% 的學生需要次級預防的介入，實施功能評量再進行功能本位介入，就其需求數量和功能可能不切實際。建議盡快實施 CICO 實證有效的方法，把 CICO 當作次級介入的第一層，此與中華民國特殊教育學會所擬定的「特殊教育學生行為問題處理架構」之主張雷同，將次級介入區分為兩層。臺灣正向行為支持學會鑑於國人對於高風險學生的問題經常等到顯著干擾，才開始起身處理，需費時進行行為功能評量，有時為了簡化評量而僅依賴正確度不佳的問卷結果去擬定介入，學生不一定能獲得實證有效的介入。CICO 為一適合次級介入的實證有效方法，可以放在功能評量之前，本書也建議實施效果不佳的調整方法，經過調整或延長，約 6～10 週，再考慮多加第二層級的介入，或是進行功能評量與個別化的功能本位介入計畫，此議題和做法可參考本書第九章。

臺灣的校園面對高風險的學生經常像「房間裡的大象」般——視而不見，或鴕鳥心態——認為不管他就會沒事，沒事不要自找麻煩，而導致校園爆發嚴重的同儕或師生衝突，才急忙尋求專業協助。此時所需的策略常非立即可得，且非單一策略就可解決，而且已對學生、教師、家庭或學校都造成很大的損傷。基於正向行為介入與支持（PBIS）強調積極預防，以及創造學生的學習與生活品質，本學會在 2022 年成立之後，就先以推廣初級、次級預防之實證有效策略為優先目標。因此，學會積極翻譯實證有效的初級、次級策略的實用書籍，期待供國人參閱實作，以減少轉換學術文章到實踐的困難。去年我們翻譯出版的《全班性的正向行為介入與支持：預防性班級經營指引》（*Classwide Positive Behavior Interventions and Supports*），屬於第一層級和第二層級的策略。今年我們翻譯《正向支持學生的行為問題》，屬於次級預防的介入策略，期待可以增加國人在次級預防的行動力。

　　本書為方便國人閱讀，在書內用詞的翻譯特別參考國內學校系統用詞，所以在全書所提之直接輔導學生簽到和簽退的人員，原文「coordinator」本書翻譯為輔導員；全校負責監督資料和訓練及解決輔導員問題的「facilitator」本書翻成引導員或協調員。「alternative education setting」因涵蓋不同類型的教育單位，故本書在與違規行為矯治有關情境，翻譯為「替代性教育」；針對適應欠佳學生或較廣義的教育單位，本

書譯為「另類教育」。特此說明，以澄清讀者在雙語對照的疑惑。

　　本書的出版感謝心理出版社林敬堯總編輯協助取得翻譯權，還有本學會幹部和長期關注 PBS 的資深實務工作者共同參與翻譯，翁素珍、林迺超、袁銀娟、李忠諺、王心怡等教師。大家歷經一年共同協力地翻譯、討論與校對，以及心理出版社編輯林汝穎的細心編修和配合，終於讓本書中文版得以問世。

洪儷瑜

蔡淑妃

2023 年 8 月

【參考文獻】

Drevon, D., Hixson, M.D., Wyse, R., & Rigney, A. (2018). A meta-analytic review of the evidence for check-in check-out. *Psychology in School, 56,* 393-412. doi: 10.1002/pits.22195

Kingbeil, D. A., Dart, E., & Schramm, A. (2019). A systematic review of function-modified check-in/check-out. *Journal of Positive Behavior Intervention, 21*(2), 77-92. doi:10.1177/1098300718778032

「簽到簽退」（check-in, check-out）是目前在選擇實施正向行為介入與支持（positive behavioral interventions and supports, PBIS）完整系統的學校所實施最廣泛的第二層級介入之一。我們實施和研究這項介入方面已有二十年的經驗，最初是由奧勒岡州埃爾邁拉市芬里奇中學（Fern Ridge Middle School）開始，原名為「行為教育計畫」（Behavior Education Program）或「BEP」，該學校最早開始這項介入。後來在這領域的研究人員和實務工作者將其重新命名為「簽到簽退」（Check-In, Check-Out, CICO），並在本書都稱為 CICO。2010 年當我們出版此原文書的第二版時，這個領域對 PBIS 的綜合系統中實施第二層級介入還相當新。在過去的十年裡，本書第一版和第二版中概述的 CICO 基本版進行了大量研究，CICO 現在已被認為是一種實證本位的實踐。在此期間，全美和世界各地的教育工作者開始使用 CICO 來支持更多學生，也讓我們了解如何更有效和高效率的實施。在這新版的書中，我們分享了這些見解。

總體而言，本書已從 12 章擴展到 15 章。新版包括探討有關如何在不同族群中應用 CICO 的原則的新章節，包括高中生、在另類教育環境的學生。還包括有關在針對其他問題行為如何擴大實施 CICO 的資訊，包括內向性行為、學業和組織技能有缺陷、出席問題以及下課休息時表現出的問題行為。此新版也為訓練員和教練規劃了一章，介紹如何有效培訓學校團隊實施 CICO，包括逐步培訓指引和補充材料，以提供完整的培訓和後續教練指導。

第一章概述 CICO 的關鍵要素，並討論了哪些學校應該考慮實施這項介入。此外，本章亦簡介配套的 DVD《簽到簽退：高風險學生的第二層級介入》（第二版）（Hawken & Breen, 2017）。

第二章詳細介紹了 CICO 如何融入學校的整體行為支持系統作為第二層級的介入。為鼓勵學校採用多種第二層級的介入，因此我們描述第二層級介入之主要特徵，並提供學校不同第二層級的介入範例，可融入 PBIS 系統作為其中的部分。本章還提供了 CICO 最新研究的摘要，包括統整三篇介入成效之研究。

第三章提供實施「基本版」CICO 介入的具體細節。我們在本章中標出「基本版」一詞，以強調 CICO 的基本要素，目的是為了讓我們可以將這個版本的介入與其他章節中介紹對基本介入進行的「改編」和「修改」作一個對比。我們強烈建議所有學校在嘗試更進階的應用程序之前，先使用 CICO 的基本版本。

第四章詳細描述如何在全校成功引入和實施 CICO。本章說明如何鼓勵教師的承諾，包括何時以及如何向教職員展示 CICO DVD（如第一章所介紹），還包括「CICO 的發展及實施準則」。要設計 CICO 以適應貴校的需求和文化，行為支持團隊應留出至少半天或一整天的專業發展時間，在試行 CICO 前回答本準則提供參考的問題。

　　第五章不僅深入探討學校實施 CICO 所參與的每個人之角色和職責
（例如，CICO 輔導員／引導員、教師、行為支持團隊），還摘要了每個
參與者（包括家長）的培訓需求。本章中的一些圖表包含 CICO 輔導員／
引導員在簽到、簽退時可以用的短語「腳本」，以及教師在向學生提供回
饋時的範例說詞。

　　第六章提供學校團隊如何有效制定符合學校文化的「每日進展卡」
（DPR）之指引。包括有關評量系統的資訊、評量週期的數量，以及設計
DPR 時應考慮的其他重要資訊。本章還解釋如何開發一個有效的增強系統
以配合 CICO 使用，並且提供了增強系統的示例，以及用於評估年齡較大
的學生之增強物偏好的工具。

　　第七章介紹如何選擇資料系統來引導 CICO 的決策制定。具體來說，
學校提供在實施 CICO 前後可輕鬆追蹤的數據示例。本章將說明網路為本
的全校資訊系統 （SWIS）可以嵌入 CICO 資訊系統，當作蒐集和匯總數
據的工具。該系統能讓學校追蹤轉介辦公室管教和 CICO 的 DPR 數據。本
章也詳細介紹如何蒐集實施數據的精準度，以及使學生褪除 CICO 介入的
策略。

　　第八章提供了調整 CICO 以支持更多學生有不同目標行為之策略，也
支持年紀更小的學生。本章已從前版更新和擴大，包括如何使用 CICO 解
決出席問題、學業和組織技巧問題以及下課休息期間的行為問題。透過

DPR 的範例提供指引，如何支持幼兒園和小學低年級*的學生。

　　第九章為本版的新內容，提供了一個在基本版的 CICO 之上如何將介入分層的模式。自本原文書第二版出版以來，已有大量關於 CICO 方面的研究。這些研究以及我們在數千所學校的實際應用，已經產生了關於功能評量如何融入 CICO 實施過程的新建議。我們的目標是幫助學校和學區無需關鍵的研究人員或大學教師或研究生參與，即可建立永續的系統。我們在第九章中提出了一個模式，讓學校教師更有效能且更有效果地在學校環境中實施 CICO。

　　本版在第十章有重大修改，涵蓋實施 CICO 有關的家庭和文化考量。本章以一個簡短的文化回應實踐的定義開始，然後詳細說明學校工作人員在與來自不同種族、文化、社會經濟和宗教背景的學生互動時，應該如何檢視自己的行為。同時還討論了如何在 CICO 實施過程中與家庭合作以增進學生的學習成果。

　　第十一章總結了在高中學校實施 CICO 所需的調整。本章解釋如何選擇學生進行介入、如何發展 CICO 每天的活動，以及如何將 CICO 介入在社會層面結合高中階段所需的學業支持。除了提供對傳統 DPR 的調整，包括討論當前正在開發的 DPR 之 app 程式，還提供了有關如何評估介入成效的資訊。

---

*譯註：美國的小學從 K 年級（幼兒園大班）開始算起。

　　第十二章是本版新的一章，討論如何調整 CICO 以支持正在經歷內向性問題的學生之行為問題，如焦慮、害羞、憂鬱。最近的研究提出 CICO 對這些行為的功效，本章也含括這個研究的摘要，以及調整基本版的 CICO 以支持這些學生，並沒有大幅修改方法。

　　第十三章也是新的一章，概述了如何調整 CICO 以支持在替代性教育情境中接受教育的學生，例如住宿和日間介入。自本書第二版於 2010 年出版以來，已經開展了大量研究，探討如何加強 CICO 以支持具更明顯行為需求的學生。本章詳細說明了必要的修改，包括午間簽到被證明對替代性教育情境中的學生是有效的。

　　在第十四章中，我們很高興為教練和訓練員分享有關如何教導學校團隊有效實施 CICO 介入，並提供準則。本章包括目標和示例的議程，以及針對初步的培訓主題、覆蓋範圍和其時間表，另概述有實證支持的專業發展之最佳實行。

　　第十五章主要回答實施 CICO 相關的常見問題。本章根據我們在全美各地學校的工作，以及我們的研討會和在職培訓時所面臨的問題進行更新和擴充。在幫助學校實施 CICO 的過程中，我們了解到有些跡象表明 CICO 無法正確實施或實施會受到影響，例如將 CICO 用作懲罰系統，而不是正向行為支持系統。我們已將這些警告標誌作為事前矯治措施，以確保學校人員能夠成功實施 CICO。

此新版試圖回應學校遇到的問題和挑戰，在全國和世界各地使用本書為學生所建立的第二層級正向行為支持系統。我們希望本版的新內容和修訂後的資料增加了學校的 CICO 未來幾年開始或繼續實施介入的有用性、可行性和功能。

　　請注意，為了含括所有性別，我們在整本書中使用代名詞「他們／他們的」來指代個人。此外，我們確認書中使用的案例都是虛構或是經過充分改寫的（即藉由使用假名或多個案例或情節的彙編），以保護個人的隱私。

簽到簽退的介紹

第一節 本書宗旨

本書的目標在描述一套統整正向行為支持（positive behavior support）稱為「簽到簽退」（Check-In, Check-Out，以下簡稱 CICO），包括它是什麼、如何運作、誰會受惠、如何在學校實施，以及如何調整滿足特定的族群或個體。本書旨在提供理念、程序和工具，以幫助讀者決定 CICO 是否適合你的學校，以及實施哪些調整的 CICO 來滿足學校的需求。

CICO 的目標致力於建立一套較大的正向行為介入與支持（positive behavioral interventions and supports, PBIS）的方案。就全校的層級而言，PBIS 是一個系統性管理行為的方法，優先建立正向學校文化和預防問題行為，有效率且及時對問題行為實施有研究實證的介入，且可及於連續性完整的介入和支持滿足學生的需求，並使用資料做決策（Sugai & Horner, 2008）。PBIS 的研究發現學校可以有效的實施 PBIS，PBIS 可以改善學校的文化、降低問題行為的發生、增加學生在學業和社會領域的成效（Sugai & Horner, 2008）。學校可以有效的完整實施 PBIS 去關注行為需求的三個層級：

1. **第一層級**（Tier 1）：**普及性支持**，所有學生必須被教導全校性的行為期待，教師在班級必須積極教導行為。

2. **第二層級**（Tier 2）：**特定性支持**，針對有風險發展出行為問題模式的學生在問題行為變嚴重前，必須接受可有效降低問題行為且好操作的系統。

3. **第三層級**（Tier 3）：**個別化支持**，學生有嚴重問題必須獲得密集、個別化的行為支持。

基本版 CICO 介入強調第二層級的行為需求（有關第一層級和第三層級的資源，可以參考第二章最後所附的資料），CICO 的設計主要是針對

學生持續出現問題行為，但在教室內並不危險或非暴力的行為，他們需要比較多的練習和回饋才能遵守全校的預期行為和受惠於班級運用的預防性措施。他們**並不是**有嚴重、長期性的行為問題，需要更完整和個別化介入的學生。**CICO 的主要功能在增進全校性實施第一層級的整體效能，同時也降低個別化介入的數量。**

本書大部分所說明的稱之為「基本版 CICO」。這是積極主動的第二層級介入，即是對有風險的學生但目前還未到持續出現問題行為者。本書也詳細介紹如何調整基本版 CICO，以支持有更明顯的行為需求和不同的行為問題的學生，例如內向性問題行為（如害羞、焦慮和憂鬱），可以參考第十二章。此外，書中亦講解 CICO 如何調整到高中或替代性的教育情境，可參考第十一和十三章。

取得適當的資源一直都是學校所面臨的挑戰和議題，同時，學校被期待採取更多措施來支持學生各式各樣的學業、情緒和行為的需求。本書提供教師、行政人員、學校心理師、教學助理和其他學校人員執行 PBIS **有效且符合成本效益的**工具。本書說明建立 CICO 介入的邏輯、程序、行政系統和表格，也提供持續評估和系統改進的工具。書末的附錄 A.1 為快速檢索用的簡稱和定義，如有需要可供參照。

第二節　什麼是「簽到簽退」（CICO）？

「簽到簽退」（CICO）是學校本位的介入，提供有風險演變為嚴重慢性行為問題的學生每天的支持和監控，在此所提的 CICO 也是著名的行為教育方案（Behavior Education Program, BEP）。當學生對於全校性或班級的預防方法反應不佳，每年都會收到不少轉介辦公室管教（office discipline referral, ODR），這樣的學生可能會受惠於第二層級如簽到簽退（CICO）的介入。CICO 基於每天簽到／簽退的系統，提供學生針對他們的行為立

即回饋，即是透過教師在「每日進展卡」（Daily Progress Report, DPR）的評量並增加大人正向的注意力。行為期待會很清楚的定義，學生因達到這些期待而獲得立即的關注和延遲的增強。學校和學生的家庭之間共同合作，透過每天將 DPR 的報告拿回家讓家長或照顧者簽名，隔天再交回來的流程來強化。如果在你的學校，家長無法每天簽名，本書說明可以調整家長合作的方法。CICO 最重要的特徵是使用每天的資料來評量對學生行為改變的效果。每個學生的 DPR 中的點數百分比記錄成一個摘要圖，學校的行為支持團隊檢視這些資料，至少每兩週檢視一次，並用來決定是否要持續，還是要修改或是褪除 CICO 的實施。

CICO 整合了很多 PBIS 的關鍵原則，包括：(1) 清楚定義期待，(2) 教導適當的社會技巧，(3) 增加對符合期待的正增強，(4) 問題行為的後果，(5) 增加在學校與大人的正向接觸，(6) 改善自我調整、自我管理的機會，(7) 增加家庭和學校的合作。

CICO 的效果不僅針對單一學生，它更提供學校一個積極、預防的取向去關注經常性的問題行為。此外，CICO 介入強化教師間的溝通、改善學校的氣氛、增加學校同仁間的一致性，且有助於教師感受到被支持。

第三節　CICO 的效能和成本效益有多少？

CICO 介入可以在三到五天基線期的資料蒐集和確定問題之後，持續實施。CICO 對每位教師而言，一天所需的時間通常不會超過 5 到 10 分鐘，雖然需要額外協調時間，不過這個介入對學校所有教職員需要花的時間很少。全體員工要受訓實施 CICO，提供需要額外正向行為支持的學生。這不像密集、個別化介入〔如需要「行為功能評量」（functional behavioral assessment, FBA）和密集性的行為支持方案〕，在學生獲得 CICO 的支持前，不需要很長的評估歷程。當學生被轉介到 CICO 介入就

被認為是適合實施的，而且在基本資料蒐集三到五天的每日進展卡（DPR）後，學生就可以開始接受 CICO 的介入支持。實施介入的人員工作時間也很少（參見第四章介紹所需要的資源和時間），且同時可以為 20 到 30 位學生提供介入支持，此外實施和維持所需的成本也很低（參見第四章圖 4-5 中學預算的實例）。

第四節　為什麼如 CICO 的第二層級介入是必要的？

　　多數學校都沒有時間和資源，提供完整的個別化行為支持計畫給所有需要不同程度額外支持的學生。例如在一所有 500 位學生的學校，以 15%～20% 估計，就有 75 到 100 位學生需要比全校性或班級性預防所做的還要更多的支持。執行密集、個別化的介入給所有這些需要額外照顧的學生會很難管理，且耗掉超過學校所能負荷的資源。很多學生在簡單的介入（如 CICO）就可以有成功的反應，實施上花費的時間較少而有更大的成本效益。因此，使用像 CICO 的介入可減少需要個別化密集介入的學生數量。

　　在學校實施 CICO 並不會否定某些需要個別密集介入的學生，這些學生會是在 CICO 實施仍難有效降低問題行為的。對這些學生則需要進行行為功能評量（FBA），透過評估的資料發展個別化行為支持計畫。有關密集的個別化正向行為支持的更多資訊可參考 Crone、Hawken 和 Horner（2015）的著作。

第五節　哪些學校應該考慮實施 CICO？

　　當學校已精準執行全校性或班級層級第一層級的 PBIS（Lewis &

Sugai, 1999; Sugai & Horner, 1999）且仍有超過十位或更多學生需要額外的支持，則應該考慮實施 CICO。全校性或班級第一層級預防性的努力已經把期待清楚的交代給學生和員工，也因此降低了出現問題行為的學生人數。當學校尚未實施第一層級的支持，則建議學校先實施第一層級再來實施 CICO。學校若沒有第一層級有效的預防，將會有太多學生需要像 CICO 的第二層級介入。如果學校已經努力實施第一層級預防，且僅有十位以下的學生仍出現問題行為，學校可以比較簡單的給予個別化的行為支持，而不必費心投入 CICO。

　　雖然 CICO 有好的成效效益而且只需要教職員少量的時間，但**所有**教職員工真誠的承諾和行政人員的支持才是成功介入的關鍵。行政人員的支持包括分配參與實施的人員時間和資源，以及協調和持續的評估介入。第四章詳述在學校開始實施 CICO 的必要步驟，包括自我評量檢核表來決定實施的準備度。

 第六節 「**如果學校已實施像 CICO 的介入，是否仍能從本書獲得助益？**」

　　是的，這本書可以幫助你增進實施 CICO 的效能，幫助你加強你現在可能缺乏的組織結構。如果你們正在實施的 CICO 已有其精準度（請見第七章有關 CICO 精準度評量），且有效的支持高風險的學生，你可以學習如何關注其他問題行為，像是出席的議題、學業或組織技能的缺陷，和學生在非結構的時間（如下課時間）的問題行為。當基本版的 CICO 不足以滿足某特定學生的需求時，第八、九章討論調整和更細緻化的 CICO 介入，可以幫助你找到有效的調整。當基本的介入不夠時，本書提供學校如何在 CICO 上進行額外介入的逐步說明。

第七節　「是否有額外資源幫助學校實施 CICO？」

　　是的。學校可以使用的基本資源包括本書的 DVD，名為《簽到簽退：高風險學生的第二層級介入》（第二版）（*Check-In, Check-Out: A Tier 2 Intervention for Students at Risk, Second Edition*）（Hawken & Breen, 2017），此 DVD 可以在 www.guilford.com 官網購買。DVD 摘要出 CICO 的關鍵要素，並提供成功實施的影片範例。第四章說明如何以及何時可將此 CICO 的 DVD 當作員工訓練資源。此外，給員工使用 CICO 的互動式數位學習模組也可以在 https://evokeschools.com 取得。最後，在本書第二章末也會推薦一些額外的參考資源。

學校中正向行為介入
與支持的脈絡

6　　　　學校在符合所有學生的教學與行為需求面臨越來越大的挑戰，今日的學生呈現多元的需求，帶給教師獨特的挑戰，如英語是第二語言、低社經地位的困難、顯著的學習或行為的需求（Sugai et al., 2000; Tyack, 2001）。為有效的支持所有的學生，學校需要執行一個連續性的正向行為介入與支持（PBIS），根據呈現問題行為之嚴重程度，要從強度最少到較高強度（Sugai et al., 2000; Walker et al., 1996）。這個連續性包括了正向行為介入與支持的三個層級：(1) 第一層級是全校性和班級性的 PBIS 策略；(2) 第二層級的介入是針對有風險的學生；(3) 第三層級的介入是針對出現嚴重行為問題的學生。這個連續性的正向行為支持如圖 2-1 之說明。

　　　　三角形代表全校所有學生，被分成三個介入層級。三角形最底層代表約 80% 的學生，可以受惠於第一層級的支持（Colvin, Kame'enui, & Sugai, 1993; Sugai & Horner, 1999, 2008; Sugai et al., 2000; Taylor-Greene et al., 1997）。第一層級介入針對所有學生在所有場域實施，主要包含兩個成分：(1) 實施全校性的正向行為介入與支持計畫；(2) 實施預防性的班級行為管理策略。一所學校要實施全校性的 PBIS：(1) 必須要取得學校同仁同意的三到五個正向陳述的規範或期待；(2) 明確教導學生這些期待；(3) 增強遵守期待的學生；(4) 對違反規範者提供微小的後果；(5) 定期使用資料判斷全校性的行為計畫是否有效。學校在實施 CICO 之前，必須有一個有效和完善的第一層級的 PBIS 方案。此外，在執行學校的 CICO 之前，教師已經有效的教導班級的行為這一點是很重要的。

　　　　一旦第一層級介入已經到位，我們建議增加第二層級的介入系統性的
7　支持持續出現問題行為的學生。三角形的中間部分代表約 15% 的學生可以在第二層級的介入受惠（Bruhn, Lane, & Hirsch, 2014; Sugai & Horner, 2008; Sugai et al., 2000）。這些學生可能因為不好的同儕關係、低學業成就、混亂的家庭環境或是多重的因素，需要額外的支持才能達到學校的期待。**第二層級的介入是非常有效的「標準化程序」，可實施於一群需要相同層級支持的學生**（Hawken, Adolphson, MacLeod, & Schumann, 2009; Hawken &

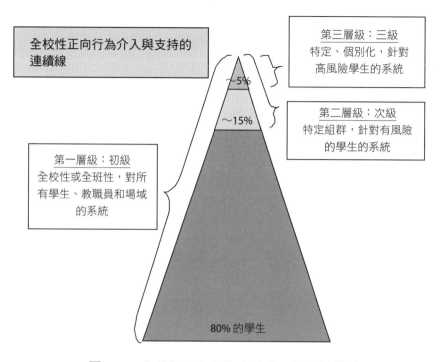

■ 圖 2-1　全校性正向行為支持的三級預防模式

資料來源：修改自 Sugai 和 Horner（2002）。Copyright © 2002 Sage Publications, Inc. 經授權同意。

Horner, 2003; March & Horner, 2002）。本書描述的 CICO 就是這種介入的一個範例。

　　有些學生可能需要比 CICO 更多的支持，三角形的最頂端代表約 5% 的學生，有最嚴重的問題行為（Sugai & Horner, 2008; Sugai et al., 2000），因此需要密集、個別化的介入，這些學生需要實施行為功能評量（FBA），透過 FBA 資料發展個別化的行為支持方案（見 Crone, Hawken, & Horner, 2015）。

第一節　致力於預防問題行為

全美實施全校性 PBIS 方案的學校已經歷到問題行為顯著降低和全校整體氣氛的改善（Bradshaw, Koth, Thornton, & Leaf, 2009; Bradshaw, Mitchell, & Leaf, 2010; Bradshaw, Waasdorp, & Leaf, 2012; Gage, Whitford, & Katsiyannis, 2018; Kim, McIntosh, Mercer, & Nese, 2018; Sugai & Horner, 1999）。接下來，學校應聚焦於在全校性預防的方案執行下，仍持續出現問題行為的學生。

想想一位沒有問題行為史的學生，當他父母正在經歷艱難的離異，他在學校開始出現問題行為，可能因學校額外的關懷和支持而受惠。有些學校可能會忽略這位學生行為的改變，因為問題不夠嚴重到可以獲得一個行為支持團隊會議的關注或特殊教育服務的支持。在實施 CICO 的學校，教師、家長或學校的其他成員可以通知行為支持團隊，這個學生需要大人額外的監控、回饋和關注，在基線期資料蒐集與取得家長同意的三到五天內，這個學生即可獲得所需要的支持。在沒有實施 CICO 介入的學校，學生的問題行為可能需變得嚴重或長期性才能獲取關注並得到支持。**透過實施 CICO，學校致力於預防問題行為。本質上，學校可以在學生陷入危機並演變成長期慢性的行為問題之前就提供服務。**

第二節　第二層級介入的範例和關鍵特徵

雖然 CICO 被證實為針對經常出現問題行為的學生是有效的介入（如 Drevon, Hixson, Wyse, & Rigney, 2018; Hawken, Bundock, Kladis, O'Keeffe, & Barrett, 2014; Maggin, Zurheide, Pickett, & Baillie, 2015; Mitchell, Adamson, & McKenna, 2017; Wolfe et al., 2016），學校應該要有因應學生

多元需求的第二層級的介入目錄。為了有效預防嚴重問題行為，第二層級介入應該包括有別於第一層級和第三層級行為支持的特徵（Hawken et al., 2009）。以下是美國特殊教育辦公室（Office of Special Education Programs, OSEP）和正向行為介入與支持技術協助中心（Technical Assistance Center on Positive Behavioral Interventions and Supports）所提出來第二層級介入的特徵（OSEP, 2017）：(1) 類似需要介入的學生（即不需要教師太費力的）；(2) 持續提供且快速獲得的介入；(3) 所有教職員工都受過如何轉介和正確實施介入的訓練；(4) 介入目標與全校性期待的目標一致；(5) 介入根據功能性評估的結果保有彈性；(6) 持續使用資料監控介入的進展。這些特徵摘要如表 2-1，並於下文討論。

第二層級介入的目標在支持約 15% 的學生，他們有風險但尚未出現嚴重問題行為（Anderson & Borgmeier, 2010; Mitchell, Stormont, & Gage, 2011; Sugai & Horner, 2008; Walker et al., 1996）。以 500 位學生的學校為例，可能有 75 名學生，他們需要的支持超出了第一層級全校性 PBIS 計畫所能提供的支持。基於此，第二層級介入在所需的時間和資源必須是有效能的，因為學校沒有能力和所需資源對這群有風險的學生提供個別化的介入。第二層級介入應該採用一群學生可以通用的類似程序，例如有情緒管理問題的學生需要社會技巧訓練，則可以在這群學生中提供類似的課程。

為了有效的預防問題行為，第二層級介入需要讓學生很快可以獲得，不像較密集或是個別化的介入，這些可能需要花好幾個星期評估才能擬定

■ 表 2-1　第二層級介入的關鍵特徵

- 類似需要介入的學生。
- 持續提供且快速獲得的介入。
- 所有教職員工都接受過介入訓練。
- 介入目標與全校性期待的目標一致。
- 介入根據功能性評估結果保有彈性。
- 持續使用資料監控介入的進展。

完整的介入；第二層級介入通常相當快，一週內就可以實施（OSEP, 2017）。透過經常性評估危險因子，如轉介辦公室管教、出缺席、遲到的次數，或透過教師提名或轉介，可快速且積極地找到學生（Cheney, Blum, & Walker, 2004; Crone, Hawken, & Horner, 2010）。

第二層級的介入應該要全校教職員工都接受訓練如何擔任，這個介入應該與全校性期待一致（OSEP, 2017）。例如一所中學的全校性規範是「安全」、「尊重」、「負責」和「管好手腳」，第二層級介入應該針對如何達成這些行為期待提供更多的練習和回饋。通常，這些計畫的實施有學校心理師、諮商輔導員或半專業的工作人員支持，不會讓班級教師單獨一人承擔（Crone et al., 2010; Hawken, 2006; Lane et al., 2003）。一般而言不需要學校以外的專業諮詢顧問，如果必要也是最少的，因為這些介入實施方法都是標準化和系統化的（OSEP, 2017）。

第二層級介入應該有適當的系統來評估學生進展、當學生行為改善時進行調整或是逐步減少支持。這個系統的要素之一為團隊，可能原本就已經存在的，例如多層級支持系統（multi-tiered systems of support, MTSS）或是包括教師、輔導諮商人員、家長和學生的行為支持團隊（Christenson, Sinclair, Lehr, & Hurley, 2000; Pool, Carter, & Johnson, 2013）。團隊應定期開會並有系統性的流程，包括監控學生的進展、問題解決、增加或移除需要第二層級介入的學生（Crone et al., 2010）。團隊所做的決策和監控學生的進展是依據不同來源的資料以及介入的類型。團隊可以運用像是每天獲得點數的百分比、成績、出席率、參加學校活動或其他代表進步的指標，來審視學生在介入方面的進展（Bruhn et al., 2014; Crone et al., 2010; Pool et al., 2013; Sinclair, Christensen, Evelo, & Hurley, 1998）。雖然第二層級介入有上述的特徵，但並非所有第二層級介入都滿足美國特殊教育辦公室（OSEP）所提的六項特徵，如表 2-1 所示。

第二層級介入的實施特徵可因學校和學生的需求而異。例如小學的第二層級介入應該預防教室內干擾行為的上升，但在都會區高中可能要聚焦

在預防輟學（Osher, Dwyer, & Jackson, 2004）。第二層級介入的社會行為介入範例包括小團體的社會技巧訓練（如 Lane et al., 2003; Powers, 2003）、師徒方案（mentoring programs）如「檢核與連結」（Check and Connect）（Christenson, Stout, & Pohl, 2012; Powers, Hagans, & Linn, 2017; Sinclair et al., 1998）、新成員社團（newcomer clubs，如針對新轉學的學生教導全校性的規範和期待）、支持容易在非結構情境出問題的學生的系統或方案。第二層級介入還有其他的方案，像「成功的第一步計畫」（First Step to Success）（Walker et al., 1998, 2009），便是針對有社會行為問題的幼兒的預防方案。

第三節　CICO 作為第二層級介入的好處

　　雖然第二層級介入有很多種形式的方案，但是研究證明 CICO 是容易執行、有效的且有實證的（Anderson & Borgmeier, 2010; Bruhn et al., 2014; Mitchell et al., 2011; Sugai & Horner, 2008）。除此之外，CICO 在美國是最廣泛被使用的第二層級介入方案 （Mitchell et al., 2011; Rodriguez, Loman, & Borgmeier, 2016），也在其他國家實施，如挪威、澳洲、德國、俄羅斯和波蘭（如 Crone et al., 2010）。實施 CICO 有很多優點，首先根據學校的規模和資源，一位 CICO 輔導員可以同時支持 30 個學生。學生每天可以由半專業人員（如教師助理）進行簽到，不一定是專業的學校心理師或行為專家，可以降低進行第二層級介入的人力成本。有些學校決定一位 CICO 輔導員（coordinator）可以監督多位 CICO 的引導員（facilitator），引導員的角色負責提供學生簽到簽退，而輔導員除了提供學生簽到簽退之外，還負責監視所有 CICO 的實施，例如摘要學生資料提供決策使用、管理轉介的個案。研究顯示使用多名 CICO 引導員的學校可以增加接受介入的學生人數到 11%（Hawken et al., 2015）。

很多小團體的社會技巧可以讓受過訓練的半專業人員實施，但是團體人數經常限制在五到七人，此外，當社會技巧訓練開始時，也很難增加新學員，所以，介入就不再是讓所有學生可持續獲得。其他第二層級介入可以高效的降低學生的問題行為，例如「成功的第一步計畫」（Walker et al., 1998, 2009）。但是「成功的第一步計畫」需要外在專家來引導介入，且至少 20～40 小時給學校和家長諮詢，很多時候，學校可能因成本而不考慮這樣的介入。

　　CICO 的另一個優點在於它內置有進展監控的要素。學生每天透過每日進展卡（Daily Progress Report, DPR）和獲得的點數獲得回饋。這系統讓教師和學校人員可以很容易的監控社會行為，並且判斷對學生實施的介入是否有效。很多第二層級介入並沒有建立進展監控的機制。例如有些小團體的社會技巧訓練的資料蒐集是針對某些特定研究用的，而 CICO 的資料很容易蒐集、隨時可以提供給學校員工。第二層級介入，如師徒制的第二層級介入經常沒有持續性的資料蒐集系統，或僅是在 12 到 16 週結束之後，才蒐集資料決定實施的成效。對於有效的預防問題行為，第二層級的介入應該配合持續性的資料蒐集和做決策。

　　最後一個優點是實施方式容易類化到其他學生。當一位教師針對某一個學生實施，就很容易類化到其他學生。教師可以很快的熟悉實施流程，因為對每位學生的實施方式是相同的。教師學習如何將介入納入他的班級例行程序，當新的學生需要實施時，他們知道如何將其納入班級中實施。

第四節　是否有研究支持 CICO 的可行性和效果？

　　是的。研究不僅支持學校具備調整和執行 CICO 的能力，也證實其可有效降低問題行為。CICO 介入奠基於行為改變的原則，很多發表支持 CICO 背後的基本原則（Chafouleas, Christ, Riley-Tillman, Briesch, &

Chanese, 2007; Chafouleas, Riley-Tillman, Sassu, LaFrance, & Patwa, 2007; Davies & McLaughlin, 1989; Dougherty & Dougherty, 1977; Leach & Byrne, 1986; Warberg, George, Brown, Chauran, & Taylor-Greene, 1995）：

1. 定義行為期待。
2. 教導行為期待。
3. 頻繁的提供回饋和增強。
4. 建立定期與大人有簽到、簽退的流程。
5. 確認家裡和學校問題行為的後果。
6. 使用「每日進展卡」評估介入成效。

　　在全校性行為支持系統實施 CICO 的技術源自於美國奧勒岡州凡尼塔的蕨嶺中學（Fern Ridge Middle School, FRMS），FRMS 學校的領導者研發和測試 CICO 關鍵的特徵。至今，CICO 除了在美國全國廣泛實施，也在世界各國實施。

　　CICO 是最廣為實施且有實證支持的第二層級介入（Bruhn et al., 2014; Mitchell et al., 2011）。自從 Hawken 和 Horner（2003）發表第一個將 CICO 作為連續性行為支持一部分的單一受試研究，已有更多研究評估此介入的效果。因為 CICO 的廣為實施，它的成效已在各研究中得到總結。Hawken 等人（2014）回顧 CICO 的研究，未發表的博士論文也涵蓋其中，發現 CICO 介入對 72% 參與的學生是有效的；Maggin 等人（2015）運用美國有效教育策略資料中心（What Works Clearinghouse, WWC）的標準檢核 CICO 的研究，結果發現八篇研究符合 WWC 的標準，可將 CICO 納為有實證根據的實務。他們也發現這八篇研究的實施精準度（fidelity）都算高，但沒有團體研究符合 WWC 標準。另外，Wolfe 等人（2016）摘要十五篇單一受試研究和一篇團體設計的研究，支持了 CICO 是獲得注意力（attention-maintained）的問題行為之實證。最近，較為完整的後設分析研究發現，CICO 介入在與控制組的比較下，增進學生行為的效果超過一

12

個標準差的效果量（effect size: $d = 1.10$）（Drevon et al., 2018），這個在教育研究的成果上已經算是很高的（Hattie, 2008）。

大多數 CICO 的研究都顯示，針對行為是為尋求大人或同儕注意力的學生而言是有效的（McIntosh, Campbell, Carter, & Dickey, 2009; Smith, Evans-McCleon, Urbanski, & Justice, 2015; Wolfe et al., 2016）。有些研究指出，CICO 對於逃避功能的問題行為在沒有調整下實施也會有效（Hawken, O'Neill, & MacLeod, 2011; Swoszowski, Jolivette, Fredrick, & Heflin, 2012），而有些研究發現，對於有逃避功能之行為的學生，效果會減弱（Ennis, Jolivette, Swoszowski, & Johnson, 2012; Wolfe et al., 2016）。

有研究顯示如果學生對基本版 CICO 沒有反應，CICO 可結合行為功能評量（FBA）結果所發展的行為介入支持計畫。介入方案增加密集度和個別化，會更有效的支持問題行為的功能，並有效降低問題行為（如 MacLeod, Hawken, O'Neill, & Bundock, 2016; March & Horner, 2002）。雖然基本版 CICO 是針對有風險且可以受惠於第二層級介入的行為支持的學生，研究已顯示透過一些修正，它也可以在替代性教育場域（如日間照顧或是住宿型）有效實施（Ennis et al., 2012; Fallon & Feinberg, 2017; Swoszowski et al., 2012）。更重要的是，研究支持 CICO 可以降低需要第三層級支持的學生數量（Hawken, MacLeod, & Rawlings, 2007）。

整體而言，這些 CICO 的研究證實以下成果：

1. 一般學校能夠成功的執行 CICO。
2. 使用 CICO 可以降低問題行為的程度，對某些學生而言，可以增加課堂參與的程度。
3. CICO 能夠有效的幫助 60%～75% 有風險的學生。
4. 如果學生在 CICO 無法成功改善，可以進行 FBA，使用 FBA 的資訊調整 CICO，將可以有效改善學生的行為。

相關資源

建立第一層級（全校性）的行為支持系統

Handler, M. W., Rey, J., Connell, J., Thier, K., Feinberg, A., & Putnam, R. (2007). Practical considerations in creating schoolwide positive behavior support in public schools. *Psychology in the Schools, 44*(1), 29–39.

Lewis, T. J., & Sugai, G. (1999). Effective behavior support: A systems approach to proactive schoolwide management. *Focus on Exceptional Children, 31*(6), 1–24.

Lewis-Palmer, T., Sugai, G., & Larson, S. (1999). Using data to guide decisions about program implementation and effectiveness. *Effective School Practices, 17*(4), 47–53.

Office of Special Education Programs (OSEP) Technical Assistance Center on Positive Behavioral Interventions and Supports: *www.PBIS.org*.

Sailor, W., Dunlap, G., Sugai, G., & Horner, R. H. (Eds.). (2009). *Handbook of positive behavior support*. New York: Springer.

Simonsen, B., Sugai, G., & Negron, M. (2008). Schoolwide positive behavior supports: Primary systems and practices. *Teaching Exceptional Children, 40*(6), 32–40.

Sugai, G., & Horner, R. H. (2008). What we know and need to know about preventing problem behavior in schools. *Exceptionality 16*(2), 67–77.

Sugai, G., & Horner, R. H. (2009). Responsiveness-to-Intervention and Schoolwide Positive Behavior Supports: Integration of multi-tiered system approaches. *Exceptionality, 17*(4), 223–237.

Taylor-Greene, S., Brown, D., Nelson, L., Longton, J., Gassman, T., Cohen, J., et al. (1997). Schoolwide behavioral support: Starting the year off right. *Journal of Behavioral Education, 7*, 99–112.

Todd, A. W., Horner, R. H., Sugai, G., & Sprague, J. R. (1999). Effective behavior support: Strengthening schoolwide systems through a team-based approach. *Effective School Practices, 17*(4), 23–27.

建立第二層級的行為支持系統

Anderson, C. M., & Borgmeier, C. (2010). Tier II interventions within the framework of Schoolwide Positive Behavior Support: Essential features for design, implementation, and maintenance. *Behavior Analysis in Practice, 3*(1), 33–45.

Chafouleas, S., Riley-Tillman, C., Sassu, K., LaFrance, M., & Patwa, S. (2007). Daily behavior report cards: An investigation of the consistency of on-task data across raters and methods. *Journal of Positive Behavior Interventions, 9*(1), 30–37.

Christenson, S. L., Stout, K., & Pohl, A. (2012). *Check & Connect: A comprehensive student engagement intervention: Implementing with fidelity*. Minneapolis: University of Minnesota, Institute on Community Integration.

Filter, K. J., McKenna, M. K., Benedict, E. A., Horner, R. H., Todd, A. W., & Watson, J. (2007). Check-In/Check-Out: A post-hoc evaluation of an efficient, Tier II-level targeted intervention for reducing problem behaviors in schools. *Education and Treatment of Children, 30*(1), 69–84.

Hawken, L. S. (2006). School psychologists as leaders in the implementation of a targeted intervention: The Behavior Education Program (CICO). *School Psychology Quarterly, 21*, 91–111.

Hawken, L. S., Adolphson, S. L., MacLeod, K. S., & Schumann, J. (2009). Secondary-tier interventions and supports. In W. Sailor, G. Dunlop, G. Sugai, & R. Horner (Eds.), *Handbook of positive behavior support* (pp. 395–420). New York: Springer.

Hawken, L. S., MacLeod, K. S., & Rawlings, L. (2007). Effects of the Behavior Education Program (CICO) on problem behavior with elementary school students. *Journal of Positive Behavior Interventions, 9*(2), 94–101.

Interactive E-learning modules detailing how to effectively implement CICO, see *https://evokeschools.com*.

McCurdy, B. L., Kunsch, C., & Reibstein, S. (2007). Secondary prevention in the urban school: Implementing the Behavior Education Program. *Preventing School Failure, 5*(31), 12–19.

Pool, J. L., Carter, D. R., & Johnson, E. S. (2012). Tier 2 team processes and decision-making in a comprehensive three-tiered model. *Intervention in School and Clinic, 48*(4), 232–239.

Rodriguez, B. J., Campbell, A., Falcon, S. F., & Borgmeier, S. (2015). Examination of critical features and lessons learned for implementation of a Tier 2 intervention system for social behavior. *Journal of Educational and Psychological Consultation, 25*, 224–251.

Todd, A. W., Campbell, A. L., Meyer, G. G., & Horner, R. H. (2008). The effects of a targeted intervention to reduce problem behaviors: Elementary school implementation of Check In-Check Out. *Journal of Positive Behavior Interventions, 10*(1), 46–55.

14　建立第三層級的行為支持系統

Benazzi, L., Horner, R. H., & Good, R. H. (2006). Effects of behavior support team composition on the technical adequacy and contextual fit of behavior support plans. *Journal of Special Education, 40*(3), 160–170.

Borgmeier, C., & Horner, R. H. (2006). An evaluation of the predictive validity of confidence ratings in identifying accurate functional behavioral assessment hypothesis statements. *Journal of Positive Behavior Interventions, 8*(2), 100–105.

Crone, D. A., Hawken, L. S., & Horner, R. H. (2015). *Building positive behavior support systems in schools: Functional behavioral assessment* (2nd ed.). New York: Guilford Press.

CHAPTER 3

基本版CICO：
關鍵特徵與歷程

基本版 **CICO** 的特徵

　　基本版 CICO 有幾個關鍵特徵，讓它成為有效能、有效果且可永續的第二層級介入。這些特徵如下：

1. CICO 是一個**有效能**（efficient）的系統，能夠同時提供支持給一群有風險的學生（大約 10 到 30 名學生）。如果學校想要的話，可以增加需要被支持的學生人數，這在第四章有詳細說明。
2. CICO 應在校內隨時可得，所以當確認學生需要支持時，可以在三到五天內獲得 CICO。
3. CICO 的基本架構為學生每天與他們所敬愛的成人「簽到」（check-in）和「簽退」（check-out）。
4. CICO 旨在增加學生在每一節課一開始與教師或督導（supervisor）有正向互動的可能性。
5. CICO 提高了教師或督導後效回饋學生的頻率。
6. CICO 不需要教師太多的精力。也就是說，即便個別教師在 CICO 的負荷極少，仍會感受到學生的行為有顯著且正向的改變。
7. CICO 連結了行為與學業支持。
8. 校內所有的行政人員、教師和員工共同執行與支持 CICO。
9. 學生可選擇是否參與和配合 CICO 介入。學生沒有一定要參加。
10. CICO 會持續監控學生的行為，並積極使用資料以進行決策。

一、植基於行為法則

　　CICO 是一種以學校為主的介入策略，目的在提供每日的支持給可能會發展出現嚴重或長期行為問題的學生。CICO 基於行為研究中的三個「大理念」。**第一點**是有風險的學生受益於：(1) 定義明確的期待；(2) 高頻率的回饋；(3) 一致性回饋；(4) 達成目標的正增強。**第二點**是問題行為

通常和學業表現不佳有關。**第三點**，行為支持應從發展有效的學生—成人關係開始。CICO 的實施可促進學校與家庭之間的合作，增加自我管理的機會，這當中的每一項對於有風險學生的行為改變也很重要。當學校的行政人員和教職員工發展 CICO 方案時，他們要應用這三大理念。

二、為什麼 CICO 有效？

　　CICO 的核心是兩個程序目標：(1) 教導和支持每位學生表現出促進學校成功的社會和自我調節技能〔自我監控、自我教導、自我評鑑、自我爭取（self-recruit）回饋和協助〕；(2)盡量減少對問題行為的獎勵（社會的和程序的）。行為支持團隊可以透過 CICO 六個核心功能來實現這些目標。**首先**是盡早確定因問題行為而面臨失學風險的學生。在學年的前三分之一啟動 CICO 時最有助益。研究指出大多數將受益於 CICO 的學生可以在 10 月中旬被辨識出來（McIntosh, Frank, Spaulding, 2010）。CICO **第二個**功能是明確教導核心的自我調節技能，強調不只是建立一般的期待，也要教導學生在其教育場所特定的社會與學習技能。**第三個**功能是使用「行為動能」（behavioral momentum）（Mace et al., 1988），強調以正向的經驗開啟每一天與每一節課，並讓這樣的成功經驗像滾雪球般帶動另外的成功經驗。教導學生(1)以和大人的正向連結開始每一天；(2)進班時向教師問好並評估是否遵守學校期待；(3)爭取大人的回饋。**第四個**功能在增加結構化的提示，讓學生比較容易知道何時應該自我監控與管理自己的行為。這可透過早上簽到、全天使用 DPR，和放學時與大人簽退來達成。CICO 的**第五個**功能是增加回饋的頻率與效能，其明確的目標在增加大人（在學校與家中）正向陳述的次數與明確性。當需要微調 CICO 時，CICO 的**第六個**功能是使用資料來解決問題，讓它更符合學生的需求。

　　當這六個功能都具備了，就能得到一個有效能與有效的支持系統，在這系統中，有風險的學生可以：(1) 在發展出問題行為模式前就能獲得 CICO；(2) 以正向經驗開啟每一天，以建立參與學校的動能；(3) 在進入教

室時，教師給予個人化的問候語；(4) 使用 DPR 監控每天的事件；(5) 得到有關其行為品質的回饋，若適合其發展年齡（如中學與高中），可讓學生自我評量自己的行為；(6) 爭取（學校與家中）大人的回饋；(7) 當遇到學業或社會互動的挑戰時，可以尋求協助。圖 3-1 以視覺化形式統整這六個功能，與學生的自我調節行為和成果。CICO 中自我調節的部分視參與學生的年齡而有不同，比較年幼的學生（如 K 至五年級）需要比較多的支持與提示，以進行自我評鑑；而年齡較大的學生（如高中生）可在介入時，即可開始進行自我調節的歷程。

學校支持	學生的自我調節能力	學生成果
1.及早確認需要被支持的學生	早上向負責教師報到	增加適當的社會性行為
2.行為動能	監控每日的事件	減少問題行為
3.明確教導自我調節的核心技能	向教師問好	提高出席率
4.增加每日的結構 ·簽到 ·CICO DPR	隨時自我評估 爭取回饋與協助 規劃隔天要做什麼	提升對學業的投入度
5.提供支持性的回饋 ·簽到 ·定期的教師評估 ·簽退 ·家中		
6.問題解決		

■ 圖 3-1　CICO 的概念性邏輯

三、CICO 要素之簡介

本章稍後將更深入介紹執行 CICO 的要素與程序，在這之前我們先瀏覽關鍵要素。

1. **人員**：CICO 介入由 CICO 輔導員（coordinator）和行為支持團隊負責。學校的所有教職員工都有機會參與。

2. **確認學生**：學生可透過下列三種方式獲得 CICO：(1) 年級團隊或行為支持團隊篩選與風險相關的學生變數（如轉介辦公室管教或缺席率增加）；(2) 系統性篩選所有學生的行為問題；(3) 由教師、家長或學生提名。當學生被提名時，學生本人和其父母親要同意參加這個介入。所有具資格參與 CICO 介入的學生必須要自願同意參與。

3. **歷程**：CICO 有每日、每兩週或是每季的循環。每日的循環包括以下內容： 18

   ■ 學生到校後，向一位大人（如 CICO 輔導員）報到，這時學生會收到一張每日進展卡（DPR）。

   ■ 學生整天帶著 DPR，並在（小學）一天開始時或（國高中）每節課一開始時交給教師或督導。

   ■ 學生在每節下課後取回 DPR，由教師或督導針對所期待的社會行為給予回饋。

   ■ 一天結束時，學生將 DPR 交回給 CICO 輔導員，檢視是否達成每日的點數目標，並攜帶一份 DPR 複本回家。

   ■ 家庭成員拿到 DPR 後，讚賞學生表現好的地方，並在表格上簽名。隔天學生將已簽名的 DPR 交給 CICO 輔導員。

大約每兩週瀏覽一次資料，以決定 CICO 介入成效，並檢視每位學生所獲得的點數百分比，視需求調整支持的選項。在評估學生的進步情形後，決定要繼續基本版 CICO、增加額外支持或不用再接受介入。第七章會探討更多如何使用資料進行決策，圖 3-2 呈現了基本版 CICO 的介入循環圖。

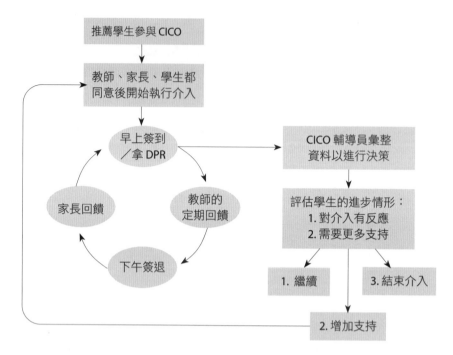

■ 圖 3-2　基本版 CICO 介入循環圖

四、基本版 CICO 的前事特徵

　　前事（antecedent）為發生在問題行為之前的事件或情境，被視為是引起行為問題的導火線。為了預防問題行為，主要的關鍵在於調整行為導火線以減少行為發生的可能性。這些調整包含增加與行為問題無法共存的適當行為。

　　CICO 的某些前事特徵可提高整體的介入效果，CICO 創造一個結構，而這個結構透過增加**正向**或**適當行為**的前事來消除引起**問題行為**的前事。這些前事特徵包含：(1) 在每天上學一開始時提供必需的學用品；(2) 激勵學生會有美好的一天；(3) 激勵學生會有很棒的一節課；(4) 提醒學生相關的行為期待。

　　雜亂無章是接受 CICO 介入的學生的共同特徵，這些學生時常沒帶紙筆、每日計畫表，或是對學校給的設備沒有事先充好電。一旦教師對全班

下個指令，沒有準備好就來上課往往是惹上麻煩的前事或導火線。若學生參與 CICO，這樣的場景可以被避免，只要早上第一件事情是檢查這些學生是否有帶學用品；如果沒有，就提供給他們，再讓他們進教室。當學生早上報到時，CICO 輔導員提示學生要有美好的一天，並提示學生要記得全校性的行為期待。CICO 輔導員並詢問學生正努力做什麼以改善行為（如「我需要管好自己的手腳」）。這個每日提示可能意味著學生一天的開始就搞砸，或以做出較好的選擇開始一天的差別。最後教師也會在每一節課一開始（中學生和高中生）或班級的轉換活動（國小學生）時給予學生提示，提醒學生有關班級和全校性的行為期待，幫助他們在上課期間讓他們的行為表現在規範內。

第二節　誰最適合基本版 CICO？

　　基本版 CICO 最適合用於那些被認為會發展出嚴重或長期行為問題的學生。這些學生在「基本」（low-level）問題方面會持續出現問題，例如：他們經常沒有準備好就來學校、大聲說話、跟教師回嘴、輕微干擾課堂。換句話說，他們的行為具有破壞性、不利於教學，會干擾自己和他人的學習，但不至於危險或暴力。CICO 包含師生之間要有頻繁的正向互動，以及大人在學校和家中要增加對學生行為的監控。基於此，對於為了獲得大人注意力而出現行為問題**或**大人的注意力對其有增強作用的學生而言，基本版 CICO 會是最有效的。對於沒有從大人的注意力獲得增強或討厭它的學生而言，不是基本版 CICO 的適合對象。對於這些學生，基本版 CICO 可能會使他們的行為惡化。第九章提供對於基本版 CICO 沒有回應的學生，如何調整 CICO 的訊息。

　　CICO 對於有嚴重或暴力行為或違規行為的學生是不適合的，例如帶器械入校或破壞學校。雖然這些學生可能會從 CICO 中獲得一些好處，然

20

而他們需要的是更多個別化關注和支持，遠超過基本版 CICO 所能提供的。

對於在極少數情況下被送到辦公室或由於環境問題而導致其行為的學生，是不需要 CICO 的。例如，學校餐廳可能是吵鬧與混亂的地方，因在餐廳大叫而不斷被轉介到辦公室的學生不是需要立即獲得額外行為支持的適合人選。在吵鬧與混亂的餐廳，這個環境需要先被評估與調整。如果學生的問題行為持續出現，並且與處在相同環境的同儕行為有很大的差異，那麼該學生可能會從 CICO 或個別化行為支持中受益。

基本版 CICO 是針對在整個上學期間有問題行為學生的一種教室本位的介入（classroom-based intervention）。就本質而言，它不適合只在一天中的特定時間或特定情形下表現出問題行為的學生。例如，在小學階段，如果學生只在閱讀教學時有問題行為；或者在中學階段，如果學生只在某個教師的課有問題行為，而在其他的課沒有，則應考慮另一種第二層級介入。如果學生僅在非結構化的環境中（例如餐廳或走廊）出現問題行為，也應考慮另一種第二層級介入。

在決定誰適合 CICO 介入時，重要的是要記住有符合接受 CICO 的學生的問題行為在小學階段與在中學或高中階段看起來會有所不同。一般 CICO 的學生在小學階段對於等待輪流是有困難的、拒絕與他人分享材料、難以安靜坐好或完成任務，或對其他學生有輕微的攻擊，尤其是在操場上或大人與小孩監督比例較低的地方。CICO 的學生在中學階段可能更容易使用不適當的語言、上課經常遲到、反抗大人或拒絕工作。**無論是小**
21 **學、中學或高中，關鍵是辨認出有持續性的問題行為模式但尚未達到嚴重或長期性程度的學生。**表 3-1 歸納出適合與不適合基本版 CICO 的學生特質。

■ **表 3-1** 適合與不適合 CICO 的學生

適合 CICO 的學生	不適合 CICO 的學生
• 一整天在多個場所出現問題行為。	• 在一堂課或只在非結構化環境（如操場、走廊、吃午餐的地方、校車區）出現問題行為。
• 出現輕微的衝動行為，例如大聲說話、不專注、離座。	• 出現嚴重或暴力行為，例如**極端**不服從／抗拒、攻擊、傷害自己或他人。
• 問題行為與試圖逃避困難的學業無關。評量顯示教學材料符合學生的程度。	• 問題行為主要發生在當學生試圖要逃避困難的任務或學科時。評量顯示教學材料不符合學生的程度。
• 問題行為被大人的注意力所維持，或學生從大人的注意力得到增強。	• 問題行為被逃避學業任務所維持，或學生**不會**從大人的注意力得到增強。

第三節 **如何將 CICO 介入整合到學校其他辨識有需求學生的系統？**

　　學校提供一系列的服務給不同需求的學生。例如，公立學校要提供《復健法案》中的 504 條款（Section 504 of the Rehabilitation Act）和特殊教育服務。許多學校提供師徒方案（mentoring program）、課後輔導或心理健康服務，每項服務通常需要一個過程以辨識有資格接受或需要該服務的學生。可使用的服務越多，熟悉這些辨識過程可能就越繁瑣。增加 CICO 介入會把這些過程進一步複雜化。

　　學校行政人員應該謹慎的協調校內所提供的各種服務和介入。每一所

學校應檢視每一項服務用來辨識學生的過程，並評估是否有任何的介入是沒有效率、多餘的或是過於官僚。每項服務領域的代表者（如 CICO 輔導員、特殊教育教師和學校護理師）應該要開會，他們應該要決定如何減少其多種服務所造成的低效率、重複或繁文縟節。

第一步是提高每位專業人員或團隊對所提供服務和介入的覺察度；下一步是在各種服務中建立合作或夥伴關係。在學校中服務提供者之間的真正合作將減少重複提供相同的服務，或是一個團隊所提供的服務對另一個團隊而言是爭議的可能性。

以現有（或產生）團隊來發展與執行 CICO 的情況因學校而異。有些學校以全校性行為支持團隊設計符合學校文化的 CICO，但多專業團隊或是學生支持團隊負責檢視資料以進行決策。在其他學校，負責監督學業和行為支持的多專業團隊（如 MTSS）則是將 CICO 的執行和評鑑放入團隊既有的會議中。

我們建議學校檢視現有的團隊，並思考存在的團隊是否可以管理 CICO 的執行。一些學校發現列出學校中的團隊／委員會以及委員會目標和參與人員是有幫助的。圖 3-3「不以力搏，要以智取表」（The Working Smarter, Not Harder Matrix）可作為完成此任務的指引（附錄 B.1 為空白表格）。

<h2>第四節　CICO 的決策過程</h2>

讓學生接受基本版 CICO 之前，必須要先確定學生適合這介入。某些與我們合作的學校，對行為的關切會在每週一次的年級會議中提出，而這會議是由教學教練（instructional coach）所參與。如果學校對於進入 CICO 有清楚的標準（例如每個月有兩次轉介辦公室管教、基本問題行為不是由一天不佳的課業表現所導致的），那麼擁有教學教練（也是全校性行為支持團隊的一員）所支持的年級團隊可以提名學生接受 CICO 的介入。在這

23

團隊、方案或委員會名稱	目標	結果	目標群體	參與人員
行為支持團隊	處理有問題行為的學生	提供教師介入	有重複行為為問題的學生	學校心理師、校長、職員代表
全校氣氛委員會	改善校園氣氛	減少行為轉介、增加安全性、提高學會對各項目的組織與了解	所有學生與教職員	校長、輔導人員、教師、教學助理
管教團隊	對不當行為提供後果	必要時，個別學生得到管教	轉介辦公室管教（ODR）的學生	副校長、輔導人員
校園平等與社會正義委員會	監督改善校園平等和社會正義議題的活動	提供教師在教室可執行的關懷園工具，並提供全校氣氛更個別化的管教資料	所有學生	校長、輔導人員、各年級教師代表、教學助理
課後輔導方案	提供機會幫助回家作業和其他指導需求	學生獲得課業方面小團體的教學	有特定學業需求的學生	學校輔導人員和感興趣的教師與職員

■ 圖 3-3 「不以力搏，要以智取表」範例

資料來源：經 George Sugai 同意再製。

23 樣的情形下，我們建議學校行政人員、輔導人員或心理師也快速檢視資料以確保符合 CICO 的進入門檻。利用年級會議或是行為支持團隊作為 CICO 進入門檻的原因是要讓有風險的學生可以比較快速獲得介入。大部分行為支持團隊是每兩週開會一次，當學生被確認有風險時，行為支持團隊可能忙於處理其他個案。讓年級團隊在教學教練的支持下做出更多的決策，而行政團隊中的某個成員通常可以讓學生快一點獲得介入。

有些學校是行為支持團隊會決定 CICO 的安置。在這種情形下，我們建議學校設計轉介表，並且把轉介的過程標準化。第七章有如何挑選學生接受 CICO 的更詳盡資料。

一、轉介表

學校決定使用行為支持團隊作為 CICO 的入口，可以使用轉介表或以請求支援表格聯繫行為支持團隊。附錄 B.2 提供這種表格的範例。轉介表應包含學生的姓名、日期、轉介人員的姓名、轉介原因（亦即問題的描述）、問題發生的假設性原因（亦即學生藉由不當行為獲得什麼？學生缺乏哪些技能？），與曾經嘗試過的策略。表格應該要有一處可以總結相關的學業資料（如口語閱讀流暢性的分數）和行為資料（如缺席、遲到、課堂中離開教室、打電話聯繫父母或監護人／家庭的次數）。所有的教職員應熟悉如何使用該表格以轉介給行為支持團隊。轉介表應容易取得，完成後要拿給行為支持團隊的負責人。

二、CICO 安置決定

如前面所討論的，並非所有被轉介到 CICO 的學生都是介入的合適人選。學校教職員應該也要能辨識有些學生的行為可能是長期或嚴重的，以至於無法透過像 CICO 這樣簡單的介入來矯正。這些學生需要更密集與個別化的行為支持（Crone et al., 2015）。

收到轉介表後，行為支持團隊要決定是否應該將學生安置於 CICO。

如果學生是合適人選，年級團隊或行為支持團隊要設法取得家長或監護人的同意書（附錄 B.3 為家長同意書表格）。

三、蒐集基線期資料和簽署同意書

測試 CICO 對於某個學生是否有效，最有力的方法是蒐集三到五天的基線期資料。團隊可以在等待家長同意參與的這段時間蒐集基線期資料。24透過教師在每日進展卡對學生的行為進行評分來蒐集基線期資料，但不要提供回饋給學生。給予轉介教師三到五個 DPR，在基線期期間，不要讓學生察覺到教師在評分他們的行為。這段期間，學生不與輔導員簽到與簽退。

基線期的資料有助於了解學生是否真的需要介入，也可用來決定學生每日的點數目標。再者，基線期資料也可用來評估教師對於執行介入的承諾。如果教師不願意或零星地完成基線期的 DPR，他們很有可能不會遵循給予回饋、增強和其他 CICO 介入的其他關鍵要素。在中學與高中的情境，要給每一節的任課教師 DPR，且 CICO 輔導員應該要蒐集與彙整基線期的資料。

一旦獲得父母或監護人同意參與，建議父母或監護人與學生簽署一份約定書，裡面陳述每一個人在 CICO 執行時的角色。

第五節　CICO 的執行

本書除了呈現基本版 CICO 的歷程，也呈現如何調整介入以符合特定需求的方式。第八和第九章會詳細描述基本版 CICO 的調整與詳細說明。一般來說，如果學生的問題行為是要引起注意力，或大人的關注對他們具有增強效果，那麼學生可被安置於 CICO。在某些情況，基本版 CICO 對特定學生可能是無效或不適當的，經過幾個星期的執行後，學校人員應思考介入的調整。圖 3-4 為決定學生是否參加 CICO 介入與何時調整基本版

CICO 或增加額外行為支持的流程圖。

接下來簡要介紹在國小和中學實施基本版 CICO 的歷程。第十一章則呈現如何調整基本版 CICO 以適合高中使用。

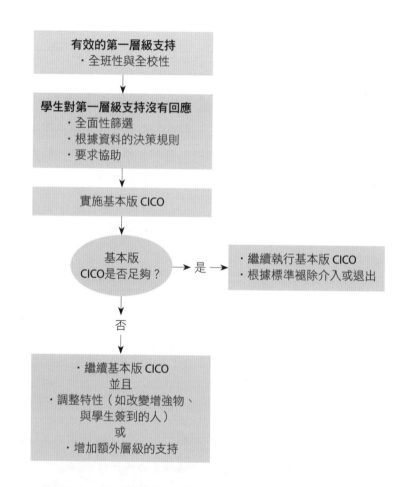

■圖 3-4　決定學生是否加入 CICO 介入的流程圖

第六節 基本版的 CICO 介入

　　CICO 歷程的關鍵特徵必須於每天、每兩週和每季中出現。每日的特徵包含確認出學生每天參與以及系統的日常管理和實施。每兩週應該要彙整資料、檢閱資料，並根據資料進行決策，以決定 CICO 介入是否有效及其對個別學生的影響。每季應有一個系統，回饋教師、學校人員、學生和家長有關 CICO 的影響。回饋應包含對個別學生以及整體學校氣氛影響之討論。下一節將詳細介紹此過程中每一處所需的關鍵特徵。

第七節 基本版 CICO 的每日特徵

　　每位參加 CICO 的學生與學校中的一位大人有正向的接觸以開始和結束學校的一天，並在一天內接受頻繁的監控和行為回饋。早上，學生向 CICO 輔導員簽到。CICO 輔導員確保每位學生帶了當天所需的物品（如鉛筆、紙和作業本），並提醒學生遵守全校性的期待。在小學，檢查物品並不重要，因為學生通常會將這些學用品放在書桌上或教室的其他地方。學生從 CICO 輔導員那裡拿到 DPR，然後展開學校的一天。在每一節課，或在小學一整天課堂間或活動轉換時間，學生向教師簽到並把 DPR 交給教師。教師使用 DPR 對學生在該堂課（針對中學和高中）或課堂活動（針對小學）的行為進行評分。透過這種方式，學生在學校的一整天中可持續收到行為的回饋和提示。此外，要求學生省思自己在學校一整天的行為，這啟動學生開始學習自我評估和自我調節行為的歷程。對教師而言，**關鍵在於**要了解參加 CICO 的學生不僅是在評分時期（如在評分時期的結束時）得到回饋，也要了解在這 60 到 90 分鐘內學生的進步情形。在此期間的持續回饋是 CICO 介入的有效成分。在一天結束時，學生將 DPR 交給

CICO 輔導員。DPR 的副本將發送給學生的父母或監護人進行審查和簽名，這是包括日常家庭與學校合作的簡單策略。應該注意的是，有些學校選擇每週一次而不是每天一次給家庭 DPR，以減輕父母親每天簽名的負擔。也有些學校偏好以電子郵件傳送掃描的 DPR 副本，以節省無碳式複寫紙（No Carbon Required paper）的錢，加上家長之前要求過學校以電子方式進行溝通。

一、中學情境的 CICO 案例

學校應該有一個團隊來支持 CICO 的執行。由於人員短缺，有些學校依賴一個人來協調整個 CICO 的介入。根據我們的經驗，採用團隊模式支持 CICO 的學校比單靠一個人建立和維持 CICO 的學校更能成功地執行與維持介入。與需要特殊教育服務的學生一起工作的過程類似，採用團隊方法可以有效地評估 CICO 的進展、提出介入調整的建議，以及計畫從 CICO 轉移出去。在本章中，我們預設的管理是採取團隊模式。

舉一位學生為例來描述整個過程，最容易說明 CICO 的介入。我們舉例的學生是一位七年級學生，名叫杰瑞米。他在上個學年收到了七次轉介辦公室管教（ODR），在本學年的前幾個星期收到了兩次 ODR。圖 3-5 顯示杰瑞米上一學年的轉介摘要。根據這個摘要表，杰瑞米在課堂上表現出破壞與不專注行為，而且對同儕有輕度的攻擊行為。他大多數的問題行為都發生在課堂中。據他的教師說，在課堂快結束時，他的問題行為更常出現。

根據杰瑞米的行為模式，行為支持團隊決定他是 CICO 的合適人選。
27 在執行 CICO 前，必須滿足三個要求。首先，從行為支持團隊會議召開後的隔一天，他的教師必須開始蒐集基線期資料。其次，CICO 輔導員必須取得杰瑞米雙親的同意。第三，必須要向杰瑞米和他的父母說明 CICO 介入的目的和歷程的問題，而他們必須同意會積極參與。

學校輔導人員打電話給杰瑞米的雙親，陳述對他行為問題的擔憂，並詳細說明團隊如何確定 CICO 對他而言是好的支持。輔導人員也與杰瑞米

行為	時間	日期	地點	轉介者
身體攻擊	2:00	9/23	體育館	體育教師
不當語言	8:30	10/12	214 教室	導師
破壞／違規	1:15	11/6	美術教室	美術教師
不當語言	12:00	12/15	226 教室	自然教師
破壞／違規	10:15	1/17	音樂教室	音樂教師
身體攻擊	9:00	2/15	走廊	副校長
身體攻擊	11:00	3/03	124 教室	語文教師

■ 圖 3-5　杰瑞米上一學年的轉介摘要

的雙親分享基線期的資料。在討論對杰瑞米行為的擔憂前，多位教師已經　27
和他的雙親溝通過，因此，學校輔導人員的來電對他父母來說並不突然。
他的父母認同 CICO 對杰瑞米會是個正向的支持，他們非常想讓杰瑞米趕
快開始接受 CICO 並願意配合及參與。CICO 輔導員和學校輔導人員向杰
瑞米描述 CICO 的介入，並確保他參與介入的意願。杰瑞米對於是否要嘗
試 CICO 是猶豫不決的，但他知道他的行為讓他在多門課程產生問題，他
最後決定要試一試。同意書當天就送到家中，由其雙親簽名，並於隔天送
回學校。

　　杰瑞米的基線期資料顯示他有 50%～60% 的時間符合行為期待，他很
可能可以從 CICO 提供的額外回饋和增強獲益。在進行介入之前，要討論
每一位參與者（杰瑞米、他的父母和學校）的角色與責任。CICO 輔導員
和杰瑞米見面，指導他在哪裡簽到與簽退、如何向教師要求回饋以及基本
版 CICO 的其他關鍵要素（為學生提供 CICO 培訓的更詳細資訊請參見第
五章）。最後，對杰瑞米的每日目標取得共識。

對於大多數學生而言，參加 CICO 介入的目標是每天獲得 80% 總點數。基於杰瑞米在基線期期間平均每天有 50%～60% 的總點數（在沒有回饋與增強下），我們每天 80% 的總點數是合理的目標。重要的是，將初始目標設定在學生可以合理達到的標準。在一開始介入時（亦即在第一週內），學生必須在 CICO 上獲得成功，否則他們對介入的承諾和興趣將迅速消失。為了讓某些學生在 CICO 上獲得成功，可能需要降低初始點數目標（如 60% 的總點數）。隨著學生的成功，可以提高點數目標。基線期資料能夠幫助你確定哪些目標是合理的。

在杰瑞米與 CICO 輔導員和學校輔導人員的會議結束時，要讓他有機會提出問題並得到答案。杰瑞米在隔天開始 CICO 介入。

上課時間從早上 8:30 開始。學生可以在 8:00 到 8:30 之間完成 CICO 簽到。早上 8:00，CICO 輔導員打開輔導室辦公室的門，接受 CICO 的學生陸續到達。因為學生認為 CICO 是正向的支持而不是懲罰，所以許多人會帶自己的朋友進行早上的簽到（有些同學甚至詢問他們是否可以接受 CICO 介入！）。接受 CICO 介入一週或以上的學生已經熟悉這簽到的例行程序。因為這例行程序是可預測的，所以早上的簽到通常是流暢且是有效率地進行著。

第一天早上杰瑞米準時到達，且 CICO 輔導員迎接他，CICO 輔導員是學校的教學助理（亦即半專業人員）之一。她稱讚杰瑞米記得準時出現。每位學生每天都獲得一個新的 DPR，杰瑞米也拿取一份 DPR。這些 DPR 是印在複寫紙上，以便副本可以帶回家讓他的父母簽名，而原始的那一份則作為學校紀錄。圖 3-6 為杰瑞米的每日進展卡的一個例子（附錄 B.4 為此表格的空白版本，附錄 B.5 為中學 DPR 的第二個範例）。

這所中學有區段排課（block schedule）：「A」日（第一、第二、第三、班級和第四時段）和「B」日（第五、第六、第七、班級和第八時段）。對於沒有區段排課的學校，在 DPR 要列出每一個時段的欄位。在杰瑞米離開簽到的辦公室前，他在 DPR 上寫上姓名和日期。接下來，

28

每日進展卡——中學（範例 1）

（A 日）　　　　　B 日

姓名：杰瑞米　　　　　日期：11/19

教師：請針對學生在下列目標的表現標註很好（2）、普通（1）或不佳（0）。

目標	1/5	2/6	3/7	班級教室	4/8
尊重	2 1 0	2 1 0	2 1 0	2 1 0	2 1 0
負責	2 1 0	2 1 0	2 1 0	2 1 0	2 1 0
管好自己的雙手雙腳	2 1 0	2 1 0	2 1 0	2 1 0	2 1 0
遵守指令	2 1 0	2 1 0	2 1 0	2 1 0	2 1 0
事前做好準備	2 1 0	2 1 0	2 1 0	2 1 0	2 1 0
總分	8	8	7	10	8
教師簽名	A.K.	B.D.	R.S.	J.T.	B.L.

CICO 每日目標：40/50　　　　　　CICO 每日得分：41/50

訓練中＿＿＿＿　　　CICO 成員 ✕　　　學生簽名：杰瑞米＿＿＿＿

教師評論：請簡要說明學生進步的任何特定行為或成果（如果需要更多空間，請附上紙張，並在下面註明）。

時段1/5：行為改善中＿＿＿＿＿＿＿＿＿＿＿＿

時段2/6：＿＿＿＿＿＿＿＿＿＿＿＿＿＿＿＿＿

時段3/7：＿＿＿＿＿＿＿＿＿＿＿＿＿＿＿＿＿

班級教室：今天的行為表現非常優秀！＿＿＿＿

時段4/8：＿＿＿＿＿＿＿＿＿＿＿＿＿＿＿＿＿

家長／照顧者簽名：王安淇＿＿＿＿＿＿＿＿＿

家長／照顧者評語：繼續保持好的表現！＿＿＿

■ 圖 3-6　杰瑞米的中學 DPR 範例

28　CICO 輔導員進行檢查以確保杰瑞米有當天所需的所有學用品。杰瑞米打開背包讓輔導員看他有活頁紙、鉛筆、原子筆和作業筆記本／行事曆。如果學生早上到達時沒有準備所有必要的材料，那麼 CICO 輔導員會提供他們一些需要的紙張或鉛筆和原子筆，同時提醒並鼓勵學生於隔天要準備好來學校。當杰瑞米完成簽到要離開時，祝福他有美好的一天並提示他遵守 DPR 上所列的期待。

　　當學生很負責的簽到並準備好所有的學用品時，我們通常會給學生「豎起大拇指」獎勵卡！「豎起大拇指」獎勵卡是學校所建立的代幣制獎勵系統的一部分，以鼓勵支持五項全校性的期待。學校裡的所有學生在一天中表現適當行為，都有機會獲得「豎起大拇指」獎勵卡。學生可以用自己的「豎起大拇指」獎勵卡兌換學校商店的物品（如原子筆、鉛筆、其他文具用品、水壺、T 恤、運動衫）的兌換券。較小的物品需要較少的獎勵卡，而較大的物品則需要更多的獎勵卡來兌換。圖 3-7 為「豎起大拇指」獎勵卡的一個範例（附錄 B.6 為空白版本）。

30

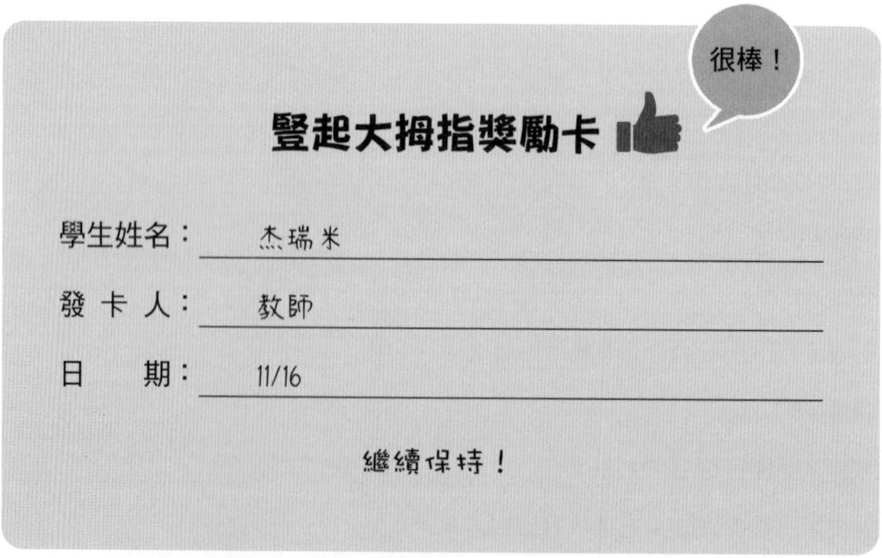

■ 圖 3-7　「豎起大拇指」獎勵卡的範例

杰瑞米離開簽到處後，還有幾分鐘才開始上課。在每堂課開始時，杰瑞米把 DPR 交給教師。學校全體教師都參加了 CICO 的在職培訓，因此每位教師都知道當杰瑞米進入每堂課時要如何回應。當學生把 DPR 給教師時，這成為教師提供學生簡短正向評論或讓學生準備好上課的好機會。通常這是教師提醒學生他們要努力達成行為的好時機，例如：「昨天你很難完成你的工作，讓我們今天更加努力。」在課堂結束時，教師以 0 到 2 評分杰瑞米在每個行為期待的表現。「2」代表「很好」，學生達到行為目標；「1」表示「普通」；而「0」表示「不佳」，表示學生在該堂課沒有達到目標。杰瑞米在一天中要把他的 DPR 給每位教師。

鼓勵教師向學生們解釋他們選擇評分等第的標準，並在學生達到或接近其行為目標的日子（在大多數目標中得到 2 分）稱讚他們。我們也鼓勵教師對在一堂課中達到所有行為目標的學生定期發出「豎起大拇指」獎勵卡。透過這種方式，CICO 學生會不斷收到回饋和提示，還有對其適當行為給予頻繁的增強。此外，在一堂課上表現不佳不會破壞學生一天中其他的時間，每一節課都是重新來過——可以達到行為目標的新機會。

一天結束後，杰瑞米將他的 DPR 交回給 CICO 輔導員。簽到和簽退都在同一個地方，因此例行事項是可預期的。CICO 輔導員保留原有的紙本，然後將副本由杰瑞米帶回家給父母。由於許多學生必須搭校車，因此要快速簽退。不過，簽退提供另一個與正向成人接觸的機會，它還提供再次提示杰瑞米要有適當行為的機會。在這所學校，如果學生達到了當天的目標，就可以選擇小點心（糖果、果汁、餅乾等）並帶走；其他學校則有不同的增強系統。你應該設計一種適合你學校的方式（有關增強系統設計的建議，請參閱第六章）。

我們期望杰瑞米將 DPR 的副本交給父母，並希望父母們都能看到 DPR。DPR 上有一個地方可以讓家長給予正向評語並簽名，之後才能將其交回。杰瑞米於隔天早上簽到時將 DPR 的副本交還給 CICO 輔導員。這是增加家庭和學校之間溝通與合作的一種非常簡單的方法——這始終非常重要，尤其是在中學時期。

CICO 輔導員的職責之一是將每天的 CICO 數據輸入資料庫。很重要的是，學校必須每週為 CICO 輔導員預留足夠的時間來完成此任務。CICO 輔導員蒐集每天的 CICO 數據，並將獲得的點數**百分比**（**不是**總點數）輸入到所有 CICO 學生的資料庫中。這項工作如果不是每天進行，至少應該每週執行一次，否則資料很容易積壓。

我們可以將每天的百分比數據繪製成圖表，以說明每位學生在 CICO 的進展。我們通常將學生的目標標準設定為總點數的 80%（請注意，學校針對目標達成情況可能選擇不同的期待）。例如，如果一天中可能獲得 50 點，若學生獲得 40 點或更多點數就達到了他們的目標；低於這個標準的學生則沒有達到他們的目標。如果學生連續幾天沒有達到目標，或者學生的表現有很大的變化，學校人員應將其視為警訊，並應探究調整介入的可能性和增加對特定學生的支持。

圖 3-8 顯示了杰瑞米第一週的 CICO 數據以及他的基線期資料。杰瑞米似乎在本週一開始有困難，但到了星期四他已經開始達到 80% 的點數目標。根據這些數據，行為支持團隊從這些資料可能推論杰瑞米正在開始適應 CICO 介入，並極有可能從中受益。團隊將繼續監控和檢查他每天的數據，以了解行為成功或掙扎的模式。

31

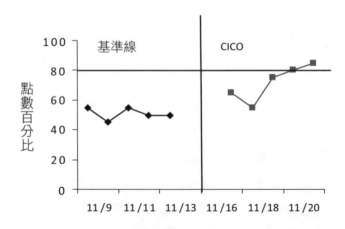

■ **圖 3-8** 杰瑞米的基線期資料和執行 CICO 第一週的資料

二、小學情境的 CICO 案例

對於小學生而言 CICO 的介入也是非常類似，但 DPR 有所不同。相對於中學生和高中生每一節課的轉換，DPR 在小學是反映課堂間的自然轉換（如閱讀和數學之間的轉換）。行為目標需要以較年幼的學生可以理解的方式書寫，這些學生可能需要視覺線索（如笑臉、豎起大拇指的圖片），以明確顯示達成或沒有達成目標。附錄 B.7 和 B.8 中包含兩個小學的 DPR 範例。

幼小的學生可能需要更多的練習和支持，以學習 CICO 介入的例行事項。學生未必都記得要在早上拿自己的 DPR 或要在下午簽退，CICO 輔導員應該要為剛加入介入的學生提供必要的支持。

為了顯示 CICO 介入在中學階段和小學階段之間的差異，我們提供三年級學生馬麗莎作為第二個例子。馬麗莎在新希望小學（New Hope Elementary School）就讀，該學校已經進行三年 CICO 的介入。馬麗莎年中時從鎮上的一所小學轉過來，所以這是她在這所學校的第一年。

馬麗莎的學校紀錄很慢才到，所以在新希望小學就讀的前三週，學校對於她的學業或行為表現一無所知。然而到了第四天，馬麗莎已經出現頻繁且重複性的行為問題。她很難完成任務、在操場上與女同學吵架，並且常在教師上課時說話。馬麗莎的導師李老師向行為支持團隊請求協助。

在檢閱李老師的協助請求後，行為支持團隊同意馬麗莎適合 CICO。目前，只有八名學生參加介入，因此可以輕鬆再容納一名額外的學生。除了減少馬麗莎的行為問題，CICO 介入將協助馬麗莎更能融入學校。她會與更多新希望小學的教師見面，教導她有關學校的行為期待。她每天也會和大人有正向的聯繫。

在馬麗莎可以開始 CICO 之前，學校輔導人員必須徵得她父母的許可。另外，與中學情境一樣，應該要蒐集基線期資料。此外，必須向馬麗莎和她爸媽解釋 CICO 介入的目的和過程。馬麗莎的父母都使用西班牙語，英語能力有限。新希望小學的學生為英語學習者（English learner）且

教職員工為西班牙語和英語雙語者的比例很高。由於馬麗莎剛轉學進來，需要有翻譯人員來解釋 CICO，因此行為支持團隊決定舉行面對面的會議，向她父母和馬麗莎解釋這個介入。羅梅洛老師是教導 K 至三年級英語學習者的教師，受邀來參加學校輔導人員、CICO 輔導員、馬麗莎和她父母之間的會議。羅梅洛老師可以擔任口譯服務，並能回答馬麗莎父母的任何擔憂或疑問。

　　一開始馬麗莎的父母不願意讓她參加 CICO 介入，他們擔心她會被認為是「壞學生」。學校輔導人員和羅梅洛老師共同合作，幫助他們理解 CICO 對馬麗莎會是正向的支持，而不是懲罰。最後，父母都同意讓馬麗莎開始介入。馬麗莎得知這讓她有機會獲得獎勵後，她很期待能開始 CICO。CICO 輔導員在隔天就對馬麗莎進行介入。

　　CICO 輔導員是夏波老師，她被聘為兼職管理 CICO。與馬麗莎父母開會後和開始介入前這段時間，夏波老師為馬麗莎安排一趟「CICO 之旅」。也就是在馬麗莎開始介入前的下午，夏波老師向她一步一步地解釋介入的每個要素。她帶領馬麗莎到隔天早上要簽到和拿取 DPR 的地方。她和馬麗莎一起走到教室，練習將 DPR 交給老師。「CICO 之旅」結束時，馬麗莎對這個新介入感到自在。

　　新希望小學從上午 8:15 開始上課，學生可以在 7:55 至 8:15 之間進行 CICO 的簽到。學生被告知要去圖書館辦理簽到。早上 7:55，夏波老師打開圖書館大門，九名 CICO 學生中有六名在 7:55 至 8:15 之間找她簽到。其餘三位為幼兒園或一年級的學生，夏波老師會在 8:15 鐘響後立刻去他們的教室，並分別與他們簽到。她發現，當他們在上課前才要簽到的話，最年幼的孩子很難記住要先去圖書館，他們上課通常會遲到。二至五年級的學生在簽到上似乎沒有困難。

　　當馬麗莎到達圖書館辦理簽到時，她很害羞且有點不確定。夏波老師要求其中一位 CICO 的學生協助她。另一位學生則提醒她在哪裡領取新的 DPR，然後和她一起排隊。圖 3-9 為馬麗莎的小學所使用的 DPR 範例。

每日進展卡

姓名：_____   2 = 很好   獲得的點數：_____

日期：_____   1 = 尚可   目標：_____

                         0 = 待加強   目標達成？　是　否

目標	閱讀	數學	音樂	藝術	圖書館	體育	學習扶助
負責	2 1 0	2 1 0	2 1 0	2 1 0	2 1 0	2 1 0	2 1 0
友善	2 1 0	2 1 0	2 1 0	2 1 0	2 1 0	2 1 0	2 1 0
認真	2 1 0	2 1 0	2 1 0	2 1 0	2 1 0	2 1 0	2 1 0
總計							

教師**正向**註記：_____

家長**正向**註記：_____

家長／監護人簽名：_____

請簽名並提醒孩子每天繳回此表格。

■ **圖 3-9**　馬麗莎的小學所使用的 DPR 範例

輪到馬麗莎簽到時，夏波老師稱讚她有記得來圖書館。她讓馬麗莎看 32 全校性的行為期待列在 DPR 的哪裡，並對馬麗莎讀出這些期待。在夏波老師的協助下，馬麗莎在她自己的 DPR 上方寫上日期。由於大多數小學生的教室裡都有學用品，因此簽到不包括詢問學生是否有自己的物品。與其他學生一樣，因為馬麗莎有準時來簽到，所以得到了一張「貓頭鷹卡」（Chuckie-Buck，Chuckie 是一隻貓頭鷹，它是學校的吉祥物）。「貓頭鷹卡」是新希望小學全校性認可好行為與獎勵制度的一部分。學生可以在貓頭鷹卡寫下自己的名字，然後將它放入學校入口處的抽獎箱。每個星期五，校長從抽獎箱中抽出五個名字，抽中的學生都可以獲得特別獎。馬麗 33 莎完成簽到後，老師就提醒她要準時上課，並要符合當天的全校性的行為期待。

馬麗莎離開後，離上課還有幾分鐘。她直接進到她的三年級教室，老師與她打招呼。李老師知道馬麗莎當天要開始 CICO 介入。他稱讚她有一個好的開始，並告訴她如何將她的卡片放在桌上的 DPR 盒子中。在每一個轉換活動後，李老師等待課堂活動中的休息時間，以便與馬麗莎把 DPR 看過一遍。例如，當學生完成上午的活動後，開始進入閱讀時段，馬麗莎開始默讀。這時，李老師與馬麗莎談論她在早上的活動中獲得的點數。

小學生的評量表可以與中學生的評量表不同。以馬麗莎為例，如果馬麗莎達到了她的目標，則教師圈選「2」，如果沒有達到目標，則圈選「0」。新希望小學的所有教師，包括專業教師（如音樂、藝術）都參加了 CICO 在職培訓，因此馬麗莎可以隨身攜帶她的 DPR 到她一天中所參加的每項活動中。

如同中學一樣，我們鼓勵教師向學生解釋他們的評分，並在學生於課堂或一天達到所有目標時，給予他們正向讚美或「貓頭鷹卡」。鼓勵學生反省自己的表現，當教師給予較低評分時，要教導他們與教師爭論被視為 CICO 介入中行為期待的「反例」（nonexample）。如果學生對教師的評分提出異議，教師之前就會被訓練不要與學生討論是否要更改評分。教師的評分就是最終的評分。此外，我們發現使用「根據你的行為，你獲得」而不是「根據你的行為，我要給你」的說法，可將評分的掌控權放在學生的行為上，而不是在教師身上。

一天結束時，夏波老師來到每個 CICO 學生的教室，拿取 DPR 並跟學生說再見。由於擔心某些學生可能錯過校車，學生們沒有在圖書館與她簽退。因為介入的學生數量有限且 CICO 的簽退部分非常簡短，所以夏波老師能夠與每位學生簽退。CICO 的簽退部分是學生與有愛心的成年人有正向相處的另一個機會。夏波老師保留 DPR 最上面的原稿，並確保馬麗莎將第二張副本放進她的背包中。

我們告訴馬麗莎的父母，在她到家後要在背包中找到她的 DPR。當馬麗莎回到家時，她的父母會檢查她的 DPR。她的父母被要求在表格上簽

名，並告訴馬麗莎隔天要繳回。我們鼓勵他們寫上正向的評語。他們可以用自己的母語西班牙語來寫評語，如果翻譯這些評語有困難的話，羅梅洛老師可以提供協助。

當夏波老師完成當天的簽退後，她將 CICO 的數據輸入資料庫，這部分至少每週都要完成。這一點很重要，因為很關鍵的是行為支持團隊使用資料來評估介入的有效性。再者，行為支持團隊或 CICO 輔導員應負責向教職員工和家長報告介入的整體成效。教師想知道他們的努力正造成了改變。有很多創意的方式可以肯定他們在小學的工作，其中一個是每季的特徵，我們將在後文做更詳細的討論。由校長和行為支持團隊確認最適合其學校的策略。

第八節 ## 雙週特徵

CICO 的影響力來自於兩個關鍵的介入要素：第一個是於一天中提供學生持續且特定的回饋與正向的行為支持；第二個是根據資料做決策。一旦蒐集每天的資料後，這些資料不僅是書面紀錄，重要的是要使用它。如果有一位或兩位人員負責定期將資訊輸入資料庫，則最容易使用 CICO 資料。也就是在每一天結束時，或是至少每週結束時，CICO 輔導員或是正向行為支持團隊的成員，把學生所獲得的點數百分比輸入 CICO 的資料庫。

無論使用哪種資料系統分析學生的進展（第七章提供更多資料系統的資訊），該系統都應能即時把資料繪製成圖表，以便學校人員隨時可以使用這些資料以決定學生對介入的反應。CICO 雙週的特徵之一是學校人員需要確定學生：(1) 是否對基本版 CICO 有反應並應繼續接受介入；(2) 需要更多的行為支持或需要調整基本版 CICO；或者 (3) 準備好完成介入。這些決定是根據每位學生的點數百分比資料的圖表（請參見圖 3-8 示例

圖）。與我們合作的許多學校將這些決定嵌入到已經存在的雙週小組中，該小組開會討論行為支持。我們看過的其他模式包括 CICO 輔導員和一位學校領導小組的成員（如校長、副校長）使用在 CICO 介入計畫制定過程中所發展出來根據資料的決策規則評估學生的進步。例如，根據資料的決策規則可能要求，平均而言，如果學生在四週內獲得 80% 或以上就可以完成介入，則 CICO 輔導員和校長可以每兩週查看一次資料以決定誰可以結束介入。另一個根據資料的決策規則可能要求如果學生在 30% 的天數內沒有達到他們的目標，則應考慮提供額外的支持或調整基本版 CICO。第七章提供有關如何使用 CICO 資料進行資料決策的詳細資料。

一、每季特徵

　　CICO 介入的每季特徵是向教職員工、學生及其家人提供回饋。基於以下原因，向這兩類利害關係群體提供回饋很重要：(1) 認可家長、教師和學生有了解其學校或子女的權利；(2) 保持興趣和參與；(3) 肯認和鼓勵成果；(4) 指出需要改進的地方（新目標），並在實現這些目標方面進行合作。

二、回饋給教職員工

　　教職員工需要知道 CICO 介入的效果如何。可以回答的一些問題包括：

它為多少學生提供服務？

學生的參與始終如一嗎？

教師和職員的參與始終如一嗎？

對個別學生的行為有什麼影響？

對學校的整體氣氛有什麼影響？

哪些方面運作良好？

仍然存在的阻礙是什麼？

教師和員工要做什麼以改善 CICO 介入？

哪些學生值得認可？

哪些教師和員工值得認可與讚賞？

　　行為支持團隊可以就如何向教職員工和家長提供回饋方面發揮創意。某所學校創立一個名為「CICO 小報」的公告，該公告每季發給教職員。這份公告列出了參與 CICO 的學生（僅列出名字），簡要說明他們的進步，提醒相關的會議，並提供基本行為管理有用的建議。

　　公告可以分發給教師、職員和 CICO 家庭。保密很重要，除非學生和他們的父母給予書面同意，否則不要提到個別學生的全名。即便要認可學生的進步也是如此。請記住，雖然個人成就獲得認可是令人興奮的，但並非所有學生都會想要在公開情況下與第二層級行為介入有關聯。

　　向教職員工提供回饋的另一種方法是在教職員工會議上。CICO 輔導員或行為支持團隊的其他代表可以報告 CICO 介入及其影響，在親師會議上可以提供學生和家庭個人的回饋。兩種提供回饋的方法都很方便，因為這兩種形式的會議已存在學校的運作系統中。行為支持團隊可以善用現有會議來實現這一重要目的。

　　有些學校偏好每月給學生和家庭更新一次，方法是給予學生其圖表，並送一份圖表給學生家長。這是讓家長和學生都參與介入的一種低成本方法。

第九節　實施基本版 CICO 的疑難排解

　　目前為止，我們已經提供當一切順利時基本版 CICO 是如何運作的訊息。學生會定期簽到、在一天中會把 DPR 給教師、下午簽退、記得讓父

母親在 DPR 上簽名。並非所有學生的情況都是如此一帆風順，有效實施 CICO 介入非常重要的做法是當介入不適用於特定學生或學生未真正參與方案時，應進行修改。第八至十一章將討論對基本版 CICO 的調整和相關細節。

CHAPTER 4

開啟 CICO 介入

在實施 CICO 之前，學校需確保其組織嚴謹且能有系統地推展執行工作。至關重要的是奠定堅實的基礎，以建立可持續的介入，而非草率急於實施。故學校行政人員與行為支持團隊應確認所有關鍵的先決條件均已就緒、已產生有效的介入，並能長期持續下去。當必要的基礎尚未建立時，被「馬上要實施改變」的想法沖昏頭，可能會產生不盡人意的結果；也就是沒有人知道要做什麼、怎麼做、為何要做，或對它的期待是什麼。一旦嘗試介入卻失敗了，要說服教職員再給它一次機會就很有挑戰性了！實施 CICO 的初期就展現其有效性和效率是非常重要的。

第一節　「我的學校準備好實施 CICO 了嗎？」

首先須評估整個學校是否能為成功實施 CICO 做出貢獻，「CICO 實施準備調查表」（CICO Implementation Readiness Questionnaire）（參見圖 4-1 和附錄 C.1）列出成功實施 CICO 的必備關鍵要素。領導 CICO 實施的團隊成員應該共同完成此調查表，此團隊也須包括行政人員，以確保 CICO 的實施能獲得行政支持。

在實施 CICO 之前，該團隊應該能夠對每個問題均回答「是」，此外，亦能提供證據支持其回應。例如，團隊對問題 2 有關員工承諾回答「是」的話，那就應該要能提供該承諾的具體證據：

在教職員會議上是否討論過 CICO 系統？
是否對教職員進行了投票，以了解他們支持 CICO 的興趣和意願？
有 80% 或更多的教職員同意支持這個介入嗎？
教職員在 CICO 實施過程，能明確表達自己的責任嗎？

根據我們的經驗，已經實施全校性 PBIS 的學校，比起沒有實施第一

52　正向支持學生的行為問題

層級介入者，更容易成功實施 CICO 的介入。若無全校性 PBIS 系統，會花費太多時間處理個別學生的行為問題，並且第二層級預防的介入將變得不堪負荷且效果不佳。除第一層級的全校性 PBIS 外，學校也應該有文件記載班級性的第一層級系統。亦即，教師應明確教導在課堂上、一般轉換、例行作息時全校性的行為期待看起來是什麼樣子，例如如何尋求幫助、交作業，以及上課時被期待的音量。

你的學校準備好實施 CICO 了嗎？在實施 CICO 之前，我們建議以下關鍵要素需準備就緒。請圈出最能說明貴校目前情況的答案。

(是) 否　1. 我們學校建立了第一層級的全校性正向行為介入與支持系統。基本上，我們已經確定了三到五條行為規則，並明確教導所有學生這些規則。對遵守規則的學生給予獎勵，對違反規則的學生則施予輕微的後果。

(是) 否　2. 我們的教師正在實施第一層級的班級經營策略，包括明確地教導全校性期待在班級中看起來的樣子，教導班級例行事項（例如：如何尋求幫助、在哪裡交作業、保持適當的音量），對於讚美到負向回饋，有較高正向到負向的比率，並讓學生有更多元的機會做出回應。

(是) 否　3. 我們已獲得教職員工對實施 CICO 的承諾。大多數教職員也都認為需要採取這種介入來支持有嚴重問題行為風險的學生，他們也願意積極參與介入。

(是) 否　4. 學校為實施 CICO 介入已提供行政支持。行政人員致力於在校實施和維持 CICO 的運作，也分配必要的財政和人力資源來支持該計畫的實施。

(是) 否　5. 最近在學校系統沒有任何阻礙 CICO 成功實施的重大變化，包括教師罷工、教師或行政人員的高流動率，或資金大幅增加或減少等。

(是) 否　6. 我們已將實施 CICO 作為學校本學年的三大優先事項之一。

■ 圖 4-1　已完成的「CICO 實施準備調查表」範例

除教職員形成共識外，行政人員的承諾也至關重要。行政人員必須願意參與 CICO 的發展和運作，也願意並能分配必要的人力和財政資源，以充分支持實施 CICO。行政人員應監督該項介入的有效性，並鼓勵行為支持團隊進行必要之改善。

我們在學校的經驗讓我們知道，若學校本身正處於重大變化之中（例如：教師威脅要罷工、行政或教學人員流動率高），那麼實施新的介入或試圖改變學校系統很可能會導致失敗。若能持續實施，CICO 會是一個強大的系統，對可能出現更嚴重問題行為的學生提供支持（如 Fairbanks, Sugai, Guardino, & Lathrop, 2007; Hawken, 2006; Hawken & Horner, 2003; March & Horner, 2002）。但若介入未能正確執行或試圖改變不穩定的系統，那麼 CICO 更難以成功。

學校同時致力於太多計畫，對成功實施 CICO 是另一個威脅。例如學校可能在同一年內選擇實施 CICO、採用新的閱讀課程，以及開設心理健康中心。由於有這麼多大型項目同時實施，為建立和維持有效的 CICO 所需的精力和努力，可能變得分散而無法發揮作用。因此，我們建議將 CICO 的實施列為學校的三大重點工作之一，並且只有學校未在同一年內啟動多項新的重大工作時，才可以實施 CICO。

 「我們該如何建立對 CICO 介入的全校性承諾？」

建立全校對 CICO 介入的承諾是確保此方案成功的關鍵，CICO 是在學校所有的情境中實施的，因此，大多數（至少 80%）的教職員必須同意參與這項介入。若你是學校心理師、輔導老師、行為專家或其他試圖促進 CICO 實施的人員，請先與校長和其他行政人員會面並介紹 CICO，以掌握他們對 CICO 的了解程度及興趣。

一旦獲得管理階層的支持，就應將有關 CICO 的資訊帶給學校團隊，

針對學業及行為困難的學生做出因應。若團隊做出承諾，則該團隊在定期召開的教師會議上，應向全體教師介紹 CICO。在教師會議上，行政人員或團隊成員必須提供令人信服的解釋，說明學校為何此時需要 CICO。我們建議行政人員與教職員分享轉介辦公室管教（ODR）的資料，藉此證明第二層級預防介入之需求。此外，教職員調查也表示大多數人將第二層級預防視為學校的重要需求，並共享這些資料。

在嘗試建立全校對 CICO 介入做出承諾時，我們發現一份非常實用的 DVD：《簽到簽退：高風險學生的第二層級介入》（第二版）（Hawken & Breen, 2017; 可於 www.guilford.com 網站購得）。此 DVD 在 27 分鐘的影片中展示了 CICO 介入的關鍵組成部分。

在校內團隊播放了 CICO 的 DVD，或以不同的方式詳細解釋 CICO 後，團隊應詳細說明參與 CICO 介入時每位教師的職責。一旦教職員獲得了有關 CICO 的資訊和對他們參與的期待，我們建議全體員工對他們是否願意參與介入進行投票。有關 CICO 介入投票表，請參閱附錄 C.2。 40

在員工投票後，應確定至少有 80% 的教職員同意參加。否則，管理階層和其他團隊成員必須凝聚更多的共識。若只有一小部分教職員願意支持 CICO，則介入將會失敗。因此教職員必須全心全意認可學校有 CICO 的需求，並且願意積極參與。

第三節　CICO 的發展及實施準則

在確定學校已經準備好實施 CICO 介入後，行為支持團隊至少應該有半天或整天的學校日（通常是在專業發展日）召開會議，作為學校創造 CICO 之始。「CICO 發展及實施準則」（參閱附錄 C.3）提供發展個別化 CICO 的架構，以適應學校文化。學校團隊應共同努力，發展實施程序和系統，以回答準則中的每個問題。學校在開始與任何一名學生進行 CICO

介入之前，應有適當的程序和系統。

一、人員方面的考量

　　應該分配足夠的人員時間來實施、管理和維持介入。一些學校選擇聘用兼職教學助理（educational assistant），即專業人士來領導 CICO 或將 CICO 指派給教學助理，作為其整體職責的一部分。CICO 介入的責任必須是個人工作職責的一部分，而不是沒有分配時間就期待有效地完成工作的額外責任。CICO 輔導員在上學前和放學後半小時內不得有其他工作任務，CICO 輔導員應得到學生的高度重視，並與他們進行積極而熱烈的互動。指派 CICO 輔導員的主管很重要，如在行為介入方面有經驗的輔導老師或學校心理師。CICO 輔導員通常需要進行持續的訓練，才能與學生一起進行 CICO，而主管應提供此訓練。有關培訓需求的更多訊息，請參見第五章。

　　為了支持更多的學生，一些學校決定聘請 CICO 輔導員負責監督介入，並選擇其他的教職員擔任 CICO 的引導員（facilitator）。CICO 引導員的作用是每天要簽到和簽退 5 至 10 名學生。引導員不負責匯總資料，也可能不參與管理長期獎勵，而是與學生一起工作的「啦啦隊長」。在這種情況下，CICO 輔導員將監督引導員，從他們那裡蒐集資料，並匯總資料以提供決策。CICO 輔導員可能也要與 CICO 引導員每天一起負責簽到和簽退一定數量的學生。圖 4-2 是一位 CICO 輔導員負責整個學校內多位學生的模式，圖 4-3 是一位 CICO 輔導員和多位 CICO 引導員的模式。

　　行為支持團隊應確認有一到兩名替補人員能執行簽到和簽退，以預防 CICO 輔導員哪天不在學校。當學生抵達學校，期待見到 CICO 輔導員，但卻發現輔導員當天生病時，這是很令人失望的。CICO 輔導員的替代人選，可以是輔導員的主管、特教老師、副校長或其他教學助理。此人在上學前和放學後也應有彈性的工作時間表。

41

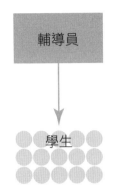

■ 圖 4-2　一位 CICO 輔導員負責全校內多位學生的模式

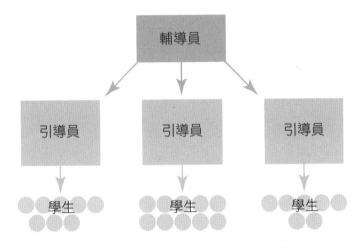

■ 圖 4-3　一位 CICO 輔導員和多位 CICO 引導員的模式

二、地點

42

　　行為支持團隊應選定一個位在學校中央且容易抵達的區域，作為簽到和簽退的地點。同時，這個環境應該是半隱私的。通常國高中學生對他們所參與的介入，喜歡避免引起他人的注意。相反的，當小學生意識到CICO 的學生會受到 CICO 輔導員的額外關注時，他們通常會對介入感到興奮。這個簽到和簽退的地點必須符合學校的流動安排（logistics），它可以位於輔導老師辦公室、圖書館、副校長辦公室或任何其他適合使用的學

校空間。如果學校是一位 CICO 輔導員和多位 CICO 引導員的模式，那麼會有多個簽到和簽退的地點。這對大型學校（例如高中）尤為重要，簽到和簽退的地點需要接近服務學生的所在年級，而非學校中心位置。

　　為了成功實施 CICO，發展一個方便使用的 DPR 是非常重要的，DPR 是教師對學生整天的行為提供快速回饋的工具。DPR 不應要求教師冗長敘述學生的行為，而應提供行為的簡單數字評分。我們強烈建議學校在 DPR 上寫上全校性的期待，為這些最需要的學生提供額外的練習和回饋，有關設計 DPR 進一步的詳細訊息，請參見第六章。

三、增強系統

　　CICO 介入的關鍵要素就是定期對適當行為提供增強，但對長期有行為問題的學生提供增強，在學校某些教職員看來是有爭議的。很多教職員會問：「為什麼要針對有問題行為的學生給予額外的認可和增強呢？」在全校性第一層級介入中沒有進步的學生，才能進入 CICO 介入，因為普遍性的實施策略對他們來說是無效或不足的。所以，這些學生需要額外的增強和回饋，才能使他們的行為步入正軌。經驗告訴我們，如果沒有對問題行為及早介入，隨著時間的過去，行為將逐漸惡化。

　　在發展 CICO 介入的增強系統時，強調社會性的介入是很重要的，這些包括增加成人的注意，及利用增強物促進正向的同儕關注。為減少增強物的費用，我們建議使用不會產生財務成本的增強物（例如：與喜歡的成人或朋友在一起，或從事容易獲得的活動，像是額外的電腦或運動時間）。更多有效發展增強系統的訊息，請參見第六章。

四、轉介系統

　　在第三章我們描述了適合進行 CICO 介入的學生，在實施 CICO 之前，行為支持團隊應該針對學校發展特定的轉介系統。該團隊應確認將學生分配到介入的決策標準。如果學校認為接受介入需要家長簽名許可，就

43

應該設計家長同意書表格。最後，團隊應確定決策標準，以決定上一學年獲得 CICO 支持的學生，是否在下一個學年開始仍持續進行 CICO 介入。大多數學校喜歡在開始進行 CICO 之前，讓學生有時間熟悉新教師和教室。有時，教室或教師的改變會導致學生行為發生顯著變化，使他們不再需要 CICO 的支持。這樣的目的，並非是等待學生失敗（即在他們出現問題行為後才提供 CICO 支持），而是先讓新教師（或教師）有機會了解學生，並在班級提供行為支持。

五、資料管理和褪除介入系統

在專業發展研習全天或半天的期間，行為支持團隊必須決定如何彙整和繪製每日資料圖表。在第七章，我們會描述彙整資料的電腦程式選項。定期評估資料後，團隊需要決定何時讓學生褪除介入。有時，學期末是學生介入的自然褪除期，下學年學生不會再獲得 CICO 的支持。此外，鑑於一次只能為數量有限的學生提供 CICO 支持，因此很重要的是，一旦學生獲得成功並證明他們不再需要該支持，有系統的褪除介入是非常重要的。有關學生褪除 CICO 介入的詳細內容，請參見第七章。

六、滿足培訓需求的系統

「CICO 發展及實施準則」中這最後的問題與員工、學生和家長的培訓需求有關。每個參與或為介入做出貢獻的人，都必須深刻理解並同意他們應該要承擔的責任。第五章介紹了解決培訓需求的全面性計畫。

圖 4-4 提供已完成的「CICO 發展及實施準則」之範例版本。

 第四節 預算

學校開始實施 CICO 的初期和後續維持其介入的預算會有所不同，這

取決於學校的規模、參與的學生人數，以及辦理簽到／簽退、輸入數據、團隊協調會議和其他 CICO 輔導員所需的工作時數。我們的目的並非要規定實施 CICO 介入所需的特定金額，而是建議要有基本典型的預算類別，至少能提供一個運作模式的預算。重要關鍵是必須分配足夠的資源以支持和維持成功實施 CICO。

44

1. 確定人員需求和流動安排

- 由誰擔任 CICO 輔導員？是否只有一名 CICO 輔導員或是一名 CICO 輔導員與多名 CICO 引導員呢？

  高梅茲——英語學習者（English-language learner, ELL）半專業人士（paraprofessional）

- 誰來監督 CICO 輔導員？

  卡蘿——學校心理師

- 當輔導員不在時，誰來做簽到和簽退？（<u>至少有兩位</u>可以代替輔導員的人。）

  辛格——特教教師

  漢娜——輔導老師

- 進行簽到和簽退的地點？

  卡蘿心理師辦公室外面的小房間

- CICO 一次最多可以服務多少位學生？

  我們會從三到五位學生開始，看看進展如何，解決問題或疑慮，然後慢慢地增加至 20 名學生。

- 你們學校 CICO 的名稱是什麼，每日進展卡（DPR）稱為什麼？

  CICO 名為 ROAR: Reinforcement of Appropriate Responses（增強適當的反應）

  DPR 命名為「瘋狂卡」（Wild Card）

■ 圖 4-4 「CICO 發展及實施準則」範例

2. 發展每日進展卡

•行為期待是什麼？

管好你的手腳和其他部分、專心、立刻遵從指示，並在全校性規範中納入完成工作。

是否與全校性期待一致？

會有兩個DPR——高年級和低年級。

•這些期待是正向陳述嗎？

是的。

•DPR的教師友善嗎？要求教師多久對學生的行為進行一次評分？

是的，低年級=4個評分時段，高年級=7個評分時段。

•DPR是否適合學生年齡，是否包括不同等級的評分？

是的，包括0、1、2三個等級。

•資料是否易於統整？

是的。

3. 為參與CICO的學生發展增強系統

•學生每日要達到的點數目標是什麼？

至少最低分數=70%；得分更高的學生，其信用卡上將獲得更多的點數。

•學生在簽到時，會得到哪些增強物（例如讚美和抽獎券）？

讚美和一週結束時的抽獎券。公開發布抽獎幸運者，並為中獎的學生提供神秘小獎品。學生可以從樹上抽出香蕉或椰子作為神秘激勵獎。

•學生在簽退且達到每日點數目標時，將獲得什麼樣的增強物？

給予讚美，強調長期的獎勵，學生在每日轉盤（daily spinner）獲得點數，達成目標≥70%=信用卡得 1 分，≥80%=信用卡得 2 分，≥90%=信用卡得 3 分，100%=4 分時，點數可在學校商店消費。

•你如何確保學生不會對增強物感到厭倦？

學校商店的商品要經常更換，並在轉盤上更改項目。

•對收到嚴重和輕微行為問題轉介的學生會有什麼後果？

如果學生收到行為轉介，就無法使用每日轉盤，也不能用點數兌換物品。

■ 圖 4-4 （續）

4. 發展轉介系統

- 如何推薦學生進入 CICO？讓學生接受 CICO 的標準是什麼？

  由教師推薦或學生已收到三次輕微行為問題的轉介。也檢查行為日誌資料以確定學生是否符合轉介條件。

- 參加 CICO 學生的家長同意書會是什麼樣子？

  將修改培訓時所提供的範例。

- 轉學生的篩選流程是什麼？

  行為支持團隊將審查其他學校的行為資料，並決定轉學生是否需要 CICO。大多數學生會在沒有 CICO 的支持下，適應學校生活。

- 決定學生是否在下一個學年開始參加 CICO 的程序為何？

  大多數學生在沒有 CICO 支持的情況下展開新的一年，以適應新的教師／教室。只有少數情況下，教師可能會主張為了學生的成功，有必要讓學生在開學第一週後接受 CICO。

5. 發展處理每日資料的系統

- 將使用哪個電腦程式來彙整資料？

  簽到簽退 SWIS 資料系統（參見第七章）。

- 學校的哪個團隊會檢查每日 CICO 資料，且多久檢查一次？（注意：至少每月檢查資料兩次。）

  多專業團隊每隔一週利用 20 到 30 分鐘的時間，進行 CICO 資料評估。

- 誰負責彙整資料並把資料帶到團隊會議？

  高梅茲老師將彙整資料並出席行為支持團隊會議中有關 CICO 的部分。

- 多久和全體教職員工分享這些資料？

  每季一次。

- 多久與家長分享這些資料？

  每月寄給父母一張圖表。在親師座談時，家長會收到一張長期的圖表。

6. 讓學生褪除介入的計畫

- 讓學生褪除 CICO 介入的標準是什麼？

  我們暫時先每季度評估所有學生。平均而言，如果學生在六週內得到 80%

■ 圖 4-4 （續）

或以上的分數，可以考慮褪除計畫。在褪除之前，會先諮詢教師的意見。

- 如何褪除 CICO，誰負責幫助學生褪除 CICO？
  學生將自我監控自己的進步情形，並減少簽到／簽退的次數，之後，學生逐漸在每星期初做簽到，每星期末簽退。高梅茲老師將負責教導學生如何進行自我監控以及逐漸褪除。

- 如何慶祝學生從 CICO 介入結業？
  午餐聚會時準備一塊小蛋糕，有父母、教師和支持人員參加。學生會收到行為支持團隊簽署的文件。

- 對於從 CICO 結業的學生，會採取什麼獎勵措施和支持？
  每季為已結業且未收到轉介辦公室管教（ODR）的學生，舉辦一次「校友」聚會。

7. 教職員工培訓計畫

- 誰要對教職員工進行 CICO 介入培訓？
  行為支持團隊使用 CICO 手冊的程序。

- 如果未按計畫實施 CICO 介入，誰要為教師提供個別化的教練式指導（coaching）？
  凱特蕾校長

- 誰要對 CICO 的目的和執行 CICO 介入的重要特徵做強化訓練呢？
  行為支持團隊

8. 學生與家長的培訓計畫

- 誰與學生會面並進行介入的培訓？
  高梅茲老師會與學生見面，並蒐集學生行為的基線期後，提供培訓。會使用角色扮演，並同時讓學生了解如何及在哪裡簽到／簽退，以及如何獲得教師的回饋。

- 如何對家長進行介入的培訓？
  學校心理師卡蘿女士將和家長見面，或透過電話提供有關參與介入的資訊。她也會負責取得父母的同意。隨著高梅茲老師對實施 CICO 越來越得心應手時，她也可能會參與培訓家長。

■ 圖 4-4 （續）

圖 4-5 提供一學年約有 30 名學生接受 CICO 的中學，其預算類別和每個類別的年度成本估算。

預算類別	類別說明	範例數量
人事		
	CICO 輔導員（每週 9～13 小時）	依地區的薪資級表
材料		
	無碳式複寫紙的 CICO 表格	$250 美元
	學校用品	$200 美元
獎勵措施		
	小獎勵	$500 美元

■ **圖 4-5**　一所中學約有 30 名學生接受 CICO 的預算和年度成本估算範例

第五節　實施 CICO 前的最後考量

有效的行為支持系統的一個要素是主要利害關係人意識到並願意使用它。若教師不知道這種支持來源的存在，他們就不會轉介學生，因此只有很少的學生被納入 CICO。此外，若教職員工未獲得 CICO 的充分培訓，他們會不知道如何回應學生帶來的每日進展卡。成人只要做了幾次不一致或負面的回饋，學生就會失去配合 CICO 的興趣。學校教師和職員之間缺乏溝通，可能會讓 CICO 介入尚未發揮作用之前就無疾而終了。因此在實施 CICO 之前，獲得教師和員工的承諾是至關重要的。

同樣重要的是，學生必須了解什麼是 CICO 介入及其運作方式，這不僅適用於 CICO 的學生，且適用於校內所有學生。當所有學生都了解

CICO 時，他們可以支持正在接受 CICO 的朋友，因為這已成為學校文化的一部分。一旦只有少數學生知道時，這項介入可能會受到質疑或嘲笑。它可能被視為是為「壞學生」提供的計畫，而學生則傾向避免那些使他們與眾不同或被貼上標籤的介入。

CICO 介入必須成為學校正向文化的一部分，如何達到這個目標呢？

1. **校內應該先提供 CICO 清楚的說明**。在年度的第一次教職員工專業培訓會議上，向教師和員工說明 CICO 的介入。隨後幾年，將持續提供同樣的專業培訓。這樣的提醒能讓已執行過的教師和職員有所受益，且將新教師立即納入系統中。同時，在每學年開始時向全體學生說明 CICO 介入。

2. **始終強調實施 CICO 介入的積極面**。在教職員工會議上經常談論 CICO，並提醒教職員如何在評估期間提供支持性、矯正性回饋（corrective feedback），而非嚴厲與批評。與教職員工定期討論提供正向回饋並與學生建立關係是學業成功的重要關鍵。另外也指出，CICO 提供教師與學生互動時預先設定的時間間隔，也為師生之間建立連結提供更多的機會。

3. **確保 CICO 被視為一種正向的支持，而非懲罰**。公開表揚學生在 CICO 所獲得的成就（經學生同意），讓 CICO 作為學生取得特權的一種方式。公開表揚對 CICO 有貢獻的教師，也公開感謝行為支持團隊成員在 CICO 的付出與努力。

4. **提供定期回饋**。定期向學生、教職員工和家庭提供回饋是非常重要的。當我們看到介入計畫的真正影響時，我們更有可能相信介入策略。因此，對參與 CICO 介入的每個利害關係團體提供定期且特定的回饋是非常重要的。

48

CHAPTER **5**

執行 CICO 時相關的角色、責任及培訓需求

Deanne, A. Crone、Leanne S. Hawken、K. Sandra MacLeod

K. Sandra MacLeod 博士

博士級行為分析師（BCBA-D），是美國太平洋西北部認證的行為分析師。她開設馬賽克學習系統（Mosaic Learning Systems），也是此中心的臨床主任，支持家庭、學校、醫生和機構，以改善有自閉症、健康問題、智能和其他障礙人士的治療成果。

　　在實施 CICO 介入之前，學校必須了解參與介入所有成員的角色及責任，並且規劃如何進行 CICO 的培訓。整個 CICO 團隊包括 CICO 輔導員、行為支持團隊成員、行政人員、教學人員、家長／監護人及學生。很大程度上，CICO 介入是否成功取決於輔導員。因此，CICO 輔導員必須具備足夠的執行及管理介入的培訓。教職員必須接受 CICO 介入的特性以及如何在學校及教室情境實施的相關培訓。學生和家長需要接受相關責任及如何成功參與介入的培訓。最後，行為支持團隊也必須接受有關運用資料做決策的培訓。

　　本章的目的在於清楚描述 CICO 介入中每個人或團體成員的角色及職責，並描述培訓時要包含的關鍵要素。

第一節　CICO 輔導員

一、角色及責任

　　CICO 輔導員的主要職責包括：(1) 引導早上的簽到；(2) 引導下午的簽退；(3) 每週至少一次將每日進展卡（DPR）資料輸入到資料庫或製圖程
　式；(4) 將資料保存於一個集中、保密的地方；(5) 製作 CICO 介入成效及每位學生進步情形的圖表給團隊會議；(6) 確定學生參與的優先順序以便在團隊會議討論；(7) 蒐集補充資訊給團隊會議；(8) 盡可能參加團隊會議；(9) 完成會議中所交付的任務。

　　教學助理可以負起擔任 CICO 輔導員的責任。大部分學校會聘用一位或數位全時的教學助理人員。相較於教師或行政人員，教學助理的工作責任較為彈性。協調 CICO 的介入大約每週須花費 9 到 13 個小時，取決於介入的學校規模及學生人數多寡。表 5-1 呈現 CICO 輔導員的任務內容及所需分配的工作時間。假設每兩週舉行一次行為支持團隊會議，但學校也可使用其他的時間表來進行 CICO 資料評估。

任務	頻率	持續時間	總時數／每週
引導早上的簽到	每週五次	30～45 分鐘	150～225 分鐘
引導下午的簽退	每週五次	20～30 分鐘	100～150 分鐘
將 CICO 資料輸入電子試算表或資料庫	每週一次	30 分鐘	30 分鐘
製作 CICO 圖表給團隊會議	每週一次	30 分鐘	30 分鐘
保存紀錄	每週五次	15 分鐘	75 分鐘
將 CICO 學生名單排序	每週一次	20 分鐘	20 分鐘
處理 CICO 轉介	只要有需求	10～20 分鐘	10～20 分鐘
蒐集補充資料	只要有需求	30～90 分鐘	30～90 分鐘
參加行為支持團隊會議（盡可能）	兩週一次	30～45 分鐘	30～45 分鐘
完成行為支持團隊會議所交付的任務	只要有需求	60～120 分鐘	60～120 分鐘
		總時數	9～13 小時

二、引導早上簽到及下午簽退

　　早上簽到是 CICO 學生展開一天學校生活第一個接觸的時間點。以一天來說，早上簽到提供學生展開美好的一天理想的機會。下午簽退則是 CICO 學生與學校接觸的最後一個時間點。簽退提供一個用正向態度送學生回家及期待明天學校生活的機會。**負責執行簽到及簽退的那個人必須是學生所敬愛、喜歡看到及信任的**。這個人也應該是熱情、正向及友善的。當學生期待見到一個人，而不是發現 CICO 輔導員是輕視、嚴厲或愛懲罰的人時，他們更有可能願意配合定期地進行簽到及簽退。CICO 輔導員能

51

夠同時進行多種任務及管理規模適中的學生團體也是很重要的。我們過去曾發現當 CICO 輔導員負責超過五名學生時，他們會變得疲憊不堪或因為不喜歡快節奏的簽到和簽退歷程而感到掙扎。

引導簽到及簽退的後勤細節可能在一開始時會覺得複雜或過度負荷，然而所需要的是建立一個簡單、合宜及可預測的例行程序。一旦 CICO 輔導員已經建立和教導例行事項給每一位 CICO 學生，每天的簽到及簽退將會變得自動化。

早上的簽到不應持續超過 30 分鐘，並要在學校第一節上課鐘聲響起前結束。學生不應該把參與 CICO 當成第一節課遲到的藉口。過去曾發現有些年紀較小的小學生，需要把他們的 DPR 直接送到他們教室，因為對他們而言，早上記得簽到是件困難的事。此外，在早上的簽到時間過後，CICO 輔導員必須確認沒來簽到的學生是真的缺席或只是忘了簽到。假如是學生忘了簽到，CICO 輔導員必須遞送 DPR，然後計畫重新教導簽到的程序。下午的簽退流程應該簡短些，大約 15 至 20 分鐘即可。許多學生在下課鐘響到校車離開學校之前，僅有少許的時間。CICO 輔導員應該和校車督導合作，確定沒有學生是因為簽退而搭不上校車。有些學校為了時程的安排，不得不把簽退程序調整到每天學校活動的最後 20 分鐘而非放學後。

早上簽到包括下列活動：

1. 個別迎接每位學生。
2. 蒐集父母已經簽好名的前一天的「每日進展卡」（假如學校選擇要家長／監護人參與每天的簽名活動）。
3. 在國中及高中情境，確認學生是否有活頁紙、原子筆、鉛筆、計畫本／行事曆，及其他一天所需物品（假如有必要，可以額外提供物品給學生）。
4. 確認學生有帶走新的「每日進展卡」，並且簽上姓名和日期。

5. 提醒學生展開美好的一天，並且達到自己的 CICO 目標。

6. 當學生成功簽到時，提供學生獎勵券（假如可於學校增強系統內獲得）。

　　CICO 輔導員應該保留一份包含簽到及簽退程序的檢核表。在國中及高中學校，這份檢核表還包括 CICO 輔導員為學生所標記出每天所需注意的事項（如：準備一枝筆、紙及日程表），並且註記 DPR 須帶回家給家長／監護人簽名，以及有個地方是填寫學生在校一天所得到的分數比率。在小學階段，我們發現大部分學生把文具用品放在他們的教室書桌，所以簽到時確認文具用品就非必要（附錄 D.1 及 D.2 有提供小學及國高中階段簽到及簽退檢核表的範例）。

三、輸入 DPR 資料及保存紀錄 52

　　DPR 及其相對應的資料只有在被使用時才有所幫助。周而復始地累積已完成及簽過名的 DPR 只會把檔案櫃填滿。然而每天或每週輸入 DPR 到資料庫，可以用來監控學生的進步情形，根據資料做介入決策及評估結果。Guilford Press 網站上有一個透過 Excel 建立的簡單資料庫可供下載使用（此資料庫為英文版內容，有興趣的讀者可至網址 www. guilford.com/ hawken2-materials 註冊會員下載個人使用）。有關 CICO 資料管理系統選項的補充訊息，請參見第七章。每週輸入資料所需的時間應少於 60 分鐘（但還是取決於接受 CICO 介入的學生數量）。

　　保存井然有序的文件是必須的。在學生的點數百分比被登錄在簽到及簽退的表單後，每張 DPR 應單獨歸檔到每位學生的文件夾中。與 CICO 的其他相關資訊（如 CICO 的圖表、家長／監護人的同意書、教師晤談表），也應妥善保存在學生的個人檔案中。文件應依序歸檔整理，以便於輕易搜尋資訊。每天維護文件的時間不應超過 15 分鐘。

有關學生的行為及其處遇（treatment）的相關資訊是機密的。行為支持團隊在與學生合作時可以接觸學生文件，但應注意保護學生資料的機密性。文件不使用時，應保存在上鎖的櫃子裡，學生文件絕不能遺留在桌子或書桌上，以避免其他學生或不相關的人員接觸到文件。

四、為行為團隊會議製作 CICO 圖表

在行為支持團隊會議之前，輔導員應該製作：(1) 總結接受介入學生的平均點數百分比的圖表；(2) 接受介入學生的個別圖表。我們建議行為支持團隊在會議時將資料投影在螢幕上，讓所有成員都看得到，而非是影印這些圖表出來討論。這些圖表可以提前製作並分享給團隊成員，讓成員可在會議前檢視，個別行為支持團隊成員在會議期間也可以查閱這些數位化圖表資料。

輔導員可以選擇將前兩週的資料製成圖表，也可以選擇包含更長時間的學生資料。無論選擇何種方式，每位學生的資料皆須以同樣的方式呈現。行為支持團隊如果對某些學生用短期資料分析，對某些學生用長期資料分析，可能會造成資料解釋的混亂和錯誤。行為支持團隊會議的大部分時間都圍繞在「優先的學生」。

五、選定優先討論的學生及蒐集補充資訊給行為團隊會議

在行為支持團隊會議之前，CICO 輔導員會檢視每位 CICO 學生的圖表資料。有許多學生在介入階段表現很好，每天不斷的達到目標。部分學生可能會表現不佳或其表現出現突然的退步，這裡面有些學生可能正在被留校察看、停課或出席率低。CICO 輔導員也需一併提供這些資訊，重要的是要了解是什麼困擾著這些學生，並確定他們是否需要其他支持。

CICO 輔導員應在每次行為支持會議上優先安排二到四名學生進行討論，除了顯示每位重點學生的 CICO 圖表外，輔導員可以將學生的留校察看／ODR 紀錄、出勤紀錄或進展卡製作一份備檔。這些補充資訊可以幫助

行為支持團隊做出以資料為依據的決策。為了配合先前的決議或討論，CICO 輔導員也可以選擇優先考慮一名學生。

當介入對特定學生沒有作用時，CICO 輔導員可以詢問教師為什麼學生始終未能達到目標，或與教師討論為什麼學生沒有簽退。行為支持團隊成員也可以參與此資料蒐集。

六、參與行為支持團隊會議

如果可能的話，每當討論 CICO 資料時，CICO 輔導員應參加行為支持團隊會議。審查 CICO 資料，通常只是行為支持團隊會議的一部分，因此 CICO 輔導員不需全程參與會議。在某些學校，CICO 資料會每隔一週討論一次，而 CICO 輔導員會參與行為支持團隊會議的前 20 分鐘。輔導員製作圖表給團隊審閱，並將關鍵資訊帶至會議上，以便團隊能夠討論每位學生並決定一個行動計畫，然後，整個團隊會分擔團隊會議中產生的任務與責任。我們合作的某些學校中，擔任 CICO 輔導員的教學助理無法參加行為支持團隊會議，因為他們那時正在與其他學生一起工作，或者因為聘雇的時間限制，所以無法參加課後會議。在這種情況下，可在會議前與監督 CICO 介入的學校心理師、輔導老師分享資料，因為他們可以代理 CICO 輔導員。

七、完成行為支持團隊會議所分派的任務

團隊會議可能會有許多任務。如果有新的學生加入 CICO 介入，團隊成員之一需要和家長／監護人取得聯繫，同意學生參加介入並舉行介入前說明會。如果目標學生在 CICO 介入上沒有成功，團隊可以決定提供學生額外的行為支持。團隊可以提出變更行程表、課程評量或指導行為技巧，一旦制定了行動計畫，就需要有人來執行。團隊成員要共同分擔協調執行額外行為支持的責任，這些任務的部分責任將由 CICO 輔導員承擔。

八、培訓

　　CICO 輔導員通常是由半專業人員（如教學助理）擔任，由學校心理師、學校輔導老師監督。CICO 輔導員的培訓是由學校的專業人員及行政人員負責，這些人都很了解 CICO 介入及程序。通常，這位培訓者是學校心理師、輔導老師、特殊教育教師或副校長。CICO 輔導員應接受初階培訓課程（initial training session），包括如何協調和管理介入的多種元素，必要時應進行持續的培訓。圖 5-1 描述了 CICO 輔導員培訓期間應處理事項的內容。

　　由於 CICO 輔導員將訓練學生的簽到簽退流程，因此他們應該熟悉圖 5-2 所提供的學生訓練腳本。在直接教導學生之前，CICO 輔導員可以和他們的督導透過角色扮演的方式演練學生的訓練過程。督導應在 CICO 輔導員訓練學生的前兩三次進行觀察，並提供建設性的回饋。

　　CICO 輔導員在評估學生對增強物的偏好上也應該發揮作用，CICO 介入的關鍵之一就是達到目標之後提供的增強物。如果學生持續沒有達到每天點數目標，第一個要問的問題是介入的增強部分是否按照計畫實施；其次要問的是，CICO 輔導員要評估學生是否認為增強物是鼓勵或想要的，如果不是，增強物應該依據學生的偏好改變。CICO 輔導員應該了解增強與處罰基本的原則，並了解如果增強物不夠多樣性且定期更換，學生可能會厭倦增強物。更多有關有效增強物的選擇詳述於第六章。

　　我們注意到 CICO 輔導員在簽到簽退時，經常向學生重複相同的問候語，如同學生對於拿到同樣增強物會變得厭倦（例如，他們達成每日點數目標時，都會拿到貼紙或鉛筆），他們對於和 CICO 輔導員重複性的互動也會感到厭煩。圖 5-3 列出了多種可在簽到簽退時使用的問候。

- 學校整體 PBIS 架構
  - 全校性規範，如何及何時教導
  - 其他第二層級介入
- 學生及 CICO 輔導員關係的重要性
  - 正向關係是 CICO 有效性的基石
  - 目標是正向與負向互動比例為 5：1
- 輔導員與輔導老師／學校心理師的保密性及角色
  - 學生檔案夾應該存放在哪裡？確定所有員工不會隨意接觸到文件等。
  - 哪些教職員工應該知道哪些學生加入 CICO？
  - CICO 輔導員不是諮商師，他的重要性在於支持，以及如果問題嚴重的話，就轉介教師、校長和學校心理師。
- 簽到程序
  - 簽到的時間和地點
  - 如何和學生打招呼——簽到時說的正向話語要有變化
  - 管理多位學生。提供學生不簽到時該如何處理的訊息

CICO 簽到程序的範例

　　學生可以在上學前或剛進學校時向 CICO 輔導員簽到。當學生簽到時，請確保要愉快地和他們打招呼，詢問他們的狀況並稱讚他們的簽到。詢問他們前一天的 DPR 是否已經簽名了，如果他們有交回簽名的 DPR，則稱讚他們。讓學生在新的 DPR 寫上他們的姓名、日期和目標，然後交給他們帶回班上。對於需要幫助的學生，請幫他們寫下這些訊息。提醒他們何時簽退，並鼓勵他們在班上時要盡力去表現。

　　如果學生在 10～15 分鐘後仍未簽到，請帶著他們的 DPR 去找他們，確認他們是否缺席。如果他們有到學校，詢問他們為什麼沒簽到，給他們 DPR，並鼓勵他們好好表現；如果學生沒有到校，則晚一點確認，看看他們是否遲到。

- DPR 的架構
  - 如何彙整分數
  - 必要的內容（如評分和教師簽名）vs. 選擇性內容（如其他正面評語）

■ 圖 5-1　CICO 輔導員培訓

- 簽退的程序
  - 簽退的時間和地點
  - 增強系統的架構
  - 讓學生帶 DPR 回家給家長／監護人簽名的程序
  - 假如學生沒簽退時該如何處理

CICO 簽退程序的範例

　　與每位學生花點時間，根據他們的 DPR 回顧他們這一天過得如何。重要的是要關注正向的方面，並幫助他們感覺到他們可以在未來成功。然後計算他們的每日百分比是否達到了各自的目標，假如他們做到了，他們就可以旋轉轉盤，獲得一個小獎品。就長期增強的點子而言，當學生連續十天達到他們的每日目標後，他們可以從增強物清單中選擇一個獎品（有關更多增強物建議請參見第六章）。然後學生們將最上面的一份帶回家簽名，最下面的副本則留在學校。

- 資料輸入及圖表製作
  - 什麼資料該輸入及如何輸入資料？
  - 多久輸入一次資料？
  - 多久將資料製作成圖表一次？
- 參加團隊會議
  - 攜帶圖表
  - 協助排序需要討論的學生及需要進一步增強的學生
- 對學生進行 CICO 培訓
  - 如何教學生社會技巧／角色扮演
- 對家長進行 CICO 培訓
  - 打電話給父母

CICO 輔導員培訓期間涵蓋的其他主題

- 應用行為分析／行為介入的基本原理
  - 情境事件（setting events）、立即前事、行為、行為後果
  - 行為問題的主要功能——學生為什麼會出現這個行為
    - 逃避、引起注意、獲得具體物品／活動，或自我刺激

■ 圖 5-1 （續）

○ 基本增強原則
　　○ 如何確認學生所想要的增強物
- 處理對抗

CICO 輔導員解決 CICO 的問題

上學遲到
- 找出學生遲到的原因。
- 只要準時到校，就給學生抽獎券或給年紀較小的學生貼紙，並且達到一定天數可獲得獎勵（不一定要連續）。
- 建立自我監控計畫，讓學生記錄準時的天數，並且達到一定天數後可獲得獎勵（不一定要連續）。
- 每當學生準時上學時，就要稱讚他們。

缺席
- 詢問家人了解情況，找出學生沒到校的原因。
- 學生是否待在家裡以逃避學習活動？如果是的話，則學生需要協助以提升學業技巧。
- 通知父母有關出勤的校規。
- 幫助學生找出一個喜愛的學校活動。
- 與學生一起訂定一個出席目標，並且達到一定天數的在校學習可獲得獎勵（不一定要連續）。
- 與學生一對一對談，告訴他們為什麼來學校上課很重要。
- 在學生每次到校的時候都要稱讚他們。

學生沒有簽到時
- 每次簽到時，學生可以得到一張抽獎券，或者對於年齡較小的學生可以得到一張貼紙——簽到_____天可以得到小獎勵（學校訂定標準，不用連續）。
- 跟好友一起簽到。
- 為簽到準備一張抽獎券。
- 驚喜的抽獎——隨機選一天，在學生簽到和簽退時提供特別抽獎。
- 在他們的桌上放一個「便利貼」以提醒他們要簽到，或是在他們背包放一張便條。

■ 圖 5-1 （續）

- 稱讚學生記得簽到。

學生沒有簽退時
- 詢問學生為什麼沒有簽退，確認他們有時間簽退等。
- 跟好友一起簽退（兩者都可以得到獎勵）。
- 簽退時可以得到一張抽獎券。
- 當學生簽退時，不時舉辦一些有趣、快速的活動。
- 稱讚學生記得簽退。
- 對簽退特別獎勵——特別的家庭便條（home note）。
- 驚喜的抽獎，如前文所述。
- 在他們的桌上貼上「便利貼」以提醒簽退。

抱怨／發牢騷
- 總是留意並透過具體的稱讚語句來增強適當行為，如「感謝你對這件事負起責任」。
- 安排一個時間，讓學生和你聊聊他們認為不公平的事情（應該在學生的空閒時間，亦即休息時間）。
- 練習（亦即角色扮演）接受 DPR 上的回饋。
- 確保學生知道自己的行為可以「贏得」他們在 DPR 上所得到的。
- 在簽到時，收到 DPR 的回饋意見後，事先糾正（precorrect）應有的適當行為。
- 與年齡較大的學生一起針對不斷發生的情況解決問題。

偷竊／改分數
- 設定一個方案，讓學生可以因為適當行為贏得另外的貼紙。
- 對偷竊行為扣分（抽獎券、增強物等）。
- 向學生說明，當他們偷竊或不誠實時，將不會獲得分數或達成目標。

遺失每日進展卡
- 告訴學生他們可以馬上得到一份新的進展卡。
- 假如這種情形常發生，找出學生是否持續經歷「糟糕的日子」。
- 學生是否喜歡參加 CICO 介入？
- 給學生一個小籃子或文件夾，讓他和教師都能輕鬆找到進展卡。

■ 圖 5-1 （續）

57

指導學生如何參與 CICO 58

本課程計畫的目的是向剛加入 CICO 的學生，講解該課程的期待以及如何接受回饋。你將為學生提供很多機會去看、去聽和表現期待的正確行為，以及幾個例子來說明什麼是不應該做的。（這項活動計畫約 15 分鐘內完成，並準備一份 DPR 給學生看。）

第一步：向學生介紹方案並簡要說明你要討論的內容。說出類似：「今天，我們要學習有關簽到簽退介入的訊息，這將幫助你在學校更加成功。我們今天會練習，這樣你就會知道如何真正做到這些。此外，你也可以贏得所有的點數。」

第二步：向學生介紹 DPR，並從頭開始瀏覽 DPR 的每個部分。描述每個期待背後分數所代表的涵義。你可以這樣說：「這是每日進展卡。看看上面有什麼：它有學校的期待和一些數字。這些數字是（說出數字），它們代表的意義是，如『遵守指令』這個規則，『2』代表你遵守指令，『1』代表你遇到一些困難，『0』代表你未遵守指令。」

要求學生以規則顯示行為期待，如：「堅持任務」。對於表現出行為期待要給予大量的稱讚，並圈選 DPR 範例中的 2，如有必要請練習另一個行為期待。

第三步：示範如何將分數累積到當天的分數，以及學生的目標為何。在本步驟中，對年紀較大的學生使用更多的細節。告訴他們，每天在到校前或是跟教師簽到後記得帶走 DPR，並且他們需要在一天結束時，將 DPR 交回給你。

教導學生如何接受 DPR 上的回饋

簽退時的回饋

練習在簽退時收到不佳的 DPR 回饋時，你可以教導學生要如何表現以及不要如何表現的假想例子，作為回應。

■ 圖 5-2　學生訓練腳本

步驟

- 為自己填寫一份 DPR，並告訴學生你會假裝這份 DPR 是你的。
- 給你自己打 0 分和一些 1 分，這樣你就無法達成自己的目標。給學生看那份報告，並討論它的意義。（它意味著沒有堅持完成任務、沒有遵守指令等。我想實現我的目標……。）
- 讓學生知道，當你看到這份報告時，你會表現出不同的行為反應。
- 當我們拿到一份不是很好的 DPR 時，要求學生看他們是否能分辨出我們應該做什麼和不應該做什麼的差別。在每一種情況下，他們可以用「大拇指向上」來表示正確的行為舉止，或「大拇指向下」的方式表示錯誤的行為舉止。（「這是你該採取的方式嗎？」）

演出以下的場景

- 表現出非常不高興──哭或者說一些類似「這太愚蠢了」的話。（「大拇指向上或向下？」）
- 說「我很不高興，我沒有達成我的目標，但是明天我會更加努力。」（「大拇指向上或向下？」）
- 表現出憤怒，大喊說這不公平，老師弄錯了等。（「大拇指向上或向下？」）
- 說一些你希望自己實現的目標，假如你更努力遵守指令，你仍然可以實現你這一週的目標等。（「大拇指向上或向下？」）

範例的角色扮演

- 你作為學生，示範獲得不滿意的 DPR 並正確的處理它。請這位學生扮演對 DPR 進行回饋的人。（詢問學生是否管好自己的手腳與物品。）
- 要求學生演示正確處理不佳的 DPR。（使用「豎起拇指」及大量的稱讚和鼓勵。）

不要讓學生演練非正確行為的範例。

■ 圖 5-2　（續）

簽到時要說的話
- 哇！你帶回了簽名的 DPR！
- 你又準時來了，太棒了！
- 看來你已經準備好了。
- 今天早上看到你真是太好了！
- 看起來你已經準備好迎接美好的一天了。
- 你有了一個好的開始。
- 你今天早上看起來真不錯。
- 今天早上你來到這裡，看起來很高興。
- 我喜歡你說「早安」的方式。
- 謝謝你來簽到。
- 聽起來你這個週末過得不錯。
- 我們昨天很想你（如果學生缺席）；很高興今天見到你。

簽退時要說的話
- 你度過了美好（真棒、了不起）的一天！
- 你的目標是正確的。
- 你的媽媽／爸爸將為你感到驕傲。
- 你真的很努力！
- 你真是位好學生。
- 你實現了你的目標——哇！
- 看起來今天沒有那麼順利，我知道你明天可以做到。
- 我知道這是辛苦的一天，謝謝你來簽退。
- 我們偶爾都會有糟糕的一天，我知道你明天可以做得更好。
- 你看起來有點沮喪，發生了什麼事？（如果學生看起來很沮喪，花幾分鐘時間「聽一聽」。）

■ **圖 5-3** 在簽到和簽退時提供的回饋

54 　　我們經常被問到 CICO 輔導員如何管理每天二、三十名學生的簽到和簽退。CICO 輔導員必須熟練管理一群學生及管理可能出現行為問題的個別學生。初期培訓的一部分應包括教導 CICO 輔導員有效的簽到和簽退例行程序，例如，限制同一時間站在 CICO 輔導員桌旁的學生人數，並要求其他學生站在地板標線後方的策略會有所幫助。如果學生年齡較大的話，CICO 輔導員則可同時處理兩位以上的簽到及簽退。當三到四名學生表示他們有帶齊當天的教材時，CICO 輔導員可以坐在橢圓桌，蒐集他們的 DPR，在上面寫下他們的名字，並讓他們繳交前一天的 DPR。那些需要獲得更多個別化關注的學生，可以在簽到程序結束後得到支持。多位學生的簽到簽退程序進行順利的關鍵在於發展和教導有效的例行程序，並使得整個歷程易於管理且可預測。

　　除了在簽到和簽退程序方面接受培訓外，CICO 輔導員還應學習基本的行為管理技術以及如何化解學生之間的衝突。假如學生的行為問題是嚴
57 重或極端的，CICO 輔導員應該被教導何時及如何向學校其他人員尋求協助。與全體學校成員一樣，CICO 輔導員應對行為問題的功能有一定的了解。也就是說，他們應該了解學生行為的主要原因，包括獲得同儕或成人的注意、逃避厭惡的活動、學業課題、社會情境或獲得一個具體物品（如他們最喜歡的玩具）。如果 CICO 輔導員了解行為問題的基本功能，當介入對某位個別學生是無效時，他們也更能幫助行為支持團隊修改 CICO 介入。

第二節 行為支持團隊

一、角色及責任

　　行為支持團隊的主要職責是：(1) 參加每兩週一次的會議；(2) 做出有助於整體 CICO 成效的決策，並評估每位學生在 CICO 介入的進步情形；(3) 與學生和家人舉行介入前說明會；(4) 蒐集學生相關訊息；(5) 參加有關 CICO 的學生／教職員發展工作坊及回饋會議（feedback sessions）；(6) 完成 CICO 會議所分派的任務。

　　行為支持團隊應包括一些特定重要的成員，如行政人員、學校的代表人員等。在團隊中加入幾位對行為議題有豐富知識，並有與嚴重行為問題風險學生合作的經驗，也是很有幫助的。某些學校會選擇讓每位特教老師加入行為支持團隊。團隊的實際規模會因學校而異，我們建議將團隊的規模限制在最多八名成員，以便於決策的制定和規劃。

　　團隊需要決定如何善用他們每次會議的時間。我們建議擬定一個可在每次會議上使用的標準議程（見圖 5-4 的議程範例）。在每次會議上，團隊應該討論二到四名「優先考慮的學生」，可以先審查學生的 CICO 圖表和補充資料。

　　對於當中的每一位學生，行為支持團隊應該在以下四個決定選一個：(1) 將學生從 CICO 中移除；(2) 繼續監控學生在 CICO 上的進步情形；(3) 為學生提供額外的（些許的）行為支持或調整；或 (4) 進行一次全面性的功能評量，以制定一個密集的介入。

59

日期：_____　　記錄者：_____　　輔導員：_____

出席的團隊成員：_____

目標學生名單：

1. 確定全校性 CICO 介入的整體有效率。（檢視學生的平均點數百分比。）

　(1) 70%的學生對 CICO 有反應嗎？如果不是的話，請看一下介入的系統特色。

2. 討論目標學生。

3. 討論新轉介名單。

4. 確定獲得 1 美元學校商店優惠券的學生。

5. 討論其他 CICO 議題或學生。

■ 圖 5-4　CICO 行為支持團隊會議議程範例

　　在對目標學生進行評估後，團隊成員們會討論新的轉介，並確定新轉介學生是否符合接受 CICO 介入的資格。請注意，如同前面所討論的，有些學校傾向在年級層級做出實施 CICO 決定，而非全校性的行為支持團隊層級。對於這些學校而言，行為支持團隊將不處理新的轉介。對於那些選擇使用行為支持團隊處理 CICO 安置程序的學校，一旦討論新的轉介個案，團隊成員可以把注意力轉移到決定哪些學生應該接受表揚，例如，在過去兩週內始終如一地達成目標或是在 CICO 介入有顯著的進步。這些學生可以透過以下方式獲得獎勵，如校長與他們分享圖表，並祝賀他們持續達成自己的目標。有些學校將這種表揚與學校商店的 1 美元優惠券或其他

類似的獎勵結合。最後，如果還有時間，行為支持團隊成員可以討論與 CICO 介入相關或其他 CICO 學生的任何問題。

　　最後，如果 CICO 沒有作用的話，行為團隊成員必須了解如何加以調整或修改。第八章提供了有關如何對 CICO 進行細微調整以適應特定目標行為的訊息；第九章則提供在 CICO 無效時，如何透過增加更多密集的支持來修改 CICO。這些資訊應該在執行 CICO 之前提交給行為支持團隊。

為了使 CICO 的修改有效，建議行為支持團隊中有成員是行為功能評量（FBA）的專家。許多對 CICO 調整是基於行為問題的功能，因此團隊中如果有一位在行為功能評量支持有經驗的人，將為團隊提供所需的領導能力，以便發展更有效、經過改進的 CICO（詳見第九章）。

二、培訓

　　負責管理 CICO 介入的團隊（無論是行為支持團隊、個別學生服務團隊等）應接受培訓，了解他們在管理和監督 CICO 執行時的角色，以及如何使用資料進行決策。例如，行為團隊需要知道如何使用資料來評估 CICO 的有效性。ODR 資料、CICO 圖表、出勤紀錄和學業表現資料都可以成為有用的資料來源。

　　行為支持團隊應至少每兩週召開一次會議，檢討學生在 CICO 方面的進展。團隊成員要確定是否每位學生取得了足夠的進展、介入是否應該持續進行、是否需要修改、是否需要額外層級的行為支持，或者學生是否已經準備好接受褪除介入了。我們發現為團隊提供個案的 DPR 和其他資料是很有幫助的，並且要求他們在執行實際的 CICO 介入之前，練習依據資料進行決策。行為支持團隊犯的主要錯誤之一，是忽視了學生學業成績數據的重要性。除了行為資料以外，檢視學業資料可以幫助學校更準確地辨識可能需要支持的學生（Kalberg, Lane, & Menzies, 2010）。學校團隊應該建立一個檢視行為資料的程序（如 DPR 的點數百分比）及學業資料〔如課程本位評量（curriculum-based measurement, CBM）等形成性評量（Shinn, 1989），其中的例子包括 Acadience 的學習評量（正式名稱為「早期基本識字技能的動態指標」，或 DIBELS；Acadience Learning, Inc., 2019; Good & Kaminski, 2002）〕。其他相關學業資料包括工作完成率、獲得的學分和每學期成績。更多有關運用資料進行決策的相關資訊，請參見第七章。

一、角色及責任

　　行政人員是發展和實施 CICO 的一個關鍵角色。行政人員必須同意在實施之前，為介入分配資源，並在協助尋求教師對介入的承諾方面至關重要。如果行政人員相信 CICO 介入的預防理念，並且與教職員工有良好的關係，那麼教職員工通常更容易承諾參與。如果行政人員以每年向學校引進新計畫和新的介入著稱，但並未支持這些介入的措施，那麼教師們就會把 CICO 當作新的「年度的介入」，並且對它能否持續下去抱持懷疑的態度。相反的，如果行政人員能有效地致力於系統變革的努力，例如實施第一層級的全校性管教計畫（schoolwide discipline plan），那麼教師們很可能已經在預防方面獲得了成功經驗。重要的是，行政人員要傳達 CICO 不是一個「年度的介入」，而是一個在未來每學年都會實施，以支持有風險學生的系統。

　　一旦行政人員獲得了教師的支持並為 CICO 投入資源，他們就會繼續參與幫助團隊將 CICO 介入與學校文化相匹配。**行政人員應該參加為 CICO 發展和實施所舉辦的半天或全天的專業發展。**有些學校曾嘗試在沒有行政人員參與的情況下發展 CICO，但有許多決定（如空間的分配、會議時間和員工培訓），都無法在沒有行政人員出席的情況下進行。如果行政人員不能在半天或全天的專業發展過程中出席，那麼應重新安排培訓，以確保 CICO 介入得到適當的規劃。

　　在制定和實施 CICO 之後，行政人員應該至少每兩週參加一次行為支持團隊會議。透過參與，行政人員可以持續了解學生的進步或缺乏進步，及可能被分配到行政人員特定的任務。

　　行政人員必須擔任的最後一個且重要的角色，就是學校校園（school building）中的實施領導者。行政人員的工作是對那些未能正確執行 CICO

的教師提供回饋。有些教師可能過於嚴厲，總是在 DPR 上給學生打低分；有些教師可能會在 DPR 上寫下負面評語；還有些教師可能沒有定期向學生提供回饋。因為 CICO 輔導員通常是一位教學助理，因此期待此人向教師提供糾正性回饋是不適宜的。除了提供糾正性回饋，行政人員還應該為那些實施 CICO 方面做得很好的教師提供增強和正向的評價。我們發現，向行政人員提供有關 CICO 關鍵特徵的概述，以及他們的角色／責任清單是很有幫助的，詳見圖 5-5。

第四節　教學人員

一、角色及責任

在投票決定是否支持 CICO 之前，應該要告知教師們他們課堂上的 CICO 責任。教師被期待在孩子上學一天的開始（小學）或每節課的開始（國中和高中），正向地迎接學生的到來。對於小學生而言，教師有責任在一天中提供更多的回饋，並在預定的時間，對 DPR 上的學生行為進行評分。指望學生記得定期請老師提供回饋是不切實際的。**教師有責任在每一節課或轉換時間結束時提供回饋，並對學生獲得的評分提供回饋。**高年級學生（如國中和高中生）可以幫助教師記住提供回饋，但最終的責任還是在於實施介入的教師身上。使用電子化 DPR 和 app 應用程式的學校，可以讓高年級學生對自己的行為進行評分，除了教師評分外，還可以幫助教導自我評量和自我調節技能。圖 5-6 列出了回饋敘述的範例。每一次的回饋都是一次教學機會，教師可利用這些機會來提供適當行為的正面例子（例如：「舉手是尊重他人的一個例子」）和不恰當行為的負面例子（例如：「從胡安妮手中搶走鉛筆並不是管好自己的手腳的例子」）。在給予回饋時，教師還應該提示適當的行為（例如：「明天讓我們繼續努力……」），並增強學生遵循期待或改進行為。

63

什麼是 CICO？

- CICO 是一種介入，針對的是那些有可能發生，但目前尚未發生嚴重問題的學生。

- 它應該是你學校中眾多第二層級行為介入中的一種，用來支持有風險的學生。

我的學校準備好實施 CICO 了嗎？

- 請參閱 CICO 準備清單以確定你的學校已處於一個有利位置，以便精準地實施這一個介入。

實施這個介入需要哪些資源？

- 每週有 10～15 小時的半專業人員時間，用於簽到、簽退和資料管理。

- 為行為支持團隊提供半天到全天的 CICO 發展時間。

- 每月至少兩次，分配 20 分鐘，在團隊會議中檢視 CICO 資料。

- 增強物、無碳式複寫紙、後續培訓等等所需的資金。

我身為行政人員的角色是什麼？

- 加入發展 CICO 的團隊，以適應你學校的文化。

- 加入分析 CICO 資料的團隊，以便做出決策。

- **重要的是**：為那些沒有精準執行 CICO 介入、過於嚴苛和負向的教師提供回饋或教練式指導。

- 讓 CICO 介入在學校有很好的形象。

  ○ 增強落實執行的教師。

  ○ 增強學生在介入中的好表現。

  ○ 向教職員更新介入的最新情況。

■ 圖 5-5　給行政人員的 CICO 概述

以下是對學生的 DPR 給予糾正性回饋時的建議。記住要聚焦和集中注意力在你希望看到的行為，也要讓學生們知道為什麼會得到你所給予的分數。保持正向及樂觀的態度，盡量避免批評和諷刺。

對於最佳分數：

　　哇，你今天（幾乎）得到所有的 2！你今天都有管好自己的手腳，而且你遵守指令。我喜歡你好好地向艾希莉要回書的方式。做得好啊！

對於好分數：

　　_____（學生姓名），你做得很好！看看這個分數！我看到你做海報時，你都有管好你的手（keep your hands to yourself）。你將會實現你的目標！我看到你今天很努力遵守規則，實現自己的目標。儘管你今天得到了幾個 1 分，因為你在說話而不是做你的工作，但你在管好自己的手腳並把物品放好方面做得非常好。

對於差的分數：

　　看來你今天遇到了一些麻煩。我知道你可以遵守所有的規則並完成你的工作，但我沒有看到你今天這樣做。扔書是沒有把物品放好，而且重要的是不要使用不友善的字眼。你認為你明天要做什麼工作？你已經有幾天表現得非常好，所以即便你今天因為離開座位也沒有完成你的工作，因此沒有達成目標，但我知道你可以做得更好。

■ **圖 5-6**　講義範例：讓學生保持動機的話語

如果教師認為學生可以從 CICO 或其他介入中受益，也期待教師可以轉介學生到行為支持團隊（或學年團隊，取決於學校建立的轉介程序）。教師應被告知像 CICO 這樣的第二層級介入的預防本質（preventative nature）。應鼓勵教師們在學生剛開始有行為問題就進行轉介，而不是等到行為問題惡化（escalated）後才進行。一旦學生被轉介並確定適合 CICO 介入，教師需要在學生開始介入前，先蒐集三至五天的基線期資料。在 CICO 的日常管理方面，教師要向行為支持團隊提供回饋，說明介入的效果如何。這種回饋可以包括有關學生如何反應的資訊、對介入進行額外培訓的要求，或者向行為支持團隊提供可以解釋 CICO 表現的資訊。

二、培訓

（一）最初的教師培訓

在教職員投票同意實施 CICO 介入後，他們需要接受培訓，了解如何在課堂上對個別學生實施介入。他們還需要了解有關如何轉介的基本資訊，以及學生要如何隨著時間而逐漸減少介入。圖 5-7 列出了這種全員培訓所需的培訓內容和材料。這些資訊應該在學年開始時，在教職員承諾進行介入後提出。如果需要進行額外的培訓，可以再次使用。每個新學年將會有新的教職員工加入，因此這種培訓應該每年進行一次。

對全體教職員進行 CICO 介入進行培訓，通常會在定期舉辦的教職員會議上進行。我們發現，如果培訓材料統整得很好，而且教職員已經收到 CICO 的相關背景資料，那麼培訓可以在定期教職員會議的 15 至 20 分鐘進行。作為培訓的一部分，學校全體教職員需要被告知有哪些學生是 CICO 的合適人選，以及如何進行轉介。有關哪些學生是合適或不合適候選人的相關資訊（如表 3-1 所示），放入培訓是有用的。此外，應向教職員工呈現學校的家長同意書，因為他們很可能會協助取得家長的同意。

所有教職員工也應接受如何完成 DPR 的培訓，這個培訓應包括如何

培訓內容

- 適合參加 CICO 的學生特徵
- 如何完成 DPR
- 如何提供激勵性的回饋
- 讓學生褪除 CICO 的基本資訊
- 如何獎勵介入中的學生
- 有關 CICO 實施的常見問題

所需材料

- DPR（以 PowerPoint 投影片呈現）
- 轉介表（以 PowerPoint 投影片呈現）
- 同意書（以 PowerPoint 投影片呈現）
- 讓學生保持動機的話語（講義）
- 常見問題（講義）

■ 圖 5-7　CICO 教職員工培訓

提供學生激勵性回饋的例子。有些學校提供角色扮演的機會，以便教師可以練習提供回饋，並藉這些例子說明什麼樣的回饋聽起來是正面的，什麼樣的回饋聽起來是負面。重要的是，教職員工要知道回饋歷程應該是快速的、糾正的（如果有需要）、正向和鼓勵性的。圖 5-6 提供了激勵性回饋的例子。

　　教職員工培訓過程中，也應強調 CICO 是限時介入的原則，並應解釋逐步褪除學生的過程。當一位學生表現出持續的改善後，該學生應該被逐步從介入中褪除。你的學校可以選擇設定每位學生參與 CICO 的時間，然後再檢視資料，並考慮褪除介入。許多沒有因大量需要 CICO 的學生而不堪負荷的學校，選擇利用學年末作為自然褪除的時間點。學生如何從 CICO 中退出和結業的過程，應在最初的培訓向全體學校教職員工解釋。他們應該明白，當學生達到自己的目標時，他們將獲得獎勵和增強物。最

初的培訓並不需要提供詳細的增強程序，但應解釋學生如何及何時得到增強。

65　　在最初的培訓中，可以向教職員工提供一份關於實施 CICO 常見問題的講義。這份文件可以放在學校的學生手冊或教師的正向行為支持文件夾中。圖 5-8 是一份解決常見問題的講義範例。

（二）持續的教學培訓、教練式指導和回饋

在最初的全員培訓和教師轉介之間可能會有幾個月的時間。因此，複習介入的要素、如何和學生打招呼、學生應該把他們的 DPR 放在哪裡，以及如何將 DPR 結合至他們的教室例行事項之中，還有額外練習如何提供回饋對教師都是有幫助的。

66　　在培訓課程中應強調蒐集基線期的資料。根據你的學校，建議蒐集三至五天的基線期資料，以幫助制定目標。基線期的資料可以讓教師練習實施介入的某些部分，例如在 DPR 上對學生的行為進行評分。蒐集基線期資料主要是為了確定學生當前的行為表現，因此，重要的是在這個階段，介入並沒有真正實施（也就是說，學生不應該簽到或簽退，教師也不應該與學生討論他們在 DPR 上的得分）。

持續的培訓和回饋使教師有機會提出關於實施 CICO 的問題，並解決關於介入過程中的問題。意識到教師的擔憂，能讓行為支持團隊在與個別教師合作實施 CICO 之前解決這些問題。有些學校在這個階段為教師提供了額外的講義，是有關實施 CICO 過程的具體訊息。這份講義應在接受教師轉介後且這教師正準備實施 CICO 介入時使用。圖 5-9 呈現一份用於補充教師培訓訊息的講義範例。

有些教師會繼續需要持續的支持和回饋以成功實施 CICO。有時，行為支持團隊的成員需要提醒教師，他們必須在預定的時間提供回饋，而不是一天結束的時候。在其他時候，當教師使用 DPR 對學生進行懲罰時，就需要額外的培訓和回饋。在以下情況，行為支持團隊應考量重新培訓和

CICO 是一個全校性的第二層級介入，主要針對開始有頻繁行為問題的學生。該介入每次最多服務 30 名學生。CICO 的目標是對有行為問題的學生做出早期反應，並為他們提供更高頻的回饋，以防止將來出現行為問題。以下是關於 CICO 的一些常見問題的答案。

哪些學生會在 CICO 中表現良好？

那些開始有頻繁行為問題的學生，但目前還沒有到達危險的（如極端的攻擊性、破壞公物）或嚴重破壞（如極端的不服從／違抗）行為的學生會是介入的好人選。那些全天都有行為問題的學生是很好的介入對象，而不是那些只在一、兩個場合出現問題的學生。

教師如何參與 CICO 的工作？

在預定的時間，教師透過向學生提供口頭和書面回饋來參與 CICO（參見 DPR）。回饋應該是快速的、正向的，並有助於提醒學生如果沒有達到目標，他們需要努力的方向。一個回饋的例子是：「你做得很好，所以你在工作完成度得了 2 分。我還是要提醒你不要撥弄薩凡娜的馬尾辮，所以你必須要管好自己的手腳，並且把物品放在該放的位置，才能得 1 分。」

誰要負責檢查學生的簽到和簽退？

CICO 輔導員＿＿＿＿＿＿（包含姓名）將負責為學生辦理簽到和簽退。輔導員還要追蹤每位學生每天所獲得的點數，並將其繪製成圖表。

教師如何進行轉介？

轉介是向學校的行為支持團隊提出。在和教師的合作中，該團隊要決定 CICO 是否合適，或其他介入是否更加合適。該團隊將在＿＿＿＿＿＿（數字）天內做出回應，並向教師提供回饋。

學生參與介入多久？

在每學期結束時，行為支持團隊會查看每位學生的資料，以確定他們是否已經準備好褪除 CICO。由於能接受 CICO 介入的學生數量有限（最多30 人），因此當學生在管理自己的行為方面變得更加獨立時，將他們從 CICO 中褪除就愈顯得重要了。

■ 圖 5-8　講義範例：常見問題

提供回饋意見，如教師總是給學生打最低分、在 DPR 上寫負面評價（如「這堂課學生是個混蛋」或「從來沒有完成過任務」），或經常沒有完成 DPR。在這些情況下，**行政人員**向教師提供回饋和教練式指導就很關鍵，因為這是一個工作表現問題。

（三）強化培訓

　　每年為教職員工提供一到兩次關於如何實施 CICO 的強化培訓和解決任何 CICO 實施時的全校相關問題是有幫助的。這些培訓通常可以在定期舉行的學校教職員工會議上 5～10 分鐘內完成。我們發現與教職員分享有關 CICO 如何運作的資料是開始這些強化培訓會議很好的方式。讓你的教職員工知道有多少學生得到了服務、進步多少，以及任何其他支持 CICO 的相關訊息，將有助於以正向的態度展開這些培訓。他們可能需要被提醒適合 CICO 學生的特徵、如何進行轉介，以及其他應該在強化培訓期間解決的問題。

　　偶爾，在 CICO 有成功經驗的教師會希望對每個有行為問題的學生使用該介入。在強化培訓課程中，重要的是提醒大家，CICO 只是第二層級介入的一種類型，並不適用**所有的**學生，並允許教職員去檢視他們學校可用的其他類型的第二層級介入。強化培訓課程提供了一個額外的機會，讓教職員工有更多機會詢問有關如何實施 CICO 的問題，以及解決任何執行過程中可能遇到的爭議。

在課堂剛開始時

- 學生帶著他們的 DPR 到每堂課,並把它交給你(教師),讓你可以在預定的時間對他們的行為進行評分。
- 假如學生沒有馬上給你 DPR(這可能會發生在他們剛開始參與介入的時候),你可能需要向他們提出要求。
- 一定要對學生保持愉悅和正向的態度。
- 首先,要設定對適當行為的期待。例如,你可以說:「謝謝你給我你的每日進展卡——看起來你已經準備好了!記住,要努力做到負責、安全及善良。」或者,假如昨天學生在課堂上表現不錯,你可以說:「你度過了愉快的一週——保持下去!繼續努力成為管好自己手腳的積極學習者。」
- 避免負面評價。避免說類似「你落後了——你不會成功的」或「我不想看到你做昨天那樣的事……。」這樣的評論會把學生的注意力集中在那些不要去做的事情,但你想要強調的卻是適當、期待的行為。讓學生知道你會觀察他們是否遵循期待並表現適當的行為。

如何為 DPR 評分

- DPR 是快速和容易評分的。DPR 上的數字代表學生達到行為期待的程度為何。
- 如果學生達到了期待的行為,教師會在 DPR 上圈出最高的數字。例如,如果期待是「管好自己的手腳並把物品放好」,而學生能夠坐下來並在不打擾其他學生的情況下在房間裡走動,教師就會圈出最高分。
- 如果學生有短暫的不當行為,並被警告過兩次(個別),但後來又重複了一次該行為的事件,請圈出中等評分。例如,一位學生沒有詢問就拿走另一位學生的橡皮擦,在你已經警告過這位學生兩次要他不要動手拿別人的東西後,仍造成輕微的干擾。對該名學生的糾正回饋可以是(用平靜的聲音)說:「艾里森,拿走艾瑞克的橡皮擦並非是按照我要求的管好你的手腳」,而且艾里森在這段時間的 DPR 上得到一個較低的數字。

■ 圖 5-9　講義範例:針對教師的其他 CICO 培訓資訊

- 當學生沒有達到預期目標時，請圈出最低的數字。得到這個分數的學生有多次（如三次）不遵守指示、一再的未完成任務，或做一些更嚴重的事情，如打架。

在每堂課結束時
- 這時要對學生的行為進行評分，並對如何改進或繼續保持正向行為提供教導與回饋。
- 使用例如「基於你的行為……你贏得了……」，而非「我要給你」這樣的語句，因為這將行為的所有權歸於學生本身。
- 與學生花大約一分鐘的時間，這不應該是一個漫長的過程。
- 無論他們的行為是好是壞，最好具體說明你的回饋意見，並再次保持正向和愉悅的態度。

對於「最佳分數」（適當的行為）
- 要熱情！告訴學生他們做了什麼而獲得評分，並鼓勵他們繼續保持。例如：「哇！我為你遵守指示、堅持完成任務和善待同學感到驕傲。看起來你會達成你的目標！」

對於「不那麼好」和「差」的評分
- 這些也需要解釋。保持樂觀和正向的討論，但要具體回饋學生在課堂上做了什麼或沒有做什麼，以達到預期期待。
- 盡量不要批評、使用威脅或進行冗長的解釋。你的評分就是最終評分。例如：「看來你今天在注意聽和遵守指示方面遇到了困難，但我知道你能做到，我期待看到你明天能成功。」

在一天結束時
- 學生們在離開教室時帶走他們的 DPR，並且一天結束時將它們交還給 CICO 輔導員。輔導員會給學生一份副本，讓他們帶回家給家長／監護人簽名。

■ 圖 5-9 （續）

第五節　學生

一、角色及責任

參與的學生必須了解 CICO 介入的目的，並接受關於如何參與介入的培訓。如果學生仍不清楚參與的期待，應該進行額外的培訓。學生有責任在每天早上和每天下午向 CICO 輔導員簽到及簽退。每天早上簽到時，學生要領取一份新的 DPR。儘管教師有責任向學生提供回饋意見，但學生應在每天上課前將 DPR 交給他們的教師（小學），或每節課上課前將 DPR 交給教師（國中和高中）。學生也有責任在每天或每節課結束時，從教師那邊收取 DPR。偶爾，學生也可能需要提醒教師提供回饋。如果學校使用電子 DPR 或 app 應用程式對學生行為進行評分，這個程序將有所不同。即便使用電子 DPR，你仍然要教學生在每節課向教師打招呼。

如果學生在學校期間弄丟了 DPR，他們有責任從 CICO 輔導員那裡拿到新的 DPR。他們必須在簽退時將完成的 DPR 交還給 CICO 輔導員查看。學生也有責任將 DPR 副本帶回家讓家長／監護人給予回饋，並在第二天把已簽名的副本帶回。如前所述，有些學校是每週而非每天都實施家庭的部分，因此可以要求學生在週末把 DPR 帶回家，並在下週一將其帶回學校。

參加 CICO 學生的主要責任是對自己的行為負責。從教師那裡得到正向的回饋是很容易的，但是 CICO 學生也必須接受糾正性回饋，並從中學習。許多有行為問題的學生想把他們的行為挑戰（behavioral challenges）歸咎於他人。CICO 的一個重要目標是讓學生學會自我管理他們自己的行為。自我管理始於為自己的行為負責。CICO 的另一個重要特點是學生開始學習自我評價（self-evaluate）自己的行為。對年齡較大的學生，學校可以選擇讓學生在介入開始時對自己的行為進行評估。這通常更適合於高中環境，第十一章提供更多有關高中生自我評量（self-assessment）的資訊。

如果教師給了不必要的嚴厲或懲罰性回饋，學生有責任將此訊息和 CICO 輔導員溝通。學生的擔憂應該在行為支持團隊會議上討論，如果訊息是正確的，行政人員可能需要介入，向該名教師提供回饋。

二、培訓

在學生開始接受 CICO 介入之前，重要的是要確定他們是否了解如何參與介入的所有步驟。首先，向學生解釋為什麼他們被選為介入對象，然後描述介入目的。學生應該明白 CICO 是一個正向支持系統，且其目的是支持他們在學校中更加成功。CICO 不應該作為對有行為問題學生的懲罰。

學生應被告知 CICO 是一種有時間限制的介入，他們將學會透過練習管理自己的行為。CICO 幫助學生學習哪些行為是符合期待的正面例子，哪些行為是負面例子。一旦學生能夠順利達到行為期待，CICO 的支持就會逐漸減少。應告知學生，目標是一旦他們能夠管理自己的行為，就可以結束介入；應該從學生努力爭取結束介入的方式來解釋。此外，學生應被告知一旦結束介入，他們有機會擔任指導的角色。例如當他們結案後，可以擔任其他 CICO 學生的指導者。提供這樣的資訊可以讓 CICO 的學生有所期待，並傳達出在這個介入之外，還有對從事適當行為的期待。

對學生進行 CICO 介入的培訓通常是由 CICO 輔導員、督導輔導老師（supervising counselor）或學校心理師所進行。最初的培訓需要 15 到 20 分鐘，取決於學生的理解程度。年齡較小的學生可能需要更多有關於參與 CICO 的回饋和指導。圖 5-10 包括了初始學生培訓期間應涵蓋的主題。

學生的培訓是實施 CICO 介入的一個重點。學生需要知道在什麼地方和什麼時候簽到及簽退。許多適合參加 CICO 介入的學生發現接受教師的糾正性回饋是一個挑戰。此外，一些年齡較小的學生在沒有完成每天的點數目標時，會遇到困難。例如，一名年幼的學生，如果沒有得到足夠的點數來換取當天的增強物，可能會倒在地上哭鬧或發脾氣。CICO 輔導員應該示範如何對糾正性回饋做出適當的反應。圖 5-2 提供了教導小學生這種技巧的資訊。

- CICO 介入的目的
  ○ 正向支持系統
  ○ 有時間限制
  ○ 目標是自我管理行為
- 簽到的地點和時間
- 行為期待和每日點數目標
- 進入教室並將 DPR 交給教師
- 從教師那裡獲得 DPR 的回饋
  ○ 角色扮演遵守期待的正面和負面例子
- 簽退的地點和時間
- 增強系統
  ○ 當達到每日點數目標後會發生什麼？
  ○ 如果沒有達到目標，如何處理失望情緒？
- 如何接受糾正性回饋
- 褪除的計畫
  ○ 討論 CICO 的結案和已結案學生的聚會

■ 圖 5-10　對學生進行 CICO 初步培訓的主題

第六節　家長／監護人

一、角色及責任

　　家長／監護人負責簽署同意書，同意他們的孩子可以參加 CICO 介入。該同意書概述了有關介入的基本資訊，此表格還提供家長實施 CICO 介入中所扮演角色的相關細節。

　　家長／監護人有責任每天檢查 DPR（如果學校選擇每天簽名），提供他們的孩子回饋並在 DPR 上簽名，學生在隔天將 DPR 交還給 CICO 輔導員。如果他們的孩子回家時沒有帶回 DPR，家長首先應詢問 DPR 在哪

裡。如果一週內有兩次或兩次以上找不到 DPR，家長應該打電話給學校並確定原因。有時，如果學生因那一天狀況不佳而沒有達到他們的點數目標，他們會把 DPR 藏起來或「遺失」。家長應鼓勵他們的孩子，並和他們討論順心的日子和艱困的日子。重要的是，家長嘗試幫助孩子建立解決問題的方法，並用以改善他們的行為。

在某些情況下，家長／監護人晚上不在家，無法簽署 DPR 並提供回饋。在這種情況下，學校工作人員應與家長合作，確定從家裡接收回饋的最佳方式。祖父母、日間照顧者或負責任的哥哥姊姊，可以代替父母提供回饋。另外，如果家裡沒有人可以每天簽名或提供回饋，可以在學校指定一位「代理家長」（surrogate parent），為學生提供額外的回饋及增強。這個代理家長可以是學校輔導老師、辦公室工作人員、志工或教學助理。此外，如前所述，學校可以選擇讓家長每週而非每天檢視 DPR，這種安排可能會使家長更有可能提供回饋。

雖然這不是介入的必要部分，但我們發現，當學生達到每日點數目標時，如果家長在家中為學生提供額外的增強，學生的行為會有更明顯的進步。像是增加 15 分鐘的時間玩電動、看電視或晚點睡覺。然而，如果他們的孩子沒有達到每日目標，家長不應該取消他們原來的權利。有行為問題風險的學生經常在一天中收到負向後果，然而，CICO 介入的焦點在於為學生提供更多的正向經驗和回饋。

最後，家長／監護人有責任定期與學校溝通有關於他們孩子的進步，或任何可能影響介入進展的議題。例如，如果學生在家裡面臨困難，他們的家庭生活受到很多干擾，或者可能已經改變了影響他們行為的藥物，這些重要的訊息都需要與學校溝通。

通常，CICO 進展的停滯與學生在家庭中遇到的挑戰相對應。家長和學校之間的定期溝通，有助於行為支持團隊決定該學生是否應該繼續留在 CICO 之中，直到家裡的問題變得不那麼具有破壞性，抑或是否有需要採取不同的介入／支持措施。

二、培訓

家長應該接受培訓，了解 CICO 的目的、對自己孩子的期待，以及對自己的期待。在我們大多數的學校中，這種培訓是透過電話而不是當面進行的，透過電話傳達這些資訊的目的是避免延誤取得介入。如果需要二至三週來安排與有風險兒童的家長會面，所花費的時間會大大延遲 CICO 的預防功能。圖 5-11 列出了在 CICO 培訓期間，對家長進行培訓的重要主題。

在與家長合作時，CICO 輔導員或其他參與培訓的學校人員應強調介入本質上的正向和時限性。家長應了解 CICO 的主要目標是教導學生成功地管理自己的行為。父母需要知道他們的孩子在一天中被期待的行為是什

- CICO 介入的目的
  - 正向支持系統
  - 有時間限制
  - 主要目標是學習自我管理行為
- 對孩子每天參與 CICO 的期待值
  - 簽到、教師回饋、簽退、增強系統、家庭部分
- 檢視並簽署 DPR
  - 著重於正向
  - 回饋的正例和反例
- 當達到每日點數目標時，家中可提供的額外增強
  - 未達到每日點數目標時，不會有負向後果
- 褪除的計畫
  - 討論 CICO 的結案和已結案學生的聚會
- 疑難解答和常見問題
  - 如果學生沒有把 DPR 帶回家，該怎麼辦？
  - 我的孩子是否被當作「壞孩子」而被挑出來？
  - 解決任何其他問題或擔憂

■ **圖 5-11** 對家長／監護人進行 CICO 培訓的主題

麼。他們應該被告知當他們孩子回家時，他們每天（或每週）要在 DPR 上簽名，並確認他們的孩子在第二天把 DPR 交回學校。

應鼓勵家長在將 DPR 交回學校之前，在 DPR 上寫下正向或中立的評語。CICO 輔導員或其他培訓人員必須強調，父母不應在孩子未達到點數目標的日子給予懲罰。如果受到懲罰，學生很快就會開始避免將 DPR 帶回家。相反的，應鼓勵父母制訂一份當學生達到每日點數目標時，在家中可以獲得的活動清單。如果學生達到每日點數目標，他們可以獲得額外的電視時間、與朋友見面的時間、與父母一起閱讀的時間、額外的電腦時間，或與父母一起玩特殊遊戲的時間。在 CICO 家長培訓結束時，應鼓勵家長就培訓中所涵蓋的任何資訊提出問題。

CHAPTER 6

設計適合學校的CICO

CICO 介入包含某些必備的關鍵特徵，這些特徵包括 DPR 的使用、所有參與學生一致性的實施流程、對學生的行為定期回饋，或對高年級學生實施自我評價，以及頻繁使用有效的增強。在確保這些重要特徵建立後，每個行為支持團隊都可以靈活設計 CICO 以適應學生個體和學校。CICO 彈性的部分包括：(1) 設計 DPR；(2) 命名介入以適應學校文化；以及 (3) 建立有效的增強系統。本章提供了不同學校如何將 CICO 介入予以個別化的範例。

第一節　設計 DPR

一、確定期待的行為

行為支持團隊的首要任務之一就是設計學校的 DPR，團隊與教職員工合作下，決定哪些行為期待要列入 DPR。行為期待應是正向的陳述，亦即，應描述期待學生所表現出的行為，而非是學生應避免的行為。例如，正向陳述的期待包括「第一次就聽從指示」或「管好自己的手腳和物品」。相反的，負向陳述的期待則包括「不打人」、「不頂嘴」或「不說不敬的語言」。

我們強烈建議行為支持團隊選擇將全校性第一層級之行為期待，作為 DPR 的行為期待。從 CICO 中受益的學生，需要更多全校性期待的練習和回饋。有些學校教職員工不接受此項建議，並主張每個學生都需要個別化的目標，然而，**當考量個別化的目標時，這會大幅降低 CICO 的效率。**

CICO 輔導員最多可負責 30 名學生的簽到、簽退。若每位學生都有個別化的目標，將會大幅增加簽到、簽退所需的時間。此外，教師能快速建立並流暢地實施 CICO 的另一個原因是，所有學生的 DPR 都是一樣的。一旦教師為一名學生提供 CICO 後，他們便能輕鬆地為第二位或第三位學生實施 CICO。最後一點，個別化的目標降低介入對新學生的類化，也會增加教職

員工實施所花費的時間成本。若選擇了個別化的目標，教職員工需要開會來設定這些目標，CICO 輔導員也需為每個學生修改標準化的 DPR。此外，還要列印不同的 DPR，這比印製相同版本更沒有效率。為所有接受 CICO 基本版的學生制定標準化的 DPR，可以輕鬆地節省教師的時間。

我們建議只有學生在 CICO 持續介入無法獲得改善時，才使用個別化目標，並將其視為 CICO 的調整。第九章將介紹如何以及何時調整 CICO。

在個別化目標或全校性行為期待之間進行折衷方案時，有些學校列出了全校性期待，但也在 DPR 為每個學生保留一個個別化目標的空間。若學校選擇為每個學生使用一個個別化目標，我們強烈建議該**學生**每天早晨寫下這個目標，而不是要求 CICO **輔導員**額外完成此步驟。這樣可以節省輔導員的時間，同時也增加學生的責任感。

圖 6-1 為一所中學的 DPR，其中包括個別化目標的空間。在 DPR 的上方列出了全校性期待：「尊重」、「負責」和「安全」。在學生姓名的下方有一個空間，可以讓學生寫下自己個別化的目標。在全校性期待的旁邊有一欄標註為「我的目標」，用來評估學生在個別化目標的行為。個別化目標應該簡短、容易記且正向陳述。DPR 列出的行為期待不應超過五個，超過五個期待，對教師來說要提供回饋評分會過於繁瑣，且難融入班級例行事項。

對學校而言，另一個選擇是讓學生在全校性期待下寫出自己的個別化目標，因為第一層級行為期待寫得較為廣泛，足以包括學生應該表現出的大多數行為。我們比較傾向這個做法，因為可以讓教職員工連結所有已教過的全校性行為期待。為此，設計 DPR 時，可以在每個全校性期待下方保留空間，讓學生寫出自己的個別化目標。如在圖 6-1 中，個別化目標「管好自己的手腳」就是保持安全的例子，學生可以將此目標寫在「安全」下，作為 DPR 第一層級的行為期待之一。

有些學校會將如何遵守這些期待的範例放入 DPR 中，並進一步定義

姓名：Chase Johnson　日期：2020/10/12

我的目標：管好自己的手腳

家長簽章：Sylvia Johnson

0＝待加強 1＝好 2＝很好	尊重	負責	安全	我的目標：管好自己的手腳	教師簽名	哇!!!評語
第1節	②1 0	②1 0	②1 0	② 1 0	AC	非常好！
第2節	2 ① 0	②1 0	②1 0	2 ① 0	BK	一起努力！
第3節	②1 0	②1 0	②1 0	2 ① 0	LS	
第4節	2 1 ⓪	2 1 ⓪	2 ① 0	2 ① 0	CT	明天可以做得更好！
第5節	②1 0	②1 0	②1 0	2 ① 0	TL	
第6節	2 ① 0	②1 0	②1 0	② 1 0	SM	
第7節	②1 0	②1 0	②1 0	② 1 0	GN	很棒的一天！
總計	10	12	13	10	總計：百分比 80%	

■ 圖 6-1　具有個別化目標的中學 DPR 範例

全校性的期待（例如，如果全校性的行為期待是「尊重」，則 DPR 定義可以為「說好話，做好事」）。 圖 6-2 是這種 DPR 類型的範例，在次標題欄中進一步定義了全校性期待「安全」、「尊重」和「盡力而為」。我們發現若學校全面且有系統地教導全體學生如何遵循第一層級的全校性期待（包括正向和負向行為範例的示範），而教師也在課堂上教導這些期待，那就不需要在 DPR 上增加額外的訊息。

二、DPR 評分系統

　　學校所開發的 DPR 應該是要方便教師使用的，為了使 CICO 保持效能並易於管理，DPR 應該利用數字來評定行為，而非耗時的敘述性說明。圖

6-1 DPR 的說明中包括教師評語的部分，**這並非要求教師一定完成這些部分**。取而代之，我們鼓勵教師盡可能提供書面的正向回饋。在圖 6-1，標有「哇!!! 評語」的欄位，提示教師寫出正向的，而非負向的評語。

若學生表現不適當行為，在其 DPR 上得分會較低，但也不允許寫下負面評語。由於他們的行為狀態，這些學生通常整天都會經常收到負面的糾正性回饋，我們建議不要在 DPR 上只是使用「評語」一詞，應該鼓勵教師要提供更多正向回饋的單詞或短語，「哇」（WOW）、「成功之處」（Successes）、「慶祝」（Celebrations）等都是很好的替代例子，可以鼓勵教師提供正向的回饋。

每個 DPR 都應包含一定範圍的分數。有些學校喜歡使用「2、1、0」等級系統，而有些學校則喜歡使用「3、2、1」，我們建議使用 3 點（而非 4 或 5 點）系統，因為這樣可以容易取得所有教師一致的評分系統。在 DPR 上應該包括每個數字等級相對應的關鍵定義，例如圖 6-1 中，「0 = 待加強」（學生未達行為期待）；「1 = 好」（學生符合行為期待）；「2 = 很好」（學生很棒地達成行為期待）。

在實施 CICO 之前，全體教職員工應釐清並同意每個等級之間的區分，如此可以提高不同教師評分者間的一致性。換句話說，若學生在課堂 A 和課堂 B 中表現出相似的行為，那麼學生應該從每位教師獲得相同的評分。如果一位教師使用更嚴格的標準來判斷學生的行為，那麼學生的同一行為在第一堂課總是得到「0」，而在第二堂課總是得到「2」，那麼學生會對什麼是適當的和不適當的行為感到困惑，教師應對學生的行為提供一致的回饋及行為評分。

學校可能會選擇採用以下準則來提高教師之間的評分一致性，若學生在這段期間需要一次提醒或糾正，他們仍然可以得到「2」的分數；若學生需要兩次提醒或糾正，他們會得到「1」分；三次或更多次提醒時，則等於「0」。這種簡單的方法可能適用於你的學校，也可能不適用於你的學校。行為問題的定義是根據當地情況和脈絡，所以學校教職員工應該就評分系統中每個分數的定義達成共識。

日期：2020/11/3　　　　　　學生：Erika Young

0＝待加強	1＝好	2＝很好

	安全	尊重	盡力而為		教師簽名
	管好自己的手腳與物品	說好話、做好事	遵守指令	參與課堂	
9:00〜上午休息	②1 0	②1 0	②1 0	2①0	DS
上午休息〜午餐	②1 0	②1 0	2①0	②1 0	DS
午餐〜下午休息	②1 0	2①0	②1 0	②1 0	DS
下午休息〜3:40	②1 0	②1 0	②1 0	②1 0	DS
總分＝29 可能的得分＝32	今日 91 ％		目標 80 ％		

家長簽名：I. Young

哇：我為你感到驕傲。

■ 圖 6-2　小學 DPR 行為期待的定義範例

76　　　　一些學校在 DPR 上列出了每個等級的定義，圖 6-3 是採用 4 點評分系統的學校範例，在 DPR 上列出評分系統的定義。我們建議評分系統盡量簡短，讓 DPR 只有半頁，以減少印刷和影印費的支出，特別是學校選擇使用無碳式複寫紙以方便影印。此外，DPR 的 4 點評分也要符合學校的標準評分系統，學生必須了解學校在學科和社會行為的詳細標準，學生評分規準需包括在學校的 CICO 介入中。

　　　　行為支持團隊必須決定在 DPR 要包含多少個評分時段（period），**至少要有四個評分時段**。少於四次就排除學生有困難的時段／課堂，但仍要達到他們每日點數的目標。對國高中來說，一天中的各個時段都可以用來評分，若學校一天有六節課，學生就有六次接受行為回饋的機會。

夕陽小學 Shark Code

學生：＿＿＿＿＿＿　日期：＿＿＿＿＿＿　星期：＿＿＿＿＿＿　目標：50%

期待	到校～休息				休息～午餐				午餐～休息				休息～放學				總計
	差	尚可	良	優	差	尚可	良	優	差	尚可	良	優	差	尚可	良	優	
安全	1	2	3	4	1	2	3	4	1	2	3	4	1	2	3	4	
誠實與負責	1	2	3	4	1	2	3	4	1	2	3	4	1	2	3	4	
尊重與友善	1	2	3	4	1	2	3	4	1	2	3	4	1	2	3	4	
持續練習																	

	是	否
簽到		
簽退		
家長簽名		

目標：50%　55%　60%　65%　70%　75%　80%

成功之處：

家長／監護人簽名：＿＿＿＿＿＿＿＿＿

4＝優：符合正向行為的期待；可獨立進行工作，無須任何糾正／提醒。

3＝良：僅需1次提醒／糾正就達到期待。

2＝尚可：需要2到3次提醒／糾正。

1＝差：需要4次或更多次提醒／糾正。

備註：家長意見可以寫在本張表格後面。

■ 圖6-3　4點評分系統和定義的DPR範例

在小學，我們建議評分時段要與學校自然的情境轉換相結合。例如圖 6-2 所示，一個自然的情境轉換是在上午的課間休息和午餐之前。最理想的是，評分時段不應超過 75 分鐘。參加 CICO 的學生（尤其是那些年齡較小的學生），在較短的時間間隔內收到回饋，反應會更好。然而，若 75 分鐘不符合自然情境轉換的要求，最好是等待一段時間，讓教師可以輕鬆地將學生的回饋融入課堂例行事項。我們必須強調的是，對有風險的學生（即需要第二層級支持）的口頭回饋需貫穿整個時段，而非在教師需要記錄 DPR 的評分時才進行。其目的是讓學生「表現良好」／遵守行為期待，若他們未達到期待時，就立即讓學生知道。75 分鐘結束時的評分是提供這段時間內所有回饋的總結。

有些學校團隊已考慮根據不同的年級設計不同的 DPR，對此，我們強調增加 DPR 格式的數量會降低介入的效率。國小教師反映，低年級學生（如幼兒園和一年級）與高年級學生（如四、五、六年級）有不同的學業期待和時間表。有學校針對此種困境，設計兩種 DPR 格式，以分別適用於低年級和高年級。

圖 6-4 和 6-5 提供了低年級和高年級 DPR 的範例，在這些範例中，維斯塔小學在三個全校性期待之外增加一個「完成工作」（Work Completion），因為學校行為支持團隊認為將其包括在內是非常重要的。由於該校只有三項全校性期待，增加第四項，教師仍可管理評分系統。在實施此新增內容之前，學校已經得到全校教職員的回饋和同意。

三、非教室情境

DPR 是否應包括非教室情境（nonclassroom settings）呢？非教室情境包括午餐室／學生餐廳、操場、走廊、校車和廁所等地方。CICO 介入的重點主要是課堂行為，只在非結構化、非教室情境下出現問題的學生，不會考慮實施 CICO 介入，但應該針對他們出現問題行為的情境進行介入。大多數學校的操場或餐廳沒有足夠的監督，可以讓多達 30 名學生同時接

維斯塔小學 ROAR 計畫
野生卡

姓名：_____   日期：_____

目標	9:05～ 早上休息	早上休息～ 午餐	午餐～ 下午休息	下午休息～ 15:45
立即遵循指示	2 1 0	2 1 0	2 1 0	2 1 0
專注	2 1 0	2 1 0	2 1 0	2 1 0
管好自己的手腳	2 1 0	2 1 0	2 1 0	2 1 0
完成工作	2 1 0	2 1 0	2 1 0	2 1 0

得分
0＝不佳
1＝尚可
2＝很好！

成功之處：_____

今日目標：_____%

今日總計：_____%

教師簽名：_____   家長簽名：_____

■ 圖 6-4　小學低年級的 DPR 範例

維斯塔小學 ROAR 計畫
野生卡

姓名：_____   日期：_____

目標	閱讀	語文	拼字	數學	科學	社會	健康
立即遵循指示	2 1 0	2 1 0	2 1 0	2 1 0	2 1 0	2 1 0	2 1 0
專注	2 1 0	2 1 0	2 1 0	2 1 0	2 1 0	2 1 0	2 1 0
管好自己的手腳	2 1 0	2 1 0	2 1 0	2 1 0	2 1 0	2 1 0	2 1 0
完成工作	2 1 0	2 1 0	2 1 0	2 1 0	2 1 0	2 1 0	2 1 0

教師簽名：_____

得分
0＝不佳
1＝尚可
2＝很好！

成功之處：_____   作業：_____

今日目標：_____%

今日總計：_____%

家長簽名：_____

■ 圖 6-5　小學高年級的 DPR 範例

受回饋。一個操場上的監督員無法同時有效地追蹤超過三到五位學生的行為。**我們建議 DPR 不應包括非教室環境。**

對於少數在課堂和課間休息時有問題行為的學生，我們已經成功地將「課間休息契約」與 DPR 結合使用。課間休息契約看起來和 DPR 相似（即同樣的行為期待），但與 DPR 分開保存。它由監督操場或其他非結構化區域的人員評分，每次課間休息時，應該只有一到兩名學生接受這種回饋。使用課間休息契約的學校，通常會對其採用單獨的增強系統。或者，由 CICO 輔導員做一點額外的工作，課間休息契約的點數可以直接放入 CICO 每日總點數的目標。關於 CICO 課間活動的更多訊息，請參見第八章。

四、其他考慮事項

行為支持團隊通常在 DPR 各欄下面留出空間，教師可以在此空白處簽名（如圖 6-5 所示）。我們也建議提供家長／照顧者簽名的地方，還有讓父母對孩子的行為提供正向回饋的地方。

在設計 DPR 時，要考慮是否包括學生的百分比點數目標。為提高效率，許多學校對所有學生都使用相同的目標（即 80% 或以上）。然而，為了在 CICO 獲得初步的成功，一些學生需要從較低的百分比點數目標開始。圖 6-3 有提供學生選擇個別化目標的部分，即在 50% 至 80% 的分數之間圈選目標。除了百分比點數目標的部分外，應該也有欄位寫出學生當天的總點數。這樣可以讓父母輕鬆地確定他們的孩子是否達到目標，同時也可以簡化 CICO 輔導員資料輸入的工作。

一些小學對於如何將非日常活動納入 DPR 感到困擾。例如，小學生通常每週一次體育課、音樂課、圖書館、藝術課和電腦課，許多學校將這些活動合併為一個評分部分。他們不會單獨列出這些輪流的活動，而是將「體育／音樂／電腦課」列為一天中學生可以得到回饋的時間之一。另一個需考慮的問題是提前放學的日子，為了提供教師充足的準備時間，有些

學校每週都會有一次提前放學。在這種情況下，需在 DPR 上列出這些提前放學日可能得到的總分。例如，一所小學可能在一週的每一天（星期五除外）總共可獲得 40 分，在週五提前放學時，學生可以獲得總分 30 分。如果學生遲到或早退，則應將錯過的評分時段劃掉，以便 CICO 輔導員知道不將這些時段計入總分。**換句話說，百分比點數應該準確地反映出任何一天可能獲得的總點數。**

五、摘要

以下是建立適合你學校 DPR 的建議摘要：

- DPR 包括了全校性期待。
- 必須正向陳述全校性期待。
- DPR 列出的期待不超過五個。
- DPR 的使用必須是便於教師使用的，要求教師圈出評分而非提供敘述性回饋。
- 包括小範圍的分數（如「3、2、1」）。
- DPR 中包括一個得分標準。
- 包含「成功之處」的欄位，而不要只用「評語」。
- DPR 應該置於 8½×11吋（約 22×28公分）紙張的半頁，以減少複印成本。
- 非教室情境**不**應包括在 DPR。
- 在各欄的下方留出空白，以便教師簽名，並留出一行供家長／監護人簽名和家長評語。
- 確定是否列出百分比點數目標。
- 包括獲得的總點數欄位。

第二節　CICO 介入和 DPR 的命名

我們鼓勵學校重新命名 CICO 和 DPR 以符合學校文化，許多學校喜歡配合學校的吉祥物，重新命名 CICO，這可以留給行為支持團隊做選擇。我們建議在重新命名 CICO 和 DPR 時，要求全體教職員工提供意見，表 6-1 列出 CICO 和 DPR 替代名稱的例子，其中有些是以不同的學校吉祥物為主。

為什麼重新命名如此重要呢？它可以幫助學校的教職員感覺與介入更加緊密地連結。CICO 成為符合你學校的人口統計結構和特徵所重新設計的介入，而不是採用另一所學校設計和實施的介入。重新命名介入時，重要的是關注 CICO 積極正向的性質；正如我們已經討論過的，CICO 應該是正向的行為支持介入，而非是懲罰制度。若介入的名稱是表達支持而非懲罰，家長和學生則更可能參與介入。例如，將 CICO 重新命名為「支持我們的反社會和鬧事的學生」（Supporting Our Antisocial and Rowdy
Students，或 SOARS），可能會使家長、學生和教師失去興趣。相反的，使用和上述相同的首字母縮寫詞，CICO 可以改名為「學生邁向成功之路」（Students On A Road 2 Success）。

重新命名 CICO 時，建議不要使用「行為支持計畫」或「行為契約」這些術語。首先，CICO 並非**個別化**的行為支持計畫，重要關鍵是教師不要將此計畫與三級預防的行為支持相混淆。三級預防支持的學生通常需要全面的 FBA 和個別化的行為支持計畫。根據我們的經驗，許多教師在教室已經嘗試過行為契約，當他們向行為支持團隊尋求協助時，他們正在尋找一種超越對支持學生實施過的介入策略。如果團隊提到實施「行為契約」，教師可能會回答：「我已經試過了。」

選擇一個容易記憶和教學的名稱，若使用縮寫來重新命名 CICO，如「HAWK——幫助一位獲勝的孩子（Helping A Winning Kid）」，要確保教師、父母和學生知道該縮寫的含義。

吉祥物	介入名稱	DPR 名稱
	簽到簽退（CICO）	每日進展卡
老鷹	「學生邁向成功之路」（SOARS）方案	翱翔卡
天鷹	「幫助一位獲勝的孩子」（HAWK）方案	鷹卡
	「你好、更新和再見」（Hello, Update, and Goodbye, HUG）方案	擁抱卡
獅子	「增強適當的反應」（ROAR）方案	野生卡
	「檢查與連結」方案	檢查與連結卡
野貓	「積極行動支持」（Positive Action With Support, PAWS）方案	貓爪卡
公牛	「建立美好的未來」（Building Up Fantastic Futures）或「為未來的成功奮鬥」（Be Up for Future Success, BUFF）方案	愛好卡
老虎	「盡我所能」（Trying All I can to Learn, TAIL）方案	老虎尾巴卡
公羊	「公羊實現更多」（Rams Achieve More, RAM）方案	公羊卡
斑馬	「朝著正確方向前進」（Heading with Energy in the Right Direction, HERD）方案	條紋卡
老鷹	「追求卓越獲得生活技能」（Excel And Gain Life Educational Skills, EAGLES）方案	老鷹卡
鯊魚	「安全、誠實、負責、尊重、友善」（Safe, Honest, Accountable, Respectful, and Kind, SHARK）方案	鯊魚卡

第三節　發展有效的 CICO 增強系統

一、基本原理

符合 CICO 資格的學生在第一層級的行為支持，未能達到全校性的行為

期待。這些學生通常需要額外的回饋和增強，學習用適當方法達到全校性的行為期待。CICO 的目標之一是幫助學生與學校的成人建立正向的關係，第二個目標是幫助學生能獨立管理自己的行為。為了實現獨立，學生應該逐漸從 CICO 的結構化強化系統，褪除到全校性行為系統的非正式增強。

　　CICO 介入最有效的增強物應該是 CICO 輔導員，CICO 輔導員應該是學生喜歡、信任並期待每天見到的人。一些由學校開發的 CICO 增強系統包括實質的物品，如小玩具或零食，這些實質的獎勵應與 CICO 輔導員的社會讚美和認可相結合。

二、評估增強物的偏好

　　當行為支持團隊發展符合學校文化的 CICO 時，也應該初步考慮發展增強系統。例如，團隊通常會確定學生必須獲得多少分才能得到增強物，也可能要考慮學生可以獲得不同類型的增強物。重要的是，特別是對於國高中生，所選擇的增強物要學生本身真正有感受到被增強。

　　正增強物（positive reinforcer）被定義為在某種行為之後，會增加該行為未來再次發生的可能性事件或刺激（Alberto & Troutman, 2017）。換句話說，獎勵是否具有增強作用取決於它對學生行為的影響，而非由我們期待它能對學生產生高價值而決定。例如，我們可能認為額外的電腦使用時間對中學生來說是一個有效的（且相對便宜）的增強物。然而，若獲得額外的電腦時間並非學生所期待，而且不能使學生持續遵守行為期待時，那麼它就不是一個合適的增強物。事實上，對打字有困難的學生來說，額外使用電腦時間，可能會被認為是懲罰。團隊要檢視獎勵對學生行為的影響，來確定其是否具有增強作用。如果在達成目標獲得獎勵後，學生持續達成目標或行為表現有所改善，則團隊可以認為他們已為該學生選擇有效的增強物。

　　教職員經常為學生選擇「獎勵」，但最後發現這些獎勵的增強作用不大。亦即，這些獎勵不會對學生的未來行為產生預期影響。例如，學校提

82

供了學用品（鉛筆、橡皮擦等）作為學生達到每日點數目標的獎勵。許多學生抱怨他們已經有足夠的學用品，他們對獲取零食或額外的休息時間更感興趣。一旦學校允許學生自己選擇獎勵（即真正能增強的活動或物品），學生在 CICO 的進步就會有所改善。

評估增強物偏好的一種方法，是讓學生填寫增強物清單（reinforcer checklist）（請參閱圖 6-6 的範例調查表和附錄 E.1 的空白版本）。增強物清單通常用於評估學生對獲得不同類型長期增強物的興趣，而非是對日常增強物的喜好。值得注意的是，這可能只是學生有興趣獲得的不同類型增強物的一個例子。我們建議行為支持團隊與教職員合作，製作一份在學校環境可取得的廉價或免費的增強物清單。每所學校都有願意分享自己才能的教師，或者已成為全校性獎勵系統一部分的特殊活動，可以和 CICO 一起使用。例如在某一所學校，我們與一位曾是半職業足球運動員的教師合作。參加 CICO 的學生如果在一定時間內達到目標，可以獲得這位教師一對一的足球課；在另一所學校，一位工友願意為參加 CICO 支持的學生，提供吉他課作為增強物。

如果可能的話，我們建議嘗試找出願意花時間與他人相處的增強物（尤其是具有社交能力的同儕），因為符合 CICO 資格的學生，通常在與同儕互動關係上是有困難的。因此，透過結構化的增強活動，使他們受益於與同儕之間積極的互動。例如，一些學校允許達到每日點數目標的學生，可以選擇其他四名學生與他們一起參加額外的體育活動時間。

三、簽到簽退的增強物

學生簽到簽退的原級增強物（primary reinforcer）應該是與 CICO 輔導員之間的關係。然而，我們也注意到，有時學生會遇到困難的一天，且未達到每日點數目標時，他們在一天結束時，去簽退的可能性就會變小。於是為增加學生簽退的動機，一些學校建立了「抽獎系統」。

增強物清單（由學生填寫）

請圈選你「是否」想換取該物品或活動

活動性增強					
電玩遊戲	是	(否)	籃球	是	(否)
游泳	是	(否)	雜誌	(是)	否
看影片／DVD	是	(否)	繪畫	(是)	否
散步	是	(否)	校外教學	(是)	否
漫畫書	(是)	否	拼圖	(是)	否
玩黏土	(是)	否	桌遊	是	(否)
手工藝活動	(是)	否	紙牌遊戲	是	(否)

請列出其他你想換取的活動

電腦遊戲

物質性增強					
貼紙	(是)	否	橡皮擦	是	(否)
特殊鉛筆	(是)	否	吹泡泡	是	(否)
乳液	是	(否)	黏土	(是)	否
彩色鉛筆／蠟筆	(是)	否	戒指	是	(否)
遲到通行證	是	(否)	拼圖	(是)	否
書籤	是	(否)	交換卡	(是)	否
可動人偶	是	(否)	小玩具	(是)	否
不用寫作業卡	(是)	否	項鍊	是	(否)

請列出其他你想換取的物品

_____

■ 圖 6-6 增強物清單範例

食用增強物					
小糖果	(是)	否	麥片	是	(否)
大糖果	(是)	否	水果	是	(否)
自動販賣機飲料	是	(否)	椒鹽脆餅	(是)	否
果汁／飲品	是	(否)	洋芋片	(是)	否
蔬菜和佐料	是	(否)	玉米片	是	(否)
脆皮餅乾	是	(否)	餅乾	(是)	否
甜甜圈	(是)	否	貝果	是	(否)
糖果棒	(是)	否	起司	是	(否)

請列出其他你想換取的喜愛品牌或點心

口香糖

社會性增強					
拍拍後背	(是)	否	口頭讚美	(是)	否
額外的體育課時間	是	(否)	自由時間	(是)	否
與教師玩遊戲	(是)	否	校外教學	(是)	否
與朋友玩遊戲	(是)	否	特別座位	是	(否)
與朋友共進午餐	(是)	否	擊掌	是	(否)
與朋友一起參觀	(是)	否	獎狀	是	(否)

請列出其他你想換取的社會性增強

_____

_____

_____

_____

■ 圖 6-6　（續）

學生在早上準時簽到會收到一張抽獎券，在一天結束簽退時會收到第二張抽獎券。圖 6-7 是一所學校的抽獎券範例。

　　在每週結束的時候，為 CICO 的學生舉行一次抽獎。學生簽到簽退的次數越多，他們獲獎的機會就越多。抽獎的獎品很小（如學校商店或小吃店的優惠券），但學生通常喜歡這種額外的機會來賺取增強物。為了使抽獎更加刺激，有些學校採用「神秘激勵」的形式，讓學生從三個密封的信封中選擇一個獎品。為了提供進一步的增強和鼓勵，可張貼每週獲獎者的姓名，讓其他 CICO 學生看到。這種公開張貼不應該讓學校所有學生都能看到，因為公開姓名可能會為希望加入介入的其他學生製造緊張。

　　有些學校認為沒有必要設立抽獎系統，因為學生是真的喜歡參加這方案。如果學校持續遇到學生在簽到／簽退的問題時，就可以增加抽獎系統。學校在剛開始執行時，不需要設抽獎系統，有需要時才加入。

■ 圖 6-7　維斯塔小學的抽獎券範例

四、達成每日點數目標的增強物

為使 CICO 更加有效，學生應該在達成每日點數目標（daily point goals）時，即可獲得增強。學校首次實施 CICO 所犯的最大錯誤之一，是誤解了在介入的前兩週內頻繁增強的重要性。如果學生在 CICO 介入的前兩週內未達到目標，則表示目標設定太高，將會迅速減弱學生對 CICO 的興趣和積極參與的意願。

在設定每日點數目標時，蒐集基線期資料是至關重要的。為提高效率，我們建議所有學生都使用相同的每日點數目標。有時，學生會需要較低的目標以獲得初步的成功，基線期資料將有助於找出這些學生。

激勵學生在 CICO 持續獲得成功的方法之一，是他們在指定天數內達到點數目標就給予獎勵。行為支持團隊通常會設定一個連續的標準（例如，學生必須在連續 5 個教學日中獲得 80% 的點數），而不是一個累積的標準（例如，總共 5 個教學日獲得 80% 的點數後，學生可以獲得增強物）。我們建議使用累積的標準，因參加 CICO 的學生會有遇到困難的時候，因此累積的目標比連續的目標更容易達到且具有增強。

（一）每日／短期增強物

為保持學生對介入的持續參與，小規模的每日增強通常是有效的。儘管我們建議避免使用食物增強物，但許多學校發現，在一天結束時，一塊糖果或小零食是學生非常看重的。如果要用食物作為增強物，我們鼓勵學校選擇健康的零食。儘管使用每日增強物有助於達成目標，但卻非必要。行為支持團隊應考慮每日增強物的成本和已編列的 CICO 經費資源。

有一種創新的每日增強物是「旋轉盤」（Spin the Wheel）遊戲，學生可以隨機從多元的獎勵中獲得其中一項，這種方法在小學比起國高中更有效。圖 6-8 提供維斯塔小學實施的旋轉盤示例。

■ 圖 6-8　CICO 每日獎品的轉盤系統

在圖 6-8 所示的轉盤上，轉盤上較寬的部分（因此有較高機會獲得）包括社會性獎勵，如「擊掌」或秘密握手（secret handshake）。學生最好能為社會性增強努力，而非為物質性增強物（tangible reinforcers）。轉盤較窄的部分（因此獲得機會較低）包括糖果、口香糖或貼紙。轉盤上有兩個全校性的獎勵，一個是「獅子的榮耀 5」（Lion's Pride 5），為全校性獎勵的代幣，另一個「獅子的戰利品」（Lion's Loot）硬幣，可存入學生的班級銀行。這所學校的「硬幣」與全校性社會技巧介入有關，參加 CICO 的學生有機會藉由參與這樣的活動為全班賺取這種硬幣。

我們選取一些中學生追蹤他們在 Class Dojo（Class Dojo, Inc., n.d.）的點數，而不是讓學生攜帶 DPR 到不同的課堂。Class Dojo（道場課程）是一個班級經營應用程式，可以讓教師追蹤學生的行為（包括正向和負向的），還能藉由分享學校一天中的照片與家長溝通。在 Class Dojo 所追蹤的 CICO 學生的點數，學生可以在學校商店中單獨消費，或讓學生將 CICO 的點數加入班級總體目標中，以換取聚會或其他活動的特權。讓參加 CICO 的學生為班級或班群賺取點數（例如，學校分為數個班群或年級時），可以因在校的適當行為獲得同儕關注的一種正向方式。

圖 6-9 說明在中學情境中，提供的每日獎勵的另一個範例。學生在一天結束簽退並達到每日點數目標時，在放學前，可以在樂高牆上玩 5 分鐘。如果學生沒有達到他們的目標，可以因有簽退而獲得一張全校性的券，且這張券會送回班級。這類型的獎勵需要得到每位教職員工的認同，並在學校的時間表內進行。但是，對學校來說，這種每日獎勵的可能性對學校的 CICO 介入是一種有趣且低成本的附加。

■ 圖 6-9　樂高牆的增強範例

（二）長期增強物

　　許多學校提供參加 CICO 學生獲得長期增強物的機會，長期的增強物通常要求學生在數天甚至數週內達到他們的每日點數目標。這些獎勵通常是從增強物清單中所確認，是學生有興趣想要獲得的。

　　為了管理長期性的增強系統，一些學校使用「信用卡」策略計算點數，而有些學校使用「儲蓄卡」或「點數卡」策略。無論名稱為何，其目的都是讓學生在使用點數獲得較小的增強物，或儲存點數以獲得較大的長期增強物之間做出選擇。CICO 信用卡系統讓學生在 DPR 上有更好的表現而獲得更多的點數。以下是一所學校列出學生可以獲得點數的例子：

- DPR＞70%＝信用卡 1 點
- DPR＞80%＝信用卡 2 點
- DPR＞90%＝信用卡 3 點
- DPR 100%＝信用卡 4 點

圖 6-10 舉例說明維斯塔小學所發展 CICO 信用卡的範例，已成功在小學和中學使用。

CICO 輔導員（年齡較大的學生可以自我管理此歷程）在每個格子中標示或打勾來註記學生獲得的分數。我們建議不要使用特殊的印章或打孔器來完成這項任務，因為用這樣的方式每天為多達 30 名學生記錄分數是相當耗時的。

1	2	3	4	5	6	7	8	9	10
X	X	X	X	X	X	X	X	X	X
X	X	X	X	X	X	X	X	X	20
									30
									40
									50
									60
									70
									80
									90
									100

■ 圖 6-10　信用卡範例

信用卡系統要求學校設計一個具有不同點數價值的增強物清單，一旦學生對其所要的增強物賺取足夠的點數時，就可以向 CICO 輔導員兌換。信用卡上會有標記以顯示學生已使用這些點數。

這張信用卡可以持續使用，直到學生獲得 100 點，再給學生一張新的信用卡。圖 6-10 顯示，該學生在數天內共獲得 20 點，並決定用 10 點換取在午餐時額外玩 5 分鐘的電腦遊戲。

五、由誰提供增強？

通常會由 CICO 輔導員負責管理 CICO 增強系統，如果學生獲得額外的電腦時間，CICO 輔導員會負責這個時間或與學生的教師合作分配這個時間。行為支持團隊的成員也經常提供增強。學校輔導老師和學校心理師通常比教師有更多彈性運用的時間，可提供以時間為基礎的增強物（time-based reinforcers），如額外的體育或電腦時間，甚至是額外的課間休息。

在設計符合學校文化的 CICO 時，必須解決如何管理增強系統的問題。若學生在獲得點數後，沒有立即獲得增強，那麼 CICO 的效果會打折扣。想像一下，如果學生已獲得籃球時間，但學校輔導老師直到三週後才可以和學生一起打籃球。延遲給予增強物會導致學生的挫敗感並降低對介入的承諾。

六、對教師的增強

增強積極和成功參與 CICO 介入不應僅限於參與的學生，教師也應得到增強。教師的有效參與是有效 CICO 介入的骨幹，教師必須定期對學生的行為進行評分，並確保學生了解如何符合行為期待。

教師每天都會完成 DPR，但可能不知道學生整體的進步情形。加強教師參與的一個方法是與其分享學生的 DPR 資料圖表。可以使用其他策略獎勵教師精準地執行 CICO。一些學校鼓勵參與 CICO 的學生就「支持 CICO 教師獎」提名他們的教師，根據學生提名每月一次表揚不同的教

師。也有一些學校檢視教師寫在 DPR 的正向評語，並獎勵教師是 CICO 介入的正向參與者。無論選擇哪種方法，重要的是要認可教師在幫助學生獲得 CICO 成功所付出的努力和支持。

七、增強物預算

在預算拮据下，行為支持團隊必須努力解決增強物的花費問題。由於學校預算通常較為緊縮，因此必須以具成本效益的方式實施 CICO。最大的財政支出是每週約 10～15 小時 CICO 輔導員的費用，增強物的費用應占 CICO 預算的一小部分。以下針對維持較低的費用同時仍然能實施有效的增強系統提供了一些建議。

- 向社會各界募款。所有對學校的捐款都可減稅，而且學校也可以公開認可企業或社區機構是學校的支持者。
- 選擇與時間相關的增強物，而非購買實質的物品。我們最喜歡的一些例子包括：(1) 與喜歡的大人共度時光；(2) 與（有社交能力的）同儕在一起的時間；(3) 閱讀喜歡的漫畫書或小說的時間；(4) 額外的體育、下課、藝術、電腦或圖書館時間。
- 學生會努力贏得領導或其他地位的機會。這些包括：(1) 午餐排第一個；(2) 帶領全班同學上課；(3) 在圖書館幫忙；(4) 協助使用電腦；(5) 播放晨間公告；(6) 在輔導老師的支持下帶領社會技能課程。
- 學生會努力避免讓其覺得反感的活動。經教師許可，可以用以下方式作為增強物：(1) 免寫一次家庭功課；(2) 免除一次作業；(3) 跳過作業上的問題；(4) 上課時間可以做喜歡的活動。
- 購買遊戲或玩具時，請選擇可重複使用的，如桌遊、遙控車、iPad、Wii 或任天堂。這些項目都屬於前期需要投入金額，但可以一再重複使用。

八、摘要

以下是為 CICO 發展增強系統的建議摘要：

■ 評估學生偏愛的長期增強物。

■ 使用基線期資料評估標準的每日點數目標是否適合學生。

■ 考慮實施簽到／簽退的獎勵機制。

■ 確定是否會有短期和長期的增強物。

■ 確定用於管理長期獎勵的系統，例如信用卡系統。

■ 確定由誰提供增強物。避免長期拖延給予增強物，因為拖延會導致
學生的挫敗感並降低承諾。

■ 發展對積極參與 CICO 的教師增強系統。

CHAPTER **7**

選擇精準度和成效資料系統
引導CICO的決策

Robert H. Horner、K. Brigid Flannery、Angus Kittelman、
Mimi McGrath Kato、Leanne S. Hawken

K. Brigid Flannery 博士
奧勒岡大學的副教授／高級研究教授。她目前的工作重點是為有風險的學生和身心障礙學生提升其成功的學校表現。

Angus Kittelman 博士
奧勒岡大學研究單位——教育社區支持部門（Educational and Community Supports）的博士後研究學者。他的研究重點是 MTSS、執行科學和職業復健。

Mimi McGrath Kato
碩士，奧勒岡大學教育學院的高級研究員。在過去的十五年裡，她所有的贊助研究都集中在改善中學高風險青少年的表現。

90　　　　當管理 CICO 流程的團隊能夠以適當的形式（format）、在適當的時間，使用適當的數據做有效決策時，CICO 才是有效果和有效率的介入。本章的目的是回顧管理 CICO 的團隊做出的一系列決策以及影響這些決策的資料（data）類型。目標是提供行政人員和團隊成員在選擇資料系統和有效果及有效率實施 CICO 所需的決策工具的明確指引。

　　　　與 PBIS 的所有要素一樣（Horner & Sugai, 2015），資料的蒐集、總結和使用是 CICO 介入的「核心特徵」。資料應為團隊提供決策所需的資訊。當學校或學區選擇資料系統來支持 CICO 介入時，考量受這些資料影響的決策是有幫助的。表 7-1 摘要了實施 CICO 的團隊通常會提出的評估

92　　問題、與每個評估問題相關的決策，以及可用於解決問題的具體資料來源。學校或學區採用 CICO 的決定不僅需要規劃教職員工的專業發展，也需要規劃使 CICO 有效所需採用的資料工具和決策程序。我們的經驗是大多數學校已經擁有 CICO 所需的一些資料來源（如ODR 數據、FBA 程序）。補充內容通常包括：(1) CICO 精準度（fidelity）的正式評量；(2) 提名學生進入 CICO 介入的具體轉介表格（或流程）；以及 (3) 一個電腦應用程式，可以方便及有效地輸入 CICO 每日資料 （DPR），並產生總結DPR 資料的報告。在下面章節中，我們將回顧如何運用資料來解決評估問題和引導 CICO 決策的例子。基於兩個原因，我們從有關執行精準度的評估問題開始討論：(1) 因為學校在計畫和使用精準度來決定 CICO 的有效性最為困難；(2) 蒐集精準度資料需要時間，因為沒有網路版的應用程式可以用來蒐集這些資料；因此，學校團隊需要提前計畫誰將有效能地蒐集這些數據、多久蒐集一次、誰將檢查數據，以及如何確定有效性。然而，有許多資料來源和電腦應用程式可用於促進 CICO 學生的結果決策。我們使用「全校資訊系統」（School-Wide Information System, SWIS）（May et al., 2018）的摘要報告作為本章的範例，但我們知道任何產生類似資料輸出的電腦應用程式都是有效的。

■ 表 7-1　CICO 的決策、評估問題和資料來源

評估問題	決策／行動	資料來源
CICO 是否按計畫實施（高精準度）？	精準地實施 CICO，並制定一個行動計畫以糾正任何精準度缺失。	執行精準度測量（FIM） 分層精準度量表（TFI）（第二層級）
被選入 CICO 介入的學生是否符合選擇標準？	為 CICO 介入選擇的學生包括：(1) 接受第一層級 PBIS（包括班級經營）支持的學生；(2) 有兩個或兩個以上的 ODR；和／或 (3) 由教師、學生、行政人員或家庭成員提名。	轉介辦公室管教（ODR） 全面性的篩選工具（視情況而定） 教師／行政人員／家庭／學生提名
CICO 介入的學生是否有需要調整或補充支持？	確定 CICO 介入中需要更多幫助的學生。 **注意**：如果大多數學生不符合 CICO 介入的標準，大部分個案的挑戰會是執行基本版 CICO 介入的特徵，而非因應個別學生的調整。	達到標準的 CICO 學生比例 在過去四週，每位學生的 CICO 點數比例
在 CICO 介入持續掙扎的學生所遭遇的問題，是否可以依準確性程度來定義，並允許設計調整或補充支持？	問題準確性：對於 CICO 介入中持續掙扎的每位學生，用有效解決問題所需的準確性程度來定義他們的行為挑戰。 **注意**：結果包括準確的問題陳述及互競行為途徑。	在過去四週，每位學生在每一節課的 CICO 點數比例 簡易的行為功能評量（FBA） 學生引導（student-guided）的 FBA
對 CICO 的調整和補充是否與精確問題陳述的核心特徵一致？	問題的解決：選擇 CICO 介入調整和補充，以 (1) 調整情境預防問題；(2) 教導和提示適當的行為；(3) 盡量減少問題行為被獎勵的可能性；以及 (4) 根據理想行為的表現提高獎勵。	精確的問題陳述 行為支持計畫對 CICO 介入的調整和補充
學生是否成功從 CICO 案中褪除？	確定準備褪除 CICO 介入的學生，並實施褪除程序（protocol）。	在過去六或八週，每位學生的 CICO 點數比例

精準的執行 CICO

　　學校或學區團隊面臨的第一個決定是確定 CICO 是否如預期使用（有精準度）。在首次採用 CICO 時，還有此後至少每年一次，學校團隊都應評估 CICO 的核心要素是否如預期到位且按計畫實施。這種評量不需要很繁複，可以作為定期 PBIS 或 MTSS 領導團隊會議的一部分進行。如果發現問題或缺陷，那麼評量應產生一個行動計畫，以提高 CICO 精準度。有兩種有成效的方法可用來評量 CICO 精準度，第一種評量 CICO 精準度的方法是透過「分層精準度量表」（Tiered Fidelity Inventory, TFI）（Algozzine et al., 2014; McIntosh et al., 2017），為大規模、年度 PBIS 精準度評量的一部分。學校領導團隊利用 TFI 來評量第一層級、第二層級和（或）第三層級 PBIS 的實務和系統是否按照規劃使用。使用 CICO 的學校會聚焦於 TFI 的第二層級要素，例如第 2.6 項（增加對行為期待的教導，提升每日作息的結構，並增加成人回饋的機會）；第 2.7 項（將 CICO 與尋求成人關注作為增強的學生相配對）；和第 2.8 項（團隊獲得適當資料）。TFI 為每一層級提供了一個總結性分數（70% 通常作為達到精準度的標準；見圖 7-1）。第二層級的總分低於 70% 的學校，應仔細審視 TFI 的第二層級項目報告，並制定行動計畫以解決未實施或實施不佳的項目〔例如，假如團隊於第 2.8 項的得分（資料）為「未做到」（not in place），那麼團隊將在接下來的三個月內建立一個行動項目來解決這個問題〕。

　　第二種是更詳細的評量 CICO 精準度的方法，是使用專門為 CICO 設計的正式的「執行精準度測量」（Fidelity of Implementation Measure, FIM）（CICO-FIM；範例參見圖 7-2，空白副本參見附錄 F.1）。雖然尚未對該評量進行正式的心理計量測試（即信度和效度），但已證明它對實施 CICO 的學校很有幫助。FIM 由 12 個題目組成，評分 0＝未做到，1＝部

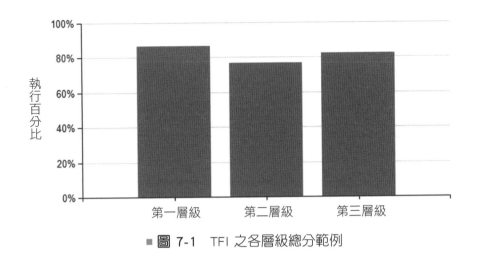

■ 圖 7-1　TFI 之各層級總分範例

分做到，2＝做到。這些題目評估 CICO 的機制（「CICO 的學生每天簽到」）和維持使用 CICO 所需的組織系統（「學校聘用了一位 CICO 輔導員……」）。FIM 產生一個整體的「總」分，但個別檢視每一個題目，在發展行動計畫以解決評分為「0」或「1」的項目時是最有幫助的。

關鍵訊息是，任何聲稱使用 CICO 的學校都將定期記錄精準度，並在需要時發展相關行動計畫以改善 CICO 的實施。有鑑於教育中的定期轉換和輪替，定期評估「核心特徵」是否到位，不僅是一項有用的專業發展活動，也是確保任何介入的關鍵要素可供學生所用。

第二節　挑選 CICO 的學生

實施 CICO 的團隊做出的第二個主要決定是確定哪些學生應該接受 CICO 的支持。大多數學校已經有資料系統來識別「有風險」的學生。正如第三章所述，一種方式是將任何有兩次或多次重大轉介辦公室管教（ODR）的學生視為 CICO 的潛在候選人。一個更可靠、更正式的方式是

學校：山頂中學　　日期：4/7　　前測：＿＿＿＿　後測：　✕

評估問題	資料來源 P＝永久產品 （permanent product） I＝訪談 O＝觀察		分數 0～2
1. 學校是否聘請了 CICO 輔導員來管理 CICO，且每週分配 10～15 小時）？（0＝沒有 CICO 輔導員；1＝有 CICO 輔導員但每週分配時數少於 10 小時；2＝有 CICO 輔導員，每週分配 10～15 小時）	訪談行政人員和 CICO 輔導員	I	2
2. 學校預算是否包含分配用於維持 CICO 的金額？（如增強物的預算、DPR 表格等）（0＝否；2＝是）	CICO 預算 訪談	P/I	2
3. 透過篩選、ODR 或被轉介到 CICO 的學生是否會在轉介一週內獲得支持？（0＝轉介與得到 CICO 支持之間的時間超過兩週；1＝兩週內得到支持；2＝一週內得到支持）	訪談 CICO 轉介和 CICO 開始日期	P/I	2
4. 行政人員是否在行為團隊中任職或定期審視 CICO 資料？（0＝沒有；1＝有，但沒有持續；2＝有）	訪談	I	2
5. 是否 90% 的行為團隊成員表示，每年都會對 CICO 介入進行教導／審查？（0＝0～50%；1＝51～89%；2＝90～100%）	訪談	I	2
6. 90% 接受 CICO 的學生每天都有簽到嗎？（隨機抽取三天的紀錄）（0＝0～50%；1＝51～89%；2＝90～100%）	CICO 簽到表格	P	2
7. 90% 接受 CICO 的學生每天都有簽退嗎？（隨機抽取三天的紀錄）（0＝0～50%；1＝51～89%；2＝90～100%）	CICO 簽退表格	P	2
8. 90% 接受 CICO 的學生是否報告說當他們達到每日目標時，得到了增強物（如口語或物品）？（0＝0～50%；1＝51～89%；2＝90～100%）	訪談參與 CICO 的學生	I	2
9. 90% 接受 CICO 的學生是否會定期收到教師的回饋？（隨機抽取三天內 50% 學生的 DPR）（0＝0～50%；1＝51～89%；2＝90～100%）	CICO 每日進展卡	I	2
10. 90% 接受 CICO 的學生是否收到了家長／照顧者的回饋？（0＝0～50%；1＝51～89%；2＝90～100%）	CICO 每日進展卡	P	0
11. CICO 輔導員是否至少每週輸入一次 DPR 數據？（0＝沒有；1＝一個月內 1 至 2 次；2＝每週一次）	訪談	I	1
12. 90% 的行為支持團隊成員是否表示每日的 CICO 資料會用於做決策？（0＝0～50%；1＝51～89%；2＝90～100%）	訪談	I	2
	總分＝21/24＝88%		

■ 圖 7-2　CICO-FIM 的計分準則

依賴標準化、全面性的篩選工具，也就是請教師就少數的核心行為模式對 93
學生進行評分。 全面性篩選工具，如「行為障礙篩選系統」（Systematic
Screening for Behavior Disorders, SSBD; Walker, Severson, & Feil, 1994）及
「社會技巧評量系統」（Social Skills Rating System, SSRS; Gresham &
Elliot, 1990）都可用，Kathleen Lane 和她的同事對這些工具做了很好的總
結（Lane, Menzies, Oakes, & Kalberg, 2012）。 這些工具可識別出教師認為
需要的不僅僅是第一層級支持的學生。

團隊用來確定學生需要 CICO 支持的第三個資料來源是教師、行政人
員、家長，甚至學生自己的提名（透過 CICO 轉介表）。請記住，此轉介 95
流程可以在學年團隊會議〔即有時稱為專業學習社群（professional learning
community, PLC）〕中啟動。值得注意的是，三種常用於識別學生的資料
形式（ODR、全面性篩選工具、本地提名）也可以一起使用。例如，學校
團隊通常從 ODR 資料或從教師提名開始，如果需要更多資料來影響團隊
決策，則可再添加全面性篩選的資訊或其他提名。

最後，即便是非正式的過程，我們鼓勵團隊思考讓 CICO 學生的提名
和進入 CICO 盡可能有效率的方式。管理 CICO 的團隊應為所有接受 CICO
支持的學生（例如，問題行為的程度和強度不會造成人身危險、喜歡獲得
成年人注意力的學生、在接受更高層次的結構化提示和正向回饋時可以更
成功的學生）制定明確的參與準則（guideline）。一旦界定明確參與 CICO
的標準後，CICO 輔導員在與監督介入的學校心理師或輔導老師協商後，
無須廣泛的審查或團隊會議，可快速地決定將學生納入 CICO 中（比如說
在兩天內）。教師應將 CICO 視為對自己和有風險學生可獲得有效幫助的
方式。

確認需要更多幫助的 CICO 學生

　　大多數管理 CICO 實施的行為支持團隊所負責接受 CICO 支持的學生，遠多於每週或每兩週一次的會議上可討論的學生數量。這個團隊需要一個流程，以確認哪些學生可從現有 CICO 支持中受益，以及哪些學生仍在繼續掙扎。在以下情況，團隊認為這些學生可能需要更詳細的被討論：(1) 他們沒有經歷一整天 CICO 循環的核心要素（早上簽到、教師回饋、下午簽退、家庭檢查）；或 (2) 他們正在經歷核心要素，但每日 CICO 總點數低於預期。

　　為了確認需要團隊聚焦討論的學生，我們建議查看學生平均每日點數的報告。該報告定義了一個區間時段（通常是最近的 30 個日曆天數），並產生了直方圖（histogram），總結出：(1) 每位學生所獲得 CICO 點數的每日平均百分比；(2) 每位學生的 CICO 資料的上學天數。圖 7-3 提供的模擬範例，是一所有 25 名接受 CICO 支持的學生的學校，在一個月內（11月）按學生報告的 SWIS 平均每日點數。請注意：(1) 每個長條顯示在 11月監測的日子裡，每位學生在每個上學日內所獲得可能的 CICO 點數的平均百分比；(2) 一條適用於所有學生 80% 目標的水平線（在本例中）；(3) 一個指數（index）顯示每位學生的 CICO 資料中實際上學天數（在每位學生長條的下方）。例如，艾利克（Alec Lexington）在 11 月份的 19 個上學日的 CICO 資料，平均每天獲 82% 的 CICO 點數。艾曼達（Amanda Franks）、布雷迪（Brandy Jones）和布魯斯（Bruce Gil）每個上學日的平均 CICO 點數百分比較低，但這些學生在 11 月僅有 1 天的 CICO 資料，因此需要更多時間接受 CICO，以進行有效決策。然而，布萊恩（Brian Bender）在 11 月有 18 天的 CICO 資料，但每天平均 CICO 點數低於目標。布萊恩為適合進行更詳細討論的學生。

96　　一個有效的行為支持團隊會議應該以一名團隊成員（即資料分析者）

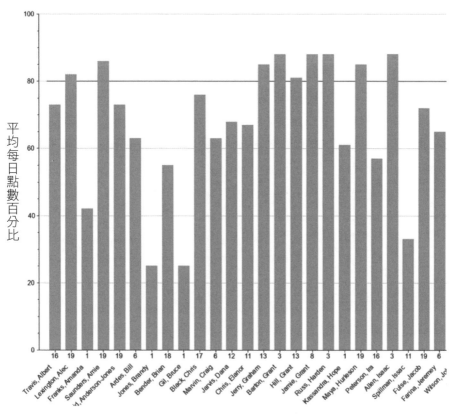

平均每日點數百分比

| 16 | 19 | 1 | 19 | 19 | 6 | 1 | 18 | 1 | 17 | 6 | 12 | 11 | 13 | 3 | 13 | 8 | 3 | 1 | 19 | 16 | 3 | 11 | 19 | 6 |

Travis, Albert
Lexington, Alec
Franks, Amanda
Saunders, Amie
I, Anderson-Jones
Ardes, Bill
Jones, Brandy
Bender, Brian
Gil, Bruce
Black, Chris
Marvin, Craig
Jarvis, Dana
Chris, Elenor
Jerry, Graham
Barton, Grant
Hill, Grant
Jamie, Grant
Russ, Harden
Kassandra, Hope
Maya, Hurleson
Peterson, Ira
Allen, Isaac
Spillman, Issac
Fulse, Jacob
Farina, Jeremey
Witson, Jo

■ **圖 7-3** 一所學校一個月內 SWIS 平均每日點數百分比的模擬範例，該所學校有 25 名接受 CICO 支持的學生

的報告開始，他的任務是在會議前檢閱 CICO 資料，幫助團隊慶祝在 CICO 上取得成功的學生，並且迅速轉向討論目前正在接受 CICO 但表現不如預期的學生（Todd et al., 2012）。團隊應為每位學生考慮的第一個問題是，他們是否按預期經歷了 CICO 循環（CICO cycle）。

認定學生未經歷 CICO 循環核心要素的一種方式是，當預期他們接受 CICO 支持的天數，超過學生報告上每天平均點數的天數。例如，艾曼達和布雷迪只有一天的資料報告，但行為支持團隊的成員知道，這兩位學生都是在 11 月才開始 CICO。然而，團隊也知道布魯斯已經接受五週以上的

CICO，而事實上他的報告只有一天的 CICO 資料，這表示他沒有領取他的 CICO DPR、沒有蒐集資料，或者沒有在一天結束時交回他的 DPR。關鍵訊息是布魯斯沒有經歷到 CICO 每日循環的關鍵要素。團隊問題解決需要關注如何為布魯斯改善 CICO 的程序要素，以便他更有可能遵循每日 CICO 循環〔即自我管理程序、領取 DPR 的正向簽到、各個課堂間（class-by-class）的自我評估、教師對達到行為期待的正向回饋、一天結束時可提供社會性獎勵與提示第二天的表現的簽退〕。布魯斯將成為會議討論的焦點，團隊在考慮其他改變之前，需要先考慮如何提高他在每日 CICO 循環的參與度的策略。

當行為支持團隊發現學生沒有經歷每日 CICO 循環的關鍵要素時，團隊還需要確認這是學生個人還是整個系統的問題。一個關鍵指標可能包括未經歷過每日 CICO 循環核心要素的學生人數。舉例來說，如圖 7-3 所示，如果超過 40% 的學生沒有持續達到他們的 CICO 每日點數目標，並且已經參與了 CICO 許多天，則該結果可能暗示著有系統問題（例如，如何引導學生、如何讓教師參與此一過程，或如何使用 DPR）。作為這個層級審查的一部分，團隊可能需要考慮：(1) 重新評估對學生和學校人員的 CICO 培訓程序；(2) 激勵／增強系統的有效使用；或 (3) 第一層級系統是否到位並非常精準的實施（即在教室張貼、教導和增強全校性的行為期待）。如前所述，用於決定 CICO 系統所關切問題的其他指標，包括完成 CICO FIM（圖 7-1）或使用 TFI（Algozzine et al., 2014），這可以讓團隊評估和監控在整個學年內分層行為系統（tiered behavior system）的執行精準度。

當行為支持團隊成員（如 CICO 輔導員）與個別學生會面以解決日常挑戰時，也可以藉此辨認是個別學生還是系統的問題。例如，假如學生沒有與 CICO 輔導員一致地完成早上簽到，輔導員可以找時間與學生會面（如在午餐或上課之前），以確認妨礙學生完成早上簽到的阻礙。如果學生在到達學校時忘記向輔導員簽到，CICO 輔導員可以和他們一起確定額

外的支持策略，以確保學生完成這些簽到。策略包括讓輔導員在公車站與學生碰面，或請校車司機提醒學生找輔導員簽到。如果多位學生難以完成他們的早上簽到，CICO 輔導員為此須調整每日 CICO 循環，則問題可能出在系統方面。例如，行為支持團隊可能需要重新評估如何訓練學生完成每日 CICO 循環，以及可能需要哪些額外培訓（如師生共同演練 CICO 循環、角色扮演、示範）。

另外，團隊還需要考慮為那些正參與每日 CICO 循環，但仍面臨行為挑戰的學生提供額外支持。圖 7-3 的資料建議，布萊恩符合這種描述，並且很可能是團隊重點討論的人選。他有 18 天的 CICO 資料，但他的 CICO 點數資料顯示挑戰仍然存在。行為支持團隊資料分析人員不僅會確認布萊恩的 CICO 點數水準（level）較低，也會在資料庫進行深入分析，以更準確地界定布萊恩的行為。對布萊恩而言，更準確界定問題的過程，意味著先要確定行為問題的模式是定期發生還是偶發性發生（例如：多日的行為問題 vs. 偶爾幾天的行為問題），以及行為問題是否發生在所有課程，或僅在某些課程。然後，團隊希望能更詳細地檢查資料，以確定布萊恩在做什麼而限制了他的 CICO 點數、這些行為問題在何時何地最有可能與最沒有可能會發生，以及維持他問題行為的可能後果（他得到或逃避的）。為了做好這項工作，資料分析人員和整個行為支持團隊需要取得有關布萊恩低落的 CICO 表現模式更詳細的總結資料。正確辨認 CICO 問題功能是支持團隊所面臨的下一個決策挑戰。

第四節　精確評量低落的 CICO 表現

有效的 CICO 資料系統能讓行為支持團隊（包括資料分析人員）透過對個別學生的 CICO 分數進行排序，來評估與低 CICO 表現的相關模式，首先按天數，接著再按照課堂數。圖 7-4 提供了布萊恩的每日 CICO 點數

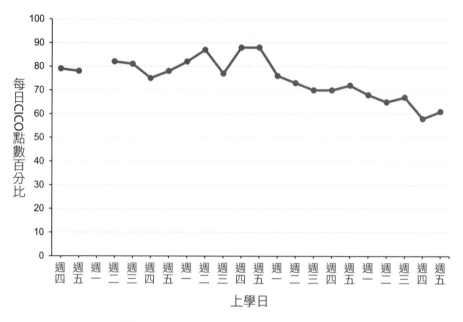

摘要，可以快速評估他是否多數有「好日子」，只有少數「壞日子」，或者他有持續的低 CICO 點數模式。圖 7-4 中，布萊恩的資料顯示了一些正向的日子（80% 以上），但呈現反覆出現挑戰的模式，並在過去兩週內呈現下降的趨勢。這些資料支持需要在 CICO 中增加或改變支持以幫助布萊恩。

　　確定布萊恩的行為在不同的課堂期間是否一致也很有幫助。在布萊恩的中學裡，通常每天有六堂課。CICO-SWIS 資料摘要對跨班級或跨課堂學生的 CICO 點數排序提供了一個簡單的流程。圖 7-5 總結了 11 月份布萊恩每節課的平均 CICO 點數。每個長條下方的兩組數字表示第幾節課（上面數字），以及該節課 CICO 資料的上學天數（括號內的下方數字）。根據圖 7-5 顯示的資料，團隊可以快速確定布萊恩的主要挑戰發生在第三節課。檢視圖 7-6 所顯示第三節課的每日 CICO 點數可證實此一假設。圖 7-5 和圖 7-6 中的資料證明，布萊恩在第三節課一直獲得令人無法接受的低水準 CICO 點

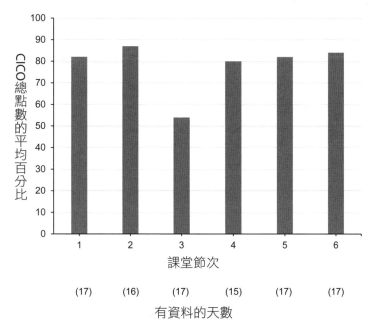

■ 圖 7-5　布萊恩各節課的平均 CICO 點數

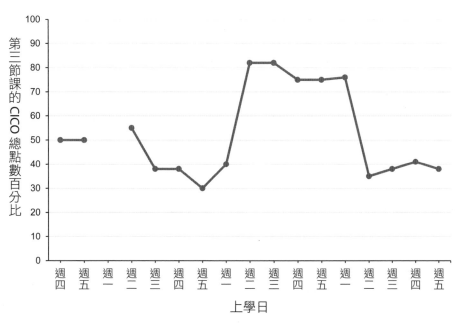

■ 圖 7-6　布萊恩第三節課的每日 CICO 點數

數。團隊現在可以利用這些關於布萊恩行為問題模式的知識，聚焦在第三節課的特定支持變數，以提高他的成功率。準確界定 CICO「問題」可提高學校團隊的能力，以發展實用和具體的解決方案（Horner et al., 2018）。

第五節 問題解決

根據他們對布萊恩問題行為的了解，以及圖 7-4 至 7-6 所提供的資料，CICO 團隊能夠形成一份確定布萊恩具體行為問題的陳述（亦即：是什麼行為、何時最可能和最不可能發生，以及維持行為的後果）。團隊最初的討論將聚焦於確定布萊恩在第三節課出現此問題行為時，他能獲得什麼或逃避什麼。有了這些資訊，團隊會與第三節課教師合作，建議對 CICO 流程進行細微的調整（例如納入同儕支持，或改變對正向行為認可的時間或讚賞的類型），抑或是決定他是否會從社會技巧小組或完整的 FBA 及獲得第三層級個別化支持中受益（更多細節請參見第八章和第九章）。一般的模式是利用員工對布萊恩、學校、教職員工和社會情境的了解：(1) 找出減少引發問題行為的事件的方法；(2) 教導布萊恩處理困難情況的社會和教育上的適當方法；(3) 提高布萊恩因正確行為所收到的認可和獎勵；(4) 減少行為問題被無意中獎勵的可能性；以及 (5) 繼續監控是否使用已計畫的支持程序以及它們是否有效。

第六節 讓學生逐漸從 CICO 支持中褪除

CICO 決策中一個未被重視的部分，是當學生成功時，如何從 CICO 的支持中逐漸褪除的過程。當學生的行為已經有所改善時，會有一種「讓事情處於現狀」的誘惑，而讓學生無限期地持續接受 CICO。這是一個合

理的選擇，但時間一久，將導致同時有太多學生接受 CICO 支持。 一般指導準則是教師在同一時間不應有超過三名 CICO 的學生。過多的學生參與 CICO，會降低團隊的效力，並挑戰教師的效率。

如果團隊擔心學生只是因為 CICO 支持而成功，一旦取消支持將導致學生重新出現不良行為，那麼要做出讓學生從 CICO 支持中褪除是困難的。 然而，這種關切與反射的擔憂是相對的。如果我們不培養學生未來成功所需的自我調節技能，我們只會把問題延後，並沒有真正的調整學生的社會和教育的成長軌跡。有鑑於褪除 CICO 支持的決定的複雜和重要性，我們將更詳細地討論此一決定。

就標準而言，如果學生在接受 CICO 六至八週後，他們表現出每天平均獲得 80% 或更多的 CICO DPR 點數，就可以考慮從 CICO 支持中褪除。請注意，團隊要取得前述資料的方式，應需透過構建一份每位學生的平均每日點數的摘要報告（圖 7-3），並將時間範圍擴展到兩個月。這個決定會受到學生表現的流暢性和一致性的影響，同時要考慮那些最了解該名學生的人的意見（如對一系列調節因素有所了解）。學生應在早上到校及班級教師那裡簽到，並可成功地提示和取得成人的回饋。

褪除 CICO 支持的第一步，是將 DPR 從僅由教師完成轉變為先由學生完成，再由教師確認。請注意，在高中階段，我們經常從這個過程中的這一點開始（但更多關注在自我監控技能的訓練）。在國中和小學的褪除過程中，讓學生首先取得教師回饋，以了解每位教師期待的標準，這通常是有幫助的。一旦學生學會了什麼行為是被期待的，將有助於教導他們自我監控和自我評估。使用 DPR，學生可以自我評估他們在達成行為期待上的表現，然後從教師那裡獲得回饋，這提供他們自我管理的額外訓練。為了資料的正確性，CICO 輔導員應只記錄教師在 DPR 上的評分，並分派點數。Flannery 和她的同事（Kittelman, Monzalve, Flannery, & Hershfeldt, 2018）正在開發和測試更進階的資料管理選項，讓 CICO 輔導員或團隊不僅可評估教師的評分，還可以評估教師和學生評分一致的比例（如學生在

自我管理技巧的精熟程度）。

為了鼓勵學生 DPR 評分的準確性，學生的評分與教師相同分數時，可以獲得小獎勵。例如，如果學生在四項全校性行為期待中給自己打了 2、2、1、2 分，而教師給出了相同的評分，則該學生可以獲得全校性的代幣或加碼。請注意，此獎勵的重點不是在絕對分數，而是正確的自我評估（與教師給出的分數一致）。一旦學生能夠可靠地評分自己的行為（即師生間達到 80%～85% 的一致性），則對準確性的獎勵可逐漸褪除，而對適當行為的獎勵可以重新恢復。

褪除 CICO 的第二步是去除教師評分的這個要素，這意味著教師提供評分的次數需逐漸減少。例如，在 CICO 褪除的第一週，教師會全天提供評分回饋。久而久之，可能只需要一、兩節課的教師回饋。褪除這個要素將給予教師更多的彈性來支持剛開始參與 CICO 的新學生。

除了褪除教師評分外，學生在 CICO 過程中的參與度也同樣可逐漸褪除。當學生學習自我評量自己的行為時，他們持續簽到、簽退和繳回 DPR。在學生學習評估自己行為的這段期間，CICO 輔導員仍持續蒐集、輸入和分析學生的 CICO 資料，此時的資料蒐集是非常重要的。CICO 資料將證明隨著 CICO 逐漸褪除，學生的行為是保持不變、改善還是顯著惡化。在行為逐漸惡化的案例中，團隊應該討論學生是否準備好自我管理。逐漸惡化的行為可能顯示現在取消 CICO 支持還為時過早，或者，這可能顯示 CICO 褪除過程尚未適當地向學生解釋或有效實施。

CICO 褪除的第三步是消除 DPR，但保留與 CICO 輔導員（或指定成人）的每日簽到和簽退。學生每天早上都會被詢問他們是否「準備好」，並要求他們在下午提供一天的總結。獎勵仍可用於簽到，但只蒐集上午和下午的簽到資料，以及透過學校資料系統提供的一般出缺席、行為和學業資料。在 CICO 逐漸褪除的這個階段，一個有用的提示是鼓勵學生在進入和離開課堂（或開始/結束課程）時跟任課教師簽到，但重要的是要讓學生明白，這種簽到是自願的且不那麼正式。我們的目標是讓學生參與一般

的學生與成人互動，但繼續接受他們認為有幫助的回饋和支持。學生應該褪除 CICO 的人為因素（如 DPR），但不應該褪除在學校得到補給（recruit）和獲得成年人支持的能力。

　　褪除 CICO 的最後一個步驟，是讓學生上午和下午的自願簽到。我們發現，即使在此過程開始後，學生持續簽到的情況也是很常見的，但他們可能會轉而向另一位大人簽到。在 CICO 運作良好的學校，有些學生喜歡 CICO 的支持，並正向地看待這個介入。另外有些學生可能會將褪除 CICO 視為一種懲罰，而非一種認可或進步。在最初對學生進行 CICO 培訓的流程時，和他們談談褪除是很重要的。此外，如前所述，我們發現為學生提供其他獲取成人關注的方式，如成為 CICO 輔導員的小幫手，能讓他們繼續感受到支持，而無需完全參與介入。

　　如果國中生或高中生想留在 CICO，他們可以繼續與 CICO 輔導員簽到和簽退（當然，除非額外簽到／簽退超出輔導員的負擔）。在國中或高中階段，因為學生會繼續使用 DPR 給自己評分，而不是占用教師的時間，所以繼續這種聯繫不應對行為支持團隊的資源造成不必要的負擔。儘管學生可以選擇繼續簽到和簽退，但行為支持團隊不再輸入、分析或回應數據。學生可以繼續與他們喜歡的人進行日常接觸，而不會給行為支持團隊帶來任何額外的工作量。這使得新學生可以開始接受 CICO。

　　褪除 CICO 的學生最後一個考量因素是這一學年還剩下多少時間。通常，最簡單的轉銜是在學年結束時停止 CICO。我們發現對許多學生而言，相較於實施自我管理的過程，不如把學年結束視為一個自然的褪除來得更為有效。屆時可舉行慶祝活動，並告知學生他們將以 CICO 校友的身分展開下一學年的學習。這種類型的自然褪除，對大多數在 CICO 上表現成功的學生很有效。有些學生在下一學年繼續需要 CICO 支持，如果 CICO 沒有達到它可以支持的最大學生人數，這個年終選項是可行的。假如已有 30 名學生參與介入，另外需要增加 3 名學生，那麼應該執行上述的褪除程序，以便 CICO 輔導員不會同時有過多學生而喘不過氣。

第七節　總結

　　本章的重點是問題解決和決策過程的類型，以提高 CICO 的成功率。首先釐清 CICO 改變學生行為的假定歷程。當學生不僅清楚行為期待的措辭（如：尊重），而且清楚這些詞語對課堂、走廊和校車上的行為意味著什麼，他們就更有可能以成功的方式行事。以正向的互動和高度可預測的時間表開始每天的每一節課的學生，他們比較有可能保持正向的行為和參與學習。當憤怒、無禮和不服從的行為無效時（即不會得到獎勵或可避免厭惡事件），這些行為也比較不會出現。

　　CICO 不是行為的萬靈丹，它是一種非常有效且易於實施的介入，可為許多（但並非所有）學生帶來顯著成果。值得注意的是，學生若有更嚴重的行為問題、重大心理健康和障礙挑戰，以及長期的行為問題，則可能需要更個別化和更密集的行為支持（儘管 CICO 可能是這些更密集支持的一部分）。

　　CICO 的成功在很大程度上取決於學校人員，特別是行為支持團隊，蒐集、總結和使用資料以進行有效決策的能力。我們在數千所學校實施 CICO 的經驗顯示，要求團隊採用 CICO，卻沒有對團隊提供定期、準確和統整的資料，會降低介入的潛在價值和有效性。儘管有許多電腦應用程式和資料總結的程序會很有效，但我們強烈鼓勵任何採用 CICO 的學校，安排的資料系統需要具備表 7-2 中所總結出的特徵。

　　CICO 是一項以證據為本位的介入，用於提升有風險青少年的自我調節和行為成功。CICO 的核心要素是蒐集、總結和使用資料來進行決策。採用 CICO 的團隊，當他們接受培訓，並提供他們可引導團隊會議和形成團隊問題解決的有效率和有效資料系統，將可非常成功地實施 CICO。

103

104

資料系統特徵	標準
學生資料建立的便利性。	CICO 的學生資訊應直接從全校資料系統中傳輸。
每日輸入每位學生 CICO 資料的便利性。	當使用電子化應用程式時，CICO 資料會自動上傳，或者每天由學校人員以最少但在特定的時間輸入。
取得每位學生的平均每日 CICO 點數：這些資料將用於確認需要更多幫助的學生。	團隊可以在一分鐘內製作出每位學生平均每日 CICO 點數的圖表（graph）。
取得每位學生每個上課日的平均 CICO 點數：這些圖表將用於評估問題行為模式的一致性。	團隊可以在一分鐘內製作出每個上課日的平均每日 CICO 點數。
取得學生每節課的平均 CICO 點數：此圖表用於評估不同課程時的問題行為模式。	團隊可以在一分鐘內製作出每位學生每節課的平均每日 CICO 點數。
取得學生在一節課時的 CICO 點數百分比：這些資料用於確認是否需要針對特定課程進行介入。	團隊可以在一分鐘內製作出每位學生每節課的平均每日 CICO 點數。

CHAPTER 8

調整基本版CICO

在第三章，我們介紹了基本版 CICO 的特點和實施步驟。透過對介入程序以及每日進展卡（DPR）進行一些細微的調整，可以將基本版的 CICO 加以修改，以針對除了頻繁發生的輕微不當行為以外的其他各種行為。我們強烈建議，學校在發展和實施調整版本的 CICO 之前，要先設計和實施基本版 CICO。其原因如下：第一，學校需要適應基本版 CICO 模式，並解決學校中任何可能阻礙在大多數學生身上發揮效果的介入的系統性問題。正如我們在前面章節中提到的，如果 70% 接受 CICO 介入的學生沒有好轉，那麼學校需要檢查系統特徵（如簽到、教師回饋、簽退），以解決任何執行上的問題。第二，一旦學校成功地實施了基本版 CICO，教職員通常已經接受了這項介入，那麼會更願意將其運用於其他類型的行為問題。在對於有外向性行為的學生身上成功使用 CICO 的經驗，將有助於團隊形成調整基本版 CICO 的行為動能（behavioral momentum）。

此外，在對基本版 CICO 進行任何修改之前，學校需要確保正精準地實施介入，並達到了想要的結果。我們看到的最大錯誤，是學校將 CICO 視為一種簡單的介入，很快就調整其中的核心特徵。在他們調整 CICO 時，往往會設計個別化的 DPR 以及其他特徵來滿足學生的特定需求，從而經常失去了介入的效率。為了成功增加對 CICO 的調整，在實施基本版 CICO 時確保執行精準度是非常重要的。為了保持效率和精準度，在調整 CICO 時，學校也應該使用系統化歷程。對於每個 CICO 的調整版本（如用於學業或組織技巧的版本），學校應發展學生的篩選標準，決定如何測量學生的進步，並且使用一個全校通用的 DPR 來記錄目標行為。正如我們在第三章的討論，對所有學生的期待應是相同的。在這種情況下，對目標行為的相同期待有助於確保介入的效率和可行性。學校應該為每個調整的 CICO 版本發展通用的 DPR，如此一來，所有接受特定版本 CICO 的學生會使用相同的 DPR，而不是為每個學生發展個別化的 DPR。

本章的目的，在於概述如何對基本版 CICO 進行調整，以擴大可用 CICO 介入解決的行為類型。具體來說，我們將討論 CICO 可以調整的程

度，以針對下列幾種類型的行為：(1) 學業和（或）組織技巧；(2) 缺勤和遲到；(3) 下課時間的行為問題。我們還將探討如何對 CICO 進行調整，使其適用於更大的範圍，包括對小學生低年級階段和學齡前學生。此外，我們將在後續章節繼續討論 CICO 的另外一項調整，即針對有內向性行為問題學生的調整，如焦慮、抑鬱或退縮症狀。更詳細的實施說明，以及對 CICO 應用於內向性行為問題研究的回顧，將在第十二章中介紹。

第一節　學業或組織技巧版本 CICO

基本版 CICO 針對的是有外向性行為問題的學生，包括具有爆發性行為（acting out）、破壞／干擾、違抗和其他類似行為。通常會根據 ODR 將這些學生確認為有風險。還有另外一些學生，由於缺乏組織能力無法有效應對學業環境，從而被認為有風險和處在困境中。他們可能是（也有可能不是）身心障礙學生，例如，患有注意力缺陷過動症（ADHD）的學生，或者很難跟上學業環境要求的學生。儘管這些學生通常不會表現出爆發性的行為，但他們可能會課業落後、難以獲得學分（如果是在高中），並且成績表現不佳。這些學生面臨的挑戰可能會導致後續進一步的學業困難，並增加進一步出現行為問題的風險。因此實施介入，以支持組織和（或）學業技巧不佳的學生非常重要（Algozzine, Putnam, & Horner, 2010; Kittelman et al., 2018）。

調整 CICO 以支持學業與組織技巧涉及到的調整較小，這些調整主要與 DPR 有關。首先，可以修改 DPR 的期待，以使其更具體的指向學業與組織行為，例如尋求協助、完成作業、保持專注和準時繳交家庭作業（Turtura, Anderson, & Boyd, 2014）（參見圖 8-1，是一個小學階段的學業／組織的 DPR 範例）。而對於年齡較大的學生，尤其是中學生和高中生，可以在修改 DPR 時預留一定的空間以記錄與作業有關的訊息，例如完成

作業所需的材料、作業的截止日期，以及對作業的簡要描述等（參見圖8-2，是一個中學階段的學業／組織的 DPR 範例）。這種作業追蹤（assignment tracker）的設計可以添加在 DPR 頁面的背面，以便提供更多的空間做記錄，而且學生透過每天完成作業資料登記就有機會獲得一定數量的點數。在 DPR 中的行為期待，可以和基本版 CICO 一樣（尤其是對於有輕微不當行為的學生而言），也可以像小學範例中所示，是針對學業／組織能力方面的期待。針對學業和組織技巧的調整版 CICO 的每日實施過程和基本版也是一樣的，每天學生要向輔導員簽到和簽退，並在一整天的指定時間接受回饋。

107

一、如何篩選學生接受學業／組織技巧版本 CICO？

學校可以發展根據資料做決策的規則，以決定哪些學生有資格接受這種形式的 CICO。截至本文撰寫之時，只有一項研究檢視對 CICO 進行類似的調整以支持學生的學業和組織技巧（Swain-Bradway, 2009），但該研究在學校實施時並沒有對學生進行學業的普篩（universal academic screening）。因此，目前尚未有明確的篩選標準或切截分數可用於決定哪些學生將從這類 CICO 中受益最大。但是，已有不少學校實施了這一類型的 CICO 並表示獲致成效。基於上述，鑑於許多學生可以適用於學業／組織技巧的 CICO，所以學校需要制定自己的標準以決定誰接受此類介入。學校可能會選擇一些指標來確定哪些學生需要這一類 CICO，包括：未完成作業量達到一定比例、第一學年期中時在至少一門課／科目的成績不及格、有缺乏組織技巧的證據（如：筆記本或書包雜亂無章，而且經常找不到作業）、較輕微的出勤問題、課堂上的分心問題（如：未能完成課堂任務、上課睡覺、說話）（Swain-Bradway, 2009）。表 8-1 列出了一些風險因素，這些因素可幫助學校判斷哪些學生可能適合使用這種調整版的 CICO。

109

翱翔卡
成就與責任的總結
（Summary Of Achievement & Responsibility）
「看我翱翔！」

姓名：＿＿＿＿＿＿＿＿＿＿＿＿　　日期：＿＿＿＿＿＿＿＿＿＿＿＿

時段	遵守指令	完成任務或尋求協助	專注	備好學習材料	繳交家庭作業	
早上休息前	２１０	２１０	２１０	２１０	２１０	
早上休息後	２１０	２１０	２１０	２１０	２１０	
下午休息前	２１０	２１０	２１０	２１０	２１０	教師簽名
下午休息後	２１０	２１０	２１０	２１０	２１０	
總點數	/8	/8	/8	/8	/8	

今日總點數：＿＿＿＿＿　　目標：＿＿＿＿＿%　　今日：＿＿＿＿＿%

2＝優秀：能夠持續遵守規則。在 80%～100% 的時間裡，只需要 1 次或很少的提醒。	1＝尚可。在絕大多數時間裡可以遵守規則。在 60%～79% 的時間裡，需要 2 到 3 次提醒。	0＝不佳。很少或沒有遵守規則。在 0～59% 的時間裡，需要 3 次以上的提醒。

成功之處：＿＿＿＿＿＿＿＿＿＿＿＿＿＿＿＿＿＿＿＿＿＿＿＿＿

輔導員簽名：＿＿＿＿＿＿＿＿＿＿＿＿＿＿＿＿＿＿＿＿＿＿＿＿

家長簽名：＿＿＿＿＿＿＿＿＿＿＿＿＿＿＿＿＿＿＿＿＿＿＿＿＿

■ 圖 8-1　學業／組織行為版本 CICO──小學範例

甘迪迪卡

姓名：　　　　　　　　　日期：

時段	帶課堂物品	專心學習且不打擾他人	馬上遵守指令		作業記錄和回饋	教師簽名
1	2 1 0	2 1 0	2 1 0	作業： 哇！		
2	2 1 0	2 1 0	2 1 0	作業： 哇！		
3	2 1 0	2 1 0	2 1 0	作業： 哇！		
4	2 1 0	2 1 0	2 1 0	作業： 哇！		
5	2 1 0	2 1 0	2 1 0	作業： 哇！		
6	2 1 0	2 1 0	2 1 0	作業： 哇！		
目標：___%	總計：___/36＝___%			作業記錄：目標___% 總計___/6＝___%		

家長簽名：

■ 圖 8-2　學業／組織行為版本 CICO——中學範例

■ 表 8-1　學業／組織行為調整版 CICO 要考慮的風險因素

- 平均學業成績（GPA）
- 在期中考試中有至少一個科目／課程不及格，且主要與沒有完成作業有關
- 課堂作業完成率百分比
- 家庭作業完成率百分比
- 缺少的學分數
- 頻繁遲到或缺席
- 在課上的不學習行為（off-task）（如睡覺、玩手機、講話）
- 可觀察到的無組織行為（如筆記本／書包亂糟糟、經常把作業本弄丟或放錯位置）

二、測量進步情形

　　在學業與組織技巧版本 CICO 中，對進步的測量方式與基本版非常相似，但也可以包括額外的方式以評量學生對介入的反應。DPR 中的點數百分比可以作為一項進步監控工具，以評量學生在這個版本 CICO 中的進步情形如何。此外，還有其他幾項測量值可以用於評量介入前後的成效，例如，學生在每學期的平均成績（GPA）。但是，根據學生接受介入的時間長短，一個累計性的 GPA 分數可能靈敏性會不夠，不足以反映學生的變化。更具敏感性的前後測測量可能包括：學生課堂作業的完成率、繳交家庭作業的百分比，以及其他評量分數的平均值。

　　需要特別注意的是，對於那些正在學業上苦苦掙扎的學生，**僅靠 CICO 並不足以改善他們的學業表現**，尤其對於那些在學業內容上有明顯困難的學生來說更是如此。在他們感到困難的學科領域需要有研究為基礎的教學，並可能需要給予更密集的介入，才能改善他們的學業表現。針對學業與組織技巧的 CICO，其目的在於讓學生能跟上（track）作業，並在作業完成以及在課堂學業參與行為獲得更多的回饋。尤其是對於那些學習困難似乎更多的是與學習內容有關，而不單單是組織或參與問題的情況時，CICO 可以結合學業性的介入。在後續的第九章中，將進一步詳細介

紹如何將介入（包括學業介入）納入基本版 CICO 中。

第二節　針對出席行為的 CICO

　　有些學生是由於他們的出席問題被指出是有風險的。曠課天數超過 15% 的學生，會有較高的風險出現以下行為，包括：表現出破壞性行為、經歷焦慮和（或）憂鬱、學業困難、被留級、輟學以及捲入刑事司法系統（Skedgell & Kearney, 2018）。基於這些風險因素，學校應該優先對缺課天數 10%～15% 的學生實施第二層級介入，對缺課天數超過 15% 的學生實施第三層級介入（Skedgell & Kearney, 2018）。那些因為上學遲到或蹺課（在中學階段）而經常缺課的學生，也應該被視為是有風險的。基本版 CICO 原本就有針對學生的外向性行為問題和出席行為，但是對於那些經常缺席、長期到校遲到，或在特定的課遲到的學生，對學生出席行為的 CICO 可能更適切。

　　在小學階段，針對出席行為的 CICO 中，包括讓學生每天早上找 CICO 輔導員簽到，以確保他有準時到校並做好當天的準備。在與我們合作過的學校中，為出席所做的簽到可以使用紙筆形式的表格（如圖 8-3），或可以使用 Google 文件格式並讓學生在 iPad 上簽到。圖 8-4 是與我們合作過的其中一所學校所使用的電子表格截圖。使用 iPad 簽到會有每個學生簽到的時間戳記，其可用於測量準時行為。針對出席行為的 CICO 目的之一，在於增加學生的在校時間。即使學生沒有缺席一整天，每天缺課 10 到 20 分鐘也會影響學業表現。

百惠小學
出席與遲到的簽到簽退表

學生：＿＿＿＿＿＿＿＿＿＿＿＿ 教師：＿＿＿＿＿＿＿＿＿＿＿＿ 日期：＿＿＿＿＿＿＿＿＿＿				
			到達時間	缺席分鐘數
週一	非常好！			
週二	非常好！			
週三	非常好！			
週四	非常好！			
週五	非常好！			

總計：＿＿＿＿＿＿＿＿＿＿

本週＿＿＿＿＿＿＿＿＿＿% 家長簽名＿＿＿＿＿＿＿＿＿＿＿＿

■ **圖 8-3** 針對出席的 CICO 之 DPR——小學的範例

出席與遲到的簽到簽退表

*必填
你的姓名*
[＿＿＿＿＿＿＿＿]

你的年級*
○ 幼兒園
○ 1 年級
○ 2 年級
○ 3 年級
○ 4 年級
○ 5 年級

[Submit]
Never submit passwords through Google Forms.

Powered by
📄 Google Forms

This content is neither created nor endorsed by Google.
Report Abuse - Terms of Service - Additional Terms

■ **圖 8-4** 針對出席的 CICO 之電子化 DPR——小學的範例

110　　　在本文撰寫之前，尚未有研究評鑑將 CICO 進行調整運用於支持中學或高中階段學生出席行為的有效性。然而，這種對 CICO 的調整，很有可能對促進中學階段學生出勤以及減少其遲到行為是有效的。原因在於這種

111　介入策略可以成為建立師生之間溝通的橋梁、成為培養師生關係的基礎，並且可以幫助學生對自己的行為負責，這些方面與基本版 CICO 是相似的。對於有興趣調整 CICO 應用於出勤和遲到問題的學校來說，應注意在方案中加入具有高度激勵效果的增強物。增強物對介入是否成功至關重要，因為介入需要與其他具有高度增強效果的後效（contingency）相競爭，例如透過逃課或遲到獲得與朋友的社交時間、逃避不喜歡（nonpreferred）的課堂等。

　　　在中學環境，學生可能出現難以按時到校，也可能會有較高的遲到率，或在一天中蹺掉某些特定的上課時段。為了使 CICO 適合中學環境，並且確保即使在學生缺席時也能持續追蹤，我們建議使用電子化 DPR。在電子化 DPR 中，應該包括對學生一整週內每天是否出席、遲到或缺席進行評分的欄位。可以透過在 Google 雲端硬碟中的試算表或文件創建電子化 DPR 表格，以方便學生的所有教師和 CICO 輔導員共享。學生可以在星期一早上找 CICO 輔導員簽到，屆時輔導員可以幫助學生訂定出席和準時到校的目標，並提醒他們正在為了提高出勤率努力的具體行為是什麼。學生可以在紙本 DPR 上自我評估他們的出席和遲到情況（參見圖 8-5），而教師可以使用電子 DPR 對學生每天每堂課的出席和準時行為進行評分。

　　　為了方便實施，每個上課時段（class period）中可以使用一套評分系統，0 分表示學生缺席、1 分表示遲到、2 分表示準時上課。在一週結束時，學生可以向 CICO 輔導員簽退，輔導員協助學生判斷他們是否達到目

112　標，並提供學生選擇的增強物。CICO 輔導員還要從學校的出勤辦公室（attendance office）取得學生的每週出席報告，以核驗 DPR 的評分。

我可以準時！

學生：_____ 　　　週次：_____

	第 1 節	第 2 節	第 3 節	第 4 節	第 5 節	第 6 節	% P*	%O-T*
週一	0 1 2	0 1 2	0 1 2	0 1 2	0 1 2	0 1 2		
週二	0 1 2	0 1 2	0 1 2	0 1 2	0 1 2	0 1 2		
週三	0 1 2	0 1 2	0 1 2	0 1 2	0 1 2	0 1 2		
週四	0 1 2	0 1 2	0 1 2	0 1 2	0 1 2	0 1 2		
週五	0 1 2	0 1 2	0 1 2	0 1 2	0 1 2	0 1 2		
% P								
%O-T								
0＝缺席；1＝遲到；2＝準時到教室								

*% P＝有到教室的時間段比例；%O-T＝準時到教室的時間段比例

目標： 出席：至少有＿＿＿% 的時間到教室 準時行為：至少有＿＿＿% 的時間準 時到教室	進步情形： 本週出席為 ＿＿＿ % 目標達成與否？ 本週準時到教室為 ＿＿＿ %
學生簽名：	輔導員簽名：

■ **圖 8-5**　自我評量出席行為的 CICO DPR──中學的範例

一、如何篩選學生接受出席行為的 CICO？

　　針對出席行為的 CICO 與基本版 CICO 非常相似，也需要將其視為一種適合於有風險群學生的第二層級介入。從開學的第一個月開始，根據學生缺席或遲到天數的比例，可以確定學生是否因出席行為需要 CICO。如果學生缺席的天數為到校日的 10%～15%，或每週遲到約一天，會是適合

接受 CICO 的學生。在中學階段，到校日或上課遲到比例為 10%～15% 的學生，或在課堂上遲到率在 10%～15% 左右，以及更高的一些學生，可能會受益於出席行為的 CICO。對於長期缺席、缺席時數超過 15% 的學生，或每天逃課的學生，可能需要更密集的介入，例如家訪、包裹式的服務（wraparound service）。對於剛開始表現出出席行為問題的學生來說，出席行為 CICO 是最適合的（Kladis, Hawken, & O'Neill, 2018）。

二、測量在出席行為的 CICO 進步情形

學校可以使用幾項不同的指標來測量學生在出席行為 CICO 的進步情形，具體來說，這要取決於學生是如何被識別為有風險的學生，以及是否適合這個介入。對於會缺課一整天的學生來說，可以比較他們在 CICO 介入前後的出席率。對於在小學階段中既有缺席又會遲到的學生，學校可以同時檢核學生一整天的缺席情況，以及缺勤天數的百分比。圖 8-6 提供了一個範例，說明如何將這兩種數據呈現在同一張圖表中。缺課天數百分比是將一週內全勤的總分鐘數減去該學生因遲到而缺課的分鐘數，然後將結果除以全勤總分鐘數而得出。例如，如果通常情況下一天在校時長是 375 分鐘，那麼一週五天的在校學習時長為 1,875 分鐘。如果學生缺席了一整天，那麼學生在這一週為缺課 20%（[375/1,875] × 100）。可以用學生在一週內缺席天數的百分比，以及缺席一整天的天數這兩個資料來繪製圖表。從圖 8-6 學生蓋姐的遲到和出席資料可以看出，在介入之前她的週缺課天數百分比平均為 21.1%；在第 11 週開始實施出席行為 CICO 後，缺課天數的百分比下降到平均每週 2.9%。

在中學有幾種方式可以評量學生在出席行為 CICO 的進步情形。首先，如果在該版本 CICO 所使用的 DPR 中，包括了數字等級評分（如圖 8-2 中的 DPR 所述），可以用和基本版 CICO 一樣的方式來評鑑學生的進步，及計算學生 DPR 的總點數。分數越高，代表學生更頻繁的出席和準時進教室。可以用每日或每週為單位，將這些資料繪成圖表。另外，也可

以用同樣的方式，繪製學生出席或準時上課的百分比（如圖 8-6）。在這種格式下，左側的 y 軸可以調整成學生出席課堂的百分比（the percentage of classes attended），右側的 y 軸可以調整為反映學生遲到多少節課或者節數所占百分比。

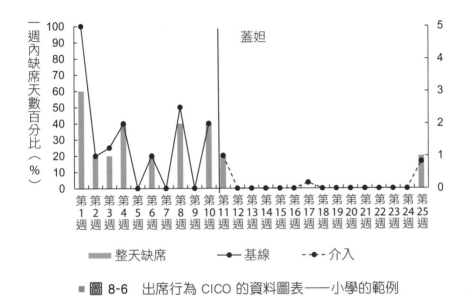

■ **圖 8-6** 出席行為 CICO 的資料圖表──小學的範例

第三節　下課時間的 CICO

　　通常在課堂環境下表現出輕微行為問題的學生，很適合使用基本版 CICO。我們強烈建議學校**不要**把非結構化環境的 DPR 當作學生的紀錄，因為在這樣的情境，通常沒有足夠的監督來為學生提供有意義的紀錄回饋，激發學生行為的改變。然而，有些學生的困難只出現在下課時間的操場上，在這種情況下，也許就可以適用下課時間的 CICO。本節我們將介紹 CICO 針對下課時間的行為問題介入。下面的第一個方案適用於只在下

課時間出現行為問題的學生，第二個方案是需要基本版 CICO，也同時在下課出現行為問題的學生。

一、只針對下課時間的 CICO

為了把 CICO 調整為只針對下課時間發生的行為，需要發展一個專門針對下課時間的行為期待之 DPR（如圖 8-7 所示的範例，是一所學校用於午餐時間段的 DPR）。學校可以決定是否要將額外下課時間列入 DPR，不同於其他版本的 CICO 是每日的 DPR，針對下課時間的 DPR 可包括在校一週的每一天，對學生的期待列於 DPR 上方，學生在每個下課時間的行為通常由教學助理評量，該人員需要接受如何向學生提供回饋的培訓。第四章的內容，可用於指導學校了解這樣的訓練應該包括哪些特徵。

下課時間的 CICO 包含一早進行的簽到，讓學生可以獲得適當行為的提示；與一整天最後的簽退，以用於討論學生的進步情形。在與學校合作實施時課下間 CICO 的過程中我們發現，當教學助理能在下課前給予 DPR，並且提示適當行為的情況下，學生有可能成功地達到下課期間的行為期待。另外，我們遇到很多學生，被要求在負責監控操場的成人周圍就近玩耍。要教導學生，在下課剛開始時先要將 DPR 交給這個負責的大人，並且在一定的區域內玩耍，以便負責人可以在下課結束時對他的行為給予評分。

二、結合基本版 CICO 與下課時間的 CICO

如前所述，對於基本版 CICO 而言，我們建議學校不要將非結構情境（如午餐或下課）放到 DPR 中。因為大多數學校在這些情境中沒有監督，以提供 10%～15% 接受 CICO 的學生有意義的回饋。正如我們所描述的，為下課時間所設計的 CICO 只針對那些在下課出現問題行為的學生，與學校合作的經驗，我們發現學校有可能在下課也為一小部分接受基本版 CICO 介入的學生提供支持。在這種情況下，我們建議在下課時間使用單

翱翔卡
成就與責任的總結
「看我翱翔！」

姓名：_____　　　日期：_____

時間	尊重他人	保持安全	行動前先想想	每日總點數	每週總點數
週一	2 1 0	2 1 0	2 1 0		
週二	2 1 0	2 1 0	2 1 0		
週三	2 1 0	2 1 0	2 1 0		
週四	2 1 0	2 1 0	2 1 0		
週五	2 1 0	2 1 0	2 1 0		

目標：_____

2＝優秀：能夠持續遵守規則。在 80%～100% 的時間裡，只需要 1 次或很少的提醒。	1＝尚可。在絕大多數時間裡可以遵守規則。在 60%～79% 的時間裡，需要 2 到 3 次提醒。	0＝不佳。很少或沒有遵守規則。在 0～59% 的時間裡，需要 3 次以上的提醒。

成功之處：_____

_____

_____

輔導員簽名：_____
家長簽名：_____

■ 圖 8-7　針對下課時間 CICO 的 DPR

獨的 DPR，並且將其分數納入學生的整體 DRP，而不是改變基本版 CICO 的全校通用 DPR 的內容。圖 8-8 提供一個同時使用基本版 CICO 和下課時間的 CICO 學生的範例。全校性期待的目標為：尊重、負責、管好自己的手腳和物品，並且在 DPR 表格上方列出學生接受回饋的三個下課時段。學生除了在校期間使用基本版 CICO 的 DPR 之外，還會額外使用下課時間的 DPR。

高地小學

	早上下課	中午休息	下午下課
尊重	2　1　0	2　1　0	2　1　0
負責	2　1　0	2　1　0	2　1　0
管好自己的手腳和物品	2　1　0	2　1　0	2　1　0

下課時間的 CICO

教職員簽名： ＿＿＿＿＿＿　＿＿＿＿＿＿　＿＿＿＿＿＿

■ 圖 8-8　基本版 CICO 結合下課時間的 CICO

三、如何篩選學生接受下課版 CICO？

透過查看轉介辦公室管教（ODR）的具體細節，可以找到需要下課版 CICO 的學生。對於大部分 ODR 是來自於下課時的不當行為的學生，很適合接受只針對下課時間的 CICO。在學校的一整天中，以及下課期間都經常發生 ODR 的學生，則適合接受基本版 CICO 加上下課版 CICO。除了 ODR 資料，學校可能也希望基於成人在下課間的觀察實施轉介制度，以因應學生經常有不當行為，但通常不會導致 ODR，不過其嚴重性是需要介入的。

四、測量在下課版 CICO 進步情形

　　我們可以使用與基本版 CICO 相同的程序測量和評鑑學生在下課版 CICO 的進步情形。可以每天或每週為單位，將學生 DPR 點數百分比繪製圖表以評鑑在介入開始執行後學生是否獲得更多的點數。同樣，對於在基本版 CICO 之上還接受下課版 CICO 的學生，我們建議對下課版 DPR 的資料圖表的繪製以及評鑑也用一樣的方法，並且要和基本版 CICO 的 DRP 資料分開。分別評鑑這兩個版本的 CICO 是非常重要的，因為學生的行為可能在其中一種情境下有進步，但在另外一個情境下沒有。如果將下課時間 DPR 點數和基本版 DPR 點數一起計算，會人為地降低學生的點數，這可能會阻礙學生對基本版 CICO 介入的動機和投入，尤其是當他們確實在教室裡有持續進步但在下課間卻未如此時。

第四節　學前與小學低年級學生的 CICO

一、針對學前學生的 CICO

　　學前階段的學生不算太小，他們也能從 CICO 中獲益。在兒童早期針對兒童不當行為實施 CICO，有利於他們的行為和社交技巧的發展，這些能力對他們在幼兒園和小學階段獲得成功至關重要。在學前階段實施 CICO，主要的調整包括對 DPR 的微調，以及每日簽到簽退的流程。圖 8-9 提供了一個在學前情境下如何建構 DPR 的例子。在該 DPR 中所列出的是園所的或個別學前教室內的行為期待，而非全校性的期待。為了提供尚未識字的學齡前兒童額外的支持，在說明行為期待時加入圖片是很有幫助的。不同於中小學環境經常使用數字等級評分系統（如 0、1 和 2），學前階段 DPR 可以使用難過、中性或笑臉的表情圖案來對應這些評分等級。有些幼兒園則偏好使用顏色編碼系統，如綠色、黃色或紅色。由於需

姓名：_____

日期：_____

目標 ☺☺☺☺☺☺☺☺☺

每日目標是否達成？□是　□否

目標	角落時間	團討時間	點心時間	小團體	戶外遊戲
管好自己的手腳、物品	☺☺☹ 一樣／不一樣 ☺	☺☺☹ 一樣／不一樣 ☺	☺☺☹ 一樣／不一樣 ☺	☺☺☹ 一樣／不一樣 ☺	☺☺☹ 一樣／不一樣 ☺
向他人說好話	☺☺☹ 一樣／不一樣 ☺	☺☺☹ 一樣／不一樣 ☺	☺☺☹ 一樣／不一樣 ☺	☺☺☹ 一樣／不一樣 ☺	☺☺☹ 一樣／不一樣 ☺
立刻遵守指令	☺☺☹ 一樣／不一樣 ☺	☺☺☹ 一樣／不一樣 ☺	☺☺☹ 一樣／不一樣 ☺	☺☺☹ 一樣／不一樣 ☺	☺☺☹ 一樣／不一樣 ☺

■ 圖 8-9　學前學生 CICO 的 DPR

要列印成彩色的 DPR 而不是黑白的，這種用顏色編碼的評分系統會增加複製成本。為了降低複印的成本，教師可以用綠色、紅色或黃色蠟筆在黑白表格上塗色，以顯示兒童在該時間段的表現。除了用笑臉評分系統外，圖 8-9 中的 DPR 還包括一個模範，讓學生了解哪種評分是所期待的。學前階段的學生正在練習配對技巧以及「一樣」和「不一樣」的概念。該圖中有笑臉的模範，這樣教師就可以問學生所給予的評分和模範笑臉「一樣」還是「不一樣」。

調整 CICO 的每日流程使其符合幼兒園的情境。在學前階段，學生可以和自己班級的教師或助理人員簽到和簽退，而不是另外的 CICO 輔導員。如圖 8-9 所示，在 DPR 表格上方，是幼兒園情境下一天中的各種時段（如戶外遊戲、點心時間）。如同基本版 CICO，學前兒童應該在一天中已經設定好的自然轉換的時間點，得到班級教師或助理的回饋。對於為學

生設計目標方面，在圖的上方列出學生必須得到的笑臉數，而不是使用小學和中學情境中的點數的百分比作為目標。在這個範例中，學生一天中有 15 次機會可以獲得笑臉，其目標是獲得 10 個笑臉。在簽退時，學生可以練習一些額外的技巧，像是數數與配對。例如在簽退時，學生可以在教師或助理人員的支持下，點數自己獲得的笑臉數，從而練習一對一的數數技巧。然後，學生可以數一數目標中所列的笑臉數。這時，可以引入如「多」或「少」的概念，問學生：「你獲得的笑臉有比你的目標多嗎？」學前 CICO 每日流程中的其他要素，可以比照基本版 CICO 來執行。

（一）接受學前版 CICO 的學生之篩選程序

學前版 CICO 可以在園所層級或班級層級實施，具體要取決於實施該 CICO 的學校之組織結構。如果幼兒園有追蹤行為的資料（如 ODR），那麼篩選和轉介流程可以和小學基本版 CICO 類似。我們建議可以建立一個轉介程序，讓教師和家長轉介特定的學生接受 CICO 介入。對於學前環境，可以區分出從兒童發展看來是適當的不當行為，以及更嚴重的需要介入的不當行為是很重要的。

118

（二）測量學前版 CICO 進步情形

對學前版 CICO 中為評量進步，主要做的調整是要把學生獲得的笑臉數畫出來，而不像基本版 CICO 那樣採用獲得 DPR 點數的百分比。如果學校想要顯示學生的資料摘要，可以考慮利用長條圖顯示學生每日獲得的笑臉數。因為與折線圖相比，長條圖對於低齡學生而言更容易閱讀和理解。

二、為小學低年級學生調整 CICO

為了建立我們在本書中所強調的效率，對所有學生或者是本章中曾討論過對於所涉及的目標行為（如學業與組織能力、出勤）使用相同的 DPR，這一點是非常重要的。我們合作過的一些學校指出，採用 0、1、2

	公羊卡		
	立刻遵守指令	管好自己的手腳	友善
我正努力…… （寫下特定行為）			
早上鐘響~第一個下課	☺ ☺ ☹ 2　1　0	☺ ☺ ☹	☺ ☺ ☹
第一個下課~午餐	☺ ☺ ☹	☺ ☺ ☹	☺ ☺ ☹
午餐~下午下課	☺ ☺ ☹	☺ ☺ ☹	☺ ☺ ☹
下午下課~放學	☺ ☺ ☹	☺ ☺ ☹	☺ ☺ ☹

■ 圖 8-10　小學低年級學生 CICO 的 DPR

這樣的數字評分系統對於較為年幼的學生，尤其是幼兒園和一年級的學生來說意義不大。在這種情況下，我們建議學校繼續使用全校性第一層級的正向期待行為，同時，將評分系統調整為與圖 8-9 學前版本相似的視覺化呈現方式。圖 8-10 提供了一個我們曾經合作過的小學，他們為年齡較小的學生提供的 DPR 例子。在這個範例，這所學校使用了笑臉評分系統，同時也加入數字評分。這樣就可以跨年級匯總 CICO 介入的資料。這種為低年級學生調整的 CICO，只影響 DPR 的視覺呈現。學生篩選程序以及測量進步的方法還是與全校性其他年級所實施的程序相同。

第五節　調整 CICO 的系統層級的思考

　　如前所述，我們強烈建議學校在實施本章中討論的調整版本之前，先實施基本版 CICO。在精準執行基本版 CICO 後（透過第七章提供的工具來測量），學校就可以開始針對其他行為問題了。為此，學校需要調整第

三章的流程圖，以便將學生分配到適合版本的 CICO。這些決定應該是要根據數據的。例如，如果學生只在完成作業上有困難，而在課堂上沒有行為問題，那麼針對學業／組織技巧的 CICO 會是一個合適的開始。又如果學生只在準時上學／固定上學有問題，那麼針對出席行為的 CICO 會是合適的。可以由年級層級的會議做出這些決定，並獲得 PBIS 領導小組團隊批准；或是學校是由行為支持團隊負責 CICO 介入，就由行為支持團隊做決策。圖 8-11 為對第三章流程圖的修改版本。

　　需要注意的是，負責基本版 CICO 的同一個輔導員可以對這些調整版本的學生進行簽到和簽退。對於我們前面描述的大多數調整版 CICO 來說，簽到和簽退的程序仍然是不變的。因此，把接受所有調整版 CICO 的學生納入標準化簽到和簽退程序中會是最有效率的做法。但是將接受調整版本的 CICO 學生納入會增加接受介入的學生數量，學校應特別注意接受所有類型 CICO 介入的學生總人數，以及每次簽到與簽退所需要的總時間，從而決定是否要安排一名以上的 CICO 輔導員或引導員。一名輔導員可以支持多少名學生？一位輔導員可支持多少學生的指引請參見第四章。

　　就第三章所討論 CICO 的雙週和每季特徵而言，所有調整版本的 CICO 也都是如此。學校將調整版本的這些雙週和每季特徵一併整合到校內已採用的基本版 CICO 程序中，會是最有效率的做法（也就是說，應該由同一個人完成基本版 CICO 和調整版 CICO 中同樣的任務，而且在所有的團隊會議上，都應該把基本版 CICO 和調整版 CICO 放在一起討論）。至少每兩週一次，應匯總各版本 CICO 的學生資料以用於決定對介入有反應的學生比例。與基本版 CICO 一致，如果接受特定調整版的 CICO 學生中對介入有反應的學生低於 70%，則要檢視介入的執行精準度和其他系統層級的特徵。除了要檢視總體的介入有效性之外，還應該檢核個別學生資料，以確定哪些學生有適切的進展、哪些學生已準備好褪除介入，以及哪些學生可能需要額外支持。在每季的基本版 CICO 回饋報告中，也應該包括每個調整版 CICO，以提供給教師、學校人員和家長。

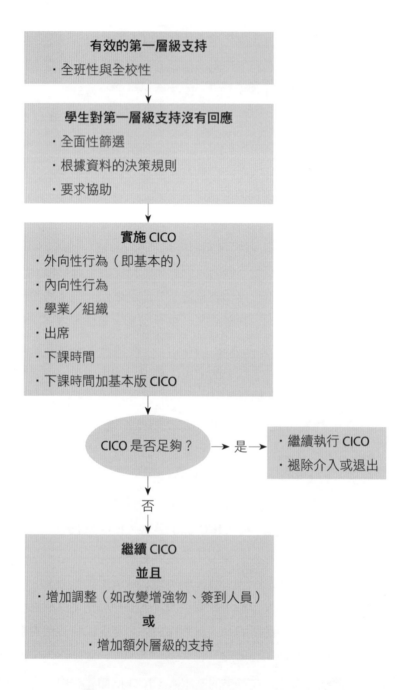

有效的第一層級支持

· 全班性與全校性

學生對第一層級支持沒有回應

· 全面性篩選

· 根據資料的決策規則

· 要求協助

實施 CICO

· 外向性行為（即基本的）

· 內向性行為

· 學業／組織

· 出席

· 下課時間

· 下課時間加基本版 CICO

CICO 是否足夠？ → 是 →

· 繼續執行 CICO

· 褪除介入或退出

否

繼續 CICO

並且

· 增加調整（如改變增強物、簽到人員）

或

· 增加額外層級的支持

■ 圖 8-11　為每位學生選擇 CICO 介入的程序

第六節 總結

　　學校可以透過對 CICO 介入進行系統性的微調,從而擴展 CICO 的使用範圍。本章為了使 CICO 適用於學業／組織技巧、出席、下課時間適當行為和低年級的學生等,我們介紹了重要考量因素和具體的調整。我們建議學校應該透過保持 CICO 的通用性要素(如對所有學生或特定行為,以一致的方式實施),以及遵循基本版 CICO 的雙週和每季歷程,從而優先確保所有調整版 CICO 的效能和可行性。另外,很重要的一點是,調整版 CICO 旨在提供第二層級的支持,以及識別除了調整 CICO 外還可以實施的適性介入,從而協助需要更密集支持的學生。

CHAPTER 9

在基本版 CICO 之上實施更密集的介入

Leanne S. Hawken、Kimberli Breen、Kaitlin Bundock、
Deanne A. Crone

Kimberli Breen
理學碩士,高級進修證明(CAS),文學碩士。Breen 是行為改變推動者,隸屬於堪
薩斯大學 SWIFT 中心、KOI 教育(KOI Education)與影響行為改變公司(Affecting
Behavior Change Inc.)。她執行、訓練與指導多層級支持系統(MTSS),且聚焦在
正向行為支持與家庭夥伴關係。

122　　在第三至六章中，我們介紹了學校實施基本版 CICO 所需的訊息和工具。第八章概述針對特定目標行為可以進行的調整。除了實施基本版 CICO 或調整版 CICO 之外，學校還可以在基本版 CICO 之上疊加層級，以提供額外支持。本章將介紹如何在 PBIS 的體系中融入 CICO，或者更具體地說，提供多層級（即分層）支持系統（multi-tiered systems of support, MTSS）。此外，我們將描述如何以及為什麼 CICO 應作為多層級支持系統中第二層級介入，以及當學生對第一層級結合基本版 CICO 的反應不足時，如何將額外的介入疊加（layer）到 CICO 之上。本章節介紹在基本版 COCI 加上學業和社交技巧小組的方法，以及如何使用功能評量從而為那些需要比 CICO 結合技巧學習小組更密集介入的學生，提供功能本位的支持。

　　在本原文書的第一版中，我們建議在整個實施流程的早期階段，針對那些對基本版 CICO 反應不足的學生實施行為功能評量（FBA）。行為功能評量是蒐集有關預測和維持行為問題事件資訊的歷程（Crone, Hawken, & Bergstrom, 2007）。從本質上來看，行為對學生而言具有特定的功能，包括：獲得同儕或成人的關注、獲得實質的獎勵（如食物、排隊位置、偏好的玩具），以及逃避任務或不愉快情境（如困難的數學課，或嘈雜的環
123　境）。自本書上一版（Crone et al., 2010）出版以來，我們對 FBA 引入到 CICO 實施流程的建議已有所改變。這一改變是基於過去對 CICO 的研究，以及這項方案在全球範圍內數千所學校的實際應用而提出的。有一些研究者認為，FBA 應該放在早期進行。他們認為在執行 CICO 的程序中，早期階段就應該執行 FBA（McIntosh, Campbell, Carter, & Dickey, 2009）。但是，這樣的做法存在許多限制，而且延後 FBA 具有能更快為學生提供第二層級支持的優勢。本章目的在於介紹為什麼在執行 FBA 之前可以將介入疊加在基本版 CICO 之上，以及如何疊加。接著，我們為 CICO 如何融入到更密集行為支持當中（通常是在第三層級）提供建議，包括個別化行為支持計畫（individualized behavior support plans, BSPs）。

在進行 FBA 之前執行 CICO 的重要性

在實施 MTSS 時，學校是從第一層級的學業和行為支持開始。學業方面，考慮學校常用的篩選程序會對識別需要學業介入的學生很有幫助。例如，在閱讀教學中，學校通常會從教師實施證據本位的核心閱讀課程開始。在這種第一層級的支持安排好之後，學校可以根據全面的篩選、基於證據的決策或教師需要幫忙的請求，識別出一些需要第二層級支持的學生。「Acadience 學習評量」（Acadience Learning Assessments）是一套在小學階段被廣泛使用、用於全面性篩選的評量工具〔之前稱為「早期識字技能的動態指標」（Dynamic Indicators of Basic Early Literacy Skills, DIBELS）〕（Acadience Learning, Inc., 2019; Good & Kaminski, 2002）。「Acadience 學習評量」對五個關鍵閱讀技能進行評量，包括音韻覺識（phonological awareness）、字母規則（alphabetic principle）、情境文本的閱讀正確性和流暢度（accuracy and fluency with connected text）、理解（comprehension），以及詞彙（vocabulary）。當「Acadience 學習評量」篩選出學生有閱讀困難，並由不同版本的篩選工具快速確認了關切點之後（即每次評量所需時間少於五分鐘），就可以根據學生的目標需求，將他們安排到小組中。通常在進行安置時無需進行密集的診斷測驗；實際上，對於這一層級的支持，用於診斷問題的時間很少。因此，舉例來說，如果在「Acadience 學習評量」的「音素分割流暢度」（Phoneme Segmentation Fluency）測試中，一個學生在音韻覺識方面表現落後，則教師可以針對這一項技能，將這名學生和其他已確定需求的學生以小組的形式安置在一起。

在行為方面，第一層級支持的基礎包括實施全校和班級系統層級的 PBIS。學校透過全面性篩選或者是資料本位的決策原則（如使用 ODR），確定可能需要額外支持的學生。在此過程中，一些研究人員建議

進行 FBA，以確保學校的介入與行為問題的功能相匹配（McIntosh, Campbell, Carter, & Dickey, 2009）。根據我們的經驗，此時進行完整或簡要 FBA 都有以下的問題：(1) 對於那些被鑑定為需求較低的學生而言，FBA 過於耗時；(2) 其與介入反應（response to intervention, RTI）的邏輯相悖，在進行更密集的評量之前，需要先介入才能看到介入反應（Bruhn et al., 2014; Sugai & Horner, 2009a）；(3) 最重要的一點是，這種做法延誤了有風險學生獲得實證介入的機會。還應注意的是，學校得費力為有更嚴重的行為問題以及需要第三層級支持的學生進行 FBA，並實施行為支持計畫（BSP）（Crone et al., 2007）。因此，要求學校對所有需要第二層級支持的學生（根據 MTSS 模式，可能占學生總數的 15%～20%）進行 FBA，不僅沒有必要，而且考量到所需花費的時間和資源也是不切實際的期待。

此外，在近期的一項回顧性研究，探討了根據行為功能調整的 CICO，其中有幾項研究發現支持了我們在後期進行 FBA 的決定。首先，Klingbeil、Dart 和 Schramm（2019）回顧有 41 名研究對象的 11 項研究得出結論，目前基於 FBA 的調整尚不能視為實證本位的執行（evidence-based practice, EBP），但是基本版 CICO 已被證明是有實證基礎的（如 Maggin et al., 2015）。此外，基於 FBA 調整 CICO 的這些研究中，研究者平均需要花費 90 分鐘蒐集直接觀察的資料。這些發現與 McIntosh、Campbell、Carter 和 Dickey（2009）建議使用快速 FBA 篩選工具的看法背道而馳，例如，FACTS（Functional Assessment Checklist for Teachers and Students）（March et al., 2000；見附錄 G.1）就是一項這樣的工具，它可用於根據學生的行為功能假設為學生提供適性的第二層級介入。

有人認為，CICO 的實施被視為是一種「禁忌」（contraindicated），CICO 並未基於行為功能，可能會使得行為問題惡化。對此，我們做出以下幾點回應。首先，儘管一些研究顯示，CICO 對於有注意力維持行為問題的學生更有效（如 McIntosh, Campbell, Carter, & Dickey, 2009; Smith et al., 2015; Wolfe et al., 2016），但另外一些證據指出，CICO 的效果是跨行

為功能的，包括了由逃避維持的行為（escape-maintained behavior）（如 Hawken, O'Neill, & MacLeod, 2011; Swoszowski et al., 2012）。雖然研究者已證明，當學生的行為問題由獲得注意力維持時，使用 CICO 的效果量更大一些（不同行為之變項的效果量範圍，介於 0.78～1.04 之間）（如 McIntosh, Campbell, Carter, & Dickey, 2009），但同樣的研究者總結，對有逃避維持的行為問題的學生進行，CICO 的效果量介於 0.05（無效）到 0.42（較小效果）之間。從根本上來說，儘管在這一項研究中，對於逃避功能維持的行為問題 CICO 尚不具有足夠大的效果，但其並不會讓行為問題惡化。最後，一些研究也證明，一個有足夠效力的增強物，例如每天接觸喜歡的成人可以超越原行為功能的價值（Hawken et al., 2011; Shore, Iwata, DeLeon, Kahng, & Smith, 1997; Zhou, Goff, & Iwata, 2000）。

在執行 FBA 之前實施 CICO 的優點

MTSS 的目的是兼顧所有學生在學業與行為層面上能夠有效率（efficiently）及有效地（effectively）提供其所需要的層級支持，使他們得以成功。雖然可以透過冗長和高度個別化的評估獲得更完美的介入，但這樣做顯得沒有效率。事實上，過早地花太多時間在解決少數學生介入的問題，可能導致其他很多學生的需求沒有得到解決。例如，如果團隊花費寶貴的會議時間來審查低層次的第二層級的行為支持（如 CICO），那麼對於真正需要團隊問題解決的學生而言，討論更複雜的第三層級行為支持的時間就更少了。當今學校最有價值的資源就是時間，我們的目標在幫助學校有智慧的運用時間。透過更有效地讓學生獲得實證本位介入，如基本版 CICO（無需冗長評估），學校可以優化介入反應（即 MTSS 的 RTI）的邏輯，並可以根據需求，再疊加額外介入以提高整體的效果。

Kuchle 和 Riley-Tillman（2019）在最近出版的《密集介入的基本要素》（*Essentials of Intensive Intervention*）一書中，總結如何在 MTSS 模式下，替有顯著學業和行為支持需求的學生整合行為和學業的歷程。在書

125

中，作者主張一旦學生對實證本位的介入反應不佳，學校就需要從實證本位的介入（如 CICO）、監控進步情形，然後實施更具診斷性的評量（如 FBA）。如果學生沒有反應，那麼建議使用 FBA 來確認為什麼學生持續出現行為問題。一旦執行 FBA 後，作者建議採用「更能著墨行為背後因素的介入」（p. 53）。這個邏輯正是我們在本章所提議的。

我們建議在 CICO 介入歷程的後期使用功能本位調整的另一個原因是在於讓 CICO 輔導員／引導員（可能與輔導教師或學校心理師合作）可以對介入進行調整，這些介入經常被該領域的研究人員稱為功能本位（Klingbeil et al., 2019）。例如，在經過短暫的實施 CICO 後，輔導員可能透過每日簽到和簽退程序發現，學生透過逃避任務、在課上要求休息獲得了更大的增強。這是一個簡單的改變增強，就可以對基本版 CICO 進行簡單修改。再舉一個例子，比如有位學生總是在一天結束時遺失 DPR，但是可以參與介入的其他部分，他每天帶 DPR 來簽退時，可能就需要安排一個額外的增強物（如代幣）。需要注意的是，我們不主張學校一開始就修改基本版 CICO 的原因之一在於，每修改一項特徵，為其他學生同時執行 CICO 的簡易性和效率就會下降。

最後，基本版 CICO 的許多特徵應該包含在更高層級功能本位的行為支持之中，其包括了：高頻率的進步監控、對行為技巧的直接教學和回饋，以及著重於前事控制以確保學生能為積極的一天做好準備。實施基本版 CICO 可使學校從行為介入的這些核心特徵入手，以及當學生顯示出需要更高層級的行為支持時，對將要引入功能本位的調整更有準備。

以上我們描述了進行 FBA 之前實施基本版 CICO 的優勢，以及在 CICO 第二層級介入的早期進行 FBA 的缺點。以下，我們進一步說明如何使得 CICO 可以靈活運用，增加支持度，以促進那些對 CICO 單獨使用時沒有充分反應的學生，為他們提供更具針對性支持的模式。此模式最初由伊利諾 PBIS 聯絡網（Illinois PBIS network）發展，並且在第二層級和第三層級介入最佳實務的「技術協助簡介」（Technical Assistance Brief）中說

明（Eber, Swain-Bradway, Breen, & Phillips, 2013）。Breen 及其同事在多個州（包括加州、紐約州、亞利桑那州和猶他州）複製並進一步闡明了該模式（Breen, 2016, 2017; Bundock, Hawken, Kladis, & Breen, 2020; DeGeorge, 2015; Hawken, & Breen, 2017）。本章將詳細說明此一模式。

對於本章接下來的內容，參考之前第三章介紹的圖 3-4，以及第八章圖 8-11 加以延伸的流程圖是有所助益的。學校可以按照這些流程圖的指引來實施和強化 CICO。如流程圖所示，學校應從實施基本版 CICO 開始，加入建立好的以資料為本的決策過程，以判斷介入精準度以及學生對介入反應是否適當。在下一節，我們將討論流程圖的要素（參見圖 9-1），指導學校確定如何幫助對 CICO 反應不足的學生。

第二節 CICO 作為第二層級內的第一層

鑑於前述原因，我們強烈建議將基本版 CICO 作為第二層級支持中的第一層，在不蒐集 FBA 資料的情況下就開始實施。在實施基本版 CICO 幾週後（通常是 6～10 週，或由各校自行決定），學校團隊（或 CICO 輔導員）應該評量對學生的支持是否是足夠的。如我們已經說明過的，如果學生對基本版 CICO 的反應不佳（例如根據預先設定的以資料為本的決策規則判斷），那麼需要對 CICO 進行微小調整以支持學生，如調整增強物等。如圖 9-2 所示的 DPR 版本，可用於支持基本版 CICO 的學生。在不改變 DPR 的前提下，可以從以下幾個方面調整 CICO，包括：增加提示和回饋，以及給予增強物的頻率、允許學生選擇特定的增強物、採用同儕指導者（peer mentor）、讓學生與他偏好的成人簽到和簽退而非指定的 CICO 輔導員等。其他調整可能會需要在基本版 DPR 上小幅增加內容。如圖 9-2 所示的 DPR，展示了如何在維持基本版 DPR 的同時，經由稍做修改，在基本版 CICO 上疊加新的介入。

127

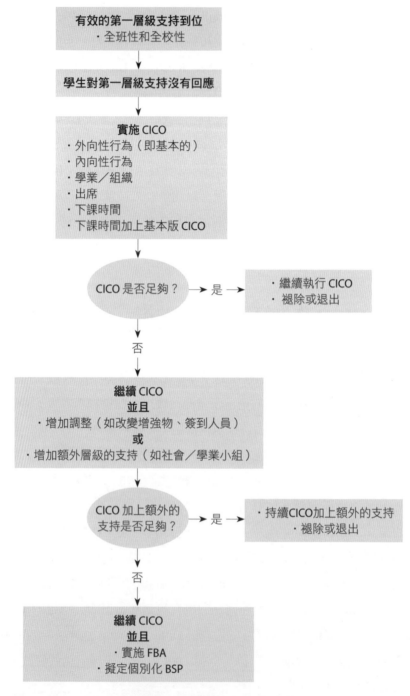

■ 圖 9-1 疊加 CICO 的支持

巴特勒中學
公羊成就卡
（Rams Achieve More Card）

姓名：＿＿＿＿＿＿＿＿＿＿＿　　　日期：＿＿＿＿＿＿＿＿＿＿＿

期待	第1節	第2節	第3節	第4節	第5節	第6節	第7節
安全（KYHFOOTY）*	2 1 0	2 1 0	2 1 0	2 1 0	2 1 0	2 1 0	2 1 0
尊重	2 1 0	2 1 0	2 1 0	2 1 0	2 1 0	2 1 0	2 1 0
負責	2 1 0	2 1 0	2 1 0	2 1 0	2 1 0	2 1 0	2 1 0

教師簽名　＿＿＿＿　＿＿＿＿　＿＿＿＿　＿＿＿＿

得分
2 = 讚!!!（0～1 個提醒）
1 = 不錯（2～3 個提醒）
0 = 繼續努力（4 個以上提醒）

太棒了!!!：＿＿＿＿＿＿＿＿＿＿＿

今日目標：＿＿＿＿＿＿ ％
今日總分數：＿＿＿＿＿＿ ％

*註：KYHFOOTY = 管好自己的手、腳和其他屬於自己的物品（keep your hands, feet, and other objects to yourself）。

■ 圖 9-2　基本版 CICO 的 DPR 範例

　　在對基本版 CICO 進行調整後，數據顯示該學生對介入的反應仍然不 126
佳，我們建議在此基礎上再增加一個支持層級。我們可以在基本版 CICO 的建議時長（即 6～10 週）結束時提供支持，或是如果學生的反應足夠低的話，也可以提前提供這些支持。這裡請注意，我們建議保留已有介入並增加另外一個層級的支持（如技巧團體），以提供對學業和（或）行為技能更有針對性的教學，而不是讓學生退出原有的基本版 CICO。

在教導過的第一層級的全校和班級性的行為期待，基本版 CICO 為有風險學生提供了更多的指導和回饋。對基本版 CICO 反應不佳的學生，學業、組織技巧，或更具針對性的社交技巧小組課程有可能促進他們的介入反應（Ross & Sabey, 2014）。這些小組通常由三到七名學生組成，他們對第二層級的針對性教學有類似的需求。這些課程可以由學校輔導老師、社工或學校心理師來實施。但是，根據我們的經驗，藉由足夠的訓練、教練式指導、回饋和腳本式的課程（scripted curriculum），即使是半專業人員和其他成人，也能夠接受訓練以提供教學。

由學校或學區人員編製的許多不同的腳本式課程或者教案，可用於 CICO 結合社交技巧的小組教學。一般來說，學校可以透過以下三種方式教導小組：(1) 採用專門為「小組教學」設計的套裝課程，例如 Skills Streaming 課程（McGinnis, 2011; McGinnis, Sprafkin, Gershaw, & Klein, 2011）；(2) 運用全校性第一層級中行為或社會—情緒學習課程，例如 Second Step（Committee for Children, 2011）以便學生獲得額外「劑量」的學習；或 (3) 運用全校性行為矩陣（schoolwide behavioral matrix）和行為教學計畫模板（lesson-plan template）設計 4 到 10 節的系列性課程。有一點很重要，要記得在實施 MTSS 模式時，這些學生只是需要額外的技巧教學，並非在接受團體諮商或治療。在小組中實施 CICO 結合學業—技巧教學時，學校應該針對所有學生都教導過或期待具備的學業與組織技巧上，包含學習技巧、提問題、尋求學業上的幫助，以及整理資料夾和書包。與行為、社交和情感技巧一樣，學校在提供學業與組織技巧的針對性教學時，可以使用在第一層級使用的課程計畫、購買套裝課程，或者自行發展課程。

無論額外的教學是關於學業的還是社交技巧的，我們都相信學生應該

繼續接受 CICO，以便：(1) 讓學生在一天中能持續收到定期的提示和回饋；(2) 教師提醒這些學生在小組中的學習內容；(3) 提供了一種進步監控的方法，以確定 CICO 結合小組教學是否給學生帶來了額外的效益。在 CICO 結合小組的介入中，我們可以對 DPR 進行調整，納入在小組中教導的學業或行為目標。讓學生持續接受 CICO 和使用 DRP 監控進步情形，可用於比較僅接受 CICO，以及接受 CICO 結合學業或社交技巧小組教學的學生的進展。在這兩種方案之下，學生的成果變項或點數百分比維持不變。圖 9-3 是一個 DPR 的範例，其中在 CICO 中增加了社交技巧小組教學。圖中，在全校性第一層級行為目標的下方，增加了額外的行為目標。

第四節　CICO 加上 FBA-BSP

對 CICO 結合學業或社交小組教學沒有足夠或充分反應的學生，可能需要進一步執行 FBA，並利用這些訊息擬定 BSP。FBA 的結果可用於確定學生在特定情境下以某種方式行事的原因。FBA 有助於識別行為的**功能**。實施 FBA 的方法有多種，從簡要的、半結構化訪談，到全面的訪談再加上課堂觀察。雖然實施 FBA 和擬定 BSP 的過程相關的內容超出了本書範疇（更多內容可參見 Crone et al., 2015），但在此我們會討論如何將 FBA-BSP 所得到的訊息作為額外的支持疊加到 CICO 之上。

學生的行為問題大致可分為兩類：(1) 由獲得某種想要得到的刺激（如注意力、活動、物品）維持的行為問題；(2) 由逃避或避免某種厭惡刺激（如活動、事件、要求）維持的行為問題。實施 FBA 的目的，在於確定一個學生表現出行為問題的功能或原因，並由此找到可以教導、提示或增強的替代行為，從而取代行為問題。FBA 可以是非常簡單、簡易的，也可以是複雜且耗時的。FBA 評量的複雜度取決於行為問題的複雜和嚴重程度。實質上，當介入處於這個層級時（也就是 CICO 結合小組後仍然反應

| 社會與學業輔導團體 | | 巴特勒中學 公羊成就卡 |

姓名：＿＿＿＿＿＿＿＿＿＿＿＿＿　　日期：＿＿＿＿＿＿＿＿＿＿＿＿

期待	第1節	第2節	第3節	第4節	第5節	第6節	第7節
安全（KYHFOOTY）* ·待在安全區域內 ·使用握手或擊掌	2 1 0	2 1 0	2 1 0	2 1 0	2 1 0	2 1 0	2 1 0
尊重 ·立刻遵守指令 ·使用友善語言	2 1 0	2 1 0	2 1 0	2 1 0	2 1 0	2 1 0	2 1 0
負責 ·準時 ·完成計畫 ·繳交家庭作業	2 1 0	2 1 0	2 1 0	2 1 0	2 1 0	2 1 0	2 1 0

教師簽名　　＿＿＿＿　＿＿＿＿　＿＿＿＿　＿＿＿＿　＿＿＿＿　＿＿＿＿　＿＿＿＿

得分
2＝讚!!!（0～1個提醒）
1＝不錯（2～3個提醒）
0＝繼續努力（4個以上提醒）

太棒了!!!：＿＿＿＿＿＿＿＿＿＿＿

今日目標：＿＿＿＿＿＿　%

今日總分數：＿＿＿＿＿＿　%

*註：KYHFOOTY＝管好自己的手、腳和其他屬於自己的物品。

■ **圖 9-3**　CICO 結合社交與學業技巧的範例

不佳時），建議學校應基於現有的時間和資源，建立要使用哪個 FBA 歷程的指引，根據學生行為的嚴重性，在必要時可破例處理。我們建議，學校先對絕大多數對於 CICO 結合小組教學反應不佳的學生進行一個簡要 FBA。當然，如果團隊認為對於任何特定的學生應該提前進行完整 FBA，這隨時是可以破例的。

簡要 FBA 包括了對一名或多名教師的訪談。通常，轉介教師會是受訪對象之一。此外，通常年齡較大的學生（即小學高年級、中學或高中）可以解釋自己為什麼表現出行為問題，在這種情況下，對學生進行簡要的訪談也是值得推薦的做法。

如果學生的行為問題是複雜或嚴重的，並且需要進行完整 FBA（完整 FBA 和簡要 FBA 之間的差異，請參見 Crone et al., 2015），將需要更密集的行為支持，其中可能包括心理健康或包裹式的支持（Eber, Sugai, Smith, & Scott, 2002）。我們強力建議，CICO 應繼續作為後續更進階層級行為支持的一部分，原因正如之前已指出的：(1) 讓學生在一天中能持續收到定期的提示和回饋；(2) 向教師提醒這些學生正在學習的替代行為；(3) 提供了一種進步監控的方法，以確定「CICO 結合小組教學和 FBA-BSP」是否給學生帶來了額外的效益。在以下的段落，我們將探討行為問題的主要功能，以及教導學生替代行為的一些範例。

一、行為問題的功能

（一）由獲得功能維持的行為

此類學生出現行為問題是因為會獲得他們想要的，學生可能想要獲得玩具、在操場上玩耍的時間，或來自同儕、成人的關注。想要獲得關注是不當行為的常見功能，這種關注可以是正向的或是負向的。例如，一個教師可能會在課堂上斥責學生（負向關注），或同儕因為不合宜的玩笑一起大笑（正向關注）。這些學生的一些行為問題可能包括和教師頂嘴、與同

儕爭吵或打架、拒絕工作或干擾課堂等。

（二）由逃避功能維持的行為

　　學生表現出的行為問題屬於這一類者，往往與獲得注意或其他刺激維持的行為問題之間難以區辨。兩者間的區別在於對學生來說行為的功能，這可以透過蒐集行為發生之前和之後的事件訊息來判斷。這一類學生可能表現出的破壞行為、和老師頂嘴、和同儕爭吵，是為了脫離某個情境或遠離某人。例如，一個不喜歡男性教師的學生，如果發現在課堂上鬧事就會被送到辦公室（並且遠離這位男教師），那麼他可能經常會在男教師的課堂上鬧事。一個與同儕互動有困難的學生，在午餐時可能表現出破壞行為，這樣他就會被送到校長辦公室去。透過表現破壞性行為，學生會被從不愉悅的社交情境中移出（亦即逃避）。學生也可能透過破壞行為，從而避開困難、時間過長或者過於無聊的任務。

二、如何使用簡要 FBA 確定行為功能，並在 CICO 中加入功能本位的支持

　　簡要 FBA 為一個簡短（大約不到 20 分鐘）的半結構化訪談。該訪談的對象通常是將學生轉介給行為支持團隊的教師或工作人員，訪談者可以由行為支持團隊成員、學校心理師、行為支持專家或其他具備適當培訓和技能的人員擔任。簡要 FBA 的預期成果為：(1) 得出對行為問題可觀察、可測量的描述；(2) 找出預測行為最有可能和最不會發生的情境事件（setting event）或立即前事（antecedent）；(3) 確定應該教導學生的替代行為，以取代問題行為；(4) 找出維持問題行為的後果（O'Neill, Albin, Storey, Horner, & Sprague, 2014）。這些資訊可用於確定學生問題行為是出於逃避動機還是注意力動機。

　　目前已出版多項 FBA 訪談工具。其中，在實施 CICO 的學校中經常使用的工具是「有效的行為功能評量：功能評量檢核表」（教師版）

（Functional Assessment Checklist for Teachers, FACTS）（March et al., 2000；可在 pbis.org 網站取得）。學校可以選擇使用不同的 FBA 訪談工具，但須確保其中包括以下關鍵特徵：

1. 可以在 20 分鐘或更短的時間內完成。
2. 可以找出具體的行為問題。
3. 可以找出支持行為問題的慣例事件。
4. 可以找出行為問題的可能功能。

學校使用這些資訊來決定將教導哪些另類／替代行為（alternative/replacement behavior），以便學生可以用適當的方式獲得相同的增強（即關注或逃避），而不是透過行為問題。表 9-1 列出透過簡要 FBA 訪談確認一位學生行為問題的清單，這位學生名叫查理，表格也列出可用來教導幫助查理取代問題行為的替代行為。

一旦確定替代行為，就可以將其列在學生的 DPR，以提醒教師就替代行為提供具體的回饋，並持續監控學生 CICO 結合額外支持的進步情形。在圖 9-4 中，我們將查理已確定的替代行為加到他的 DPR 中。我們建議學生在接受 FBA-BSP 的同時，繼續參加原有的社交或學業團體，因為讓這些學生定期參加這些團體，對於持續教導和增強從 FBA 歷程所找出的替代行為是很好的方式。

三、CICO 模式的延伸：強化 CICO 帶來系統層級效益的累積

目前為止，我們已經就如何將 CICO 整合到學業和行為的 MTSS 系統中提供了架構體系。我們再次建議學校建立一個穩固的基本版 CICO 系統，然後將其與已有的第二層級支持小組以及第三層級的功能本位支持系統連接起來。對於剛剛轉介到基本版 CICO 介入的學生，我們不主張學校從功能本位或個人層級的支持開始。將實施基本版 CICO 作為標準化的第二層級介入內容，有助於確保 MTSS 系統對絕大多數接受介入的學生來說

■ 表 9-1 查理的功能本位行為與替代行為

立即前事	行為問題	替代行為	行為功能
在獨立數學作業時間,提醒學生完成作業。	學生大吼大叫、咒罵,並把作業本揉成一團;有時遇到挫敗時會離開教室。	教導學生當他需要協助的溝通用語(例如:「我覺得很難受;我想我需要幫忙」)。 教導學生感到挫折時進行深呼吸/數到 100,並在需要時使用教室的冷靜角。	逃避學業任務。
在社會課的小組活動中,提醒學生要與小組一起工作。	學生大吼大叫並拍打其他同學。	教導學生在情緒激動或不安時,要與他人相隔一個手臂的距離。 教導學生在挫折時,使用適當的音量。	逃避學業任務或與同儕的社交互動。
在全班性的閱讀教學時間,提醒學生遵守指令。	學生大吼大叫,並且向同儕、教師扔東西。	教導學生使用休息卡來要求休息。 教導學生透過自我評量 DPR 上的表現,自我監控自身的適當行為。	逃避學業任務,以及班級中的社交互動。

是有成效和高效率的。對基本版 CICO 反應不充分的學生,在其之上疊加額外的第二層級介入或功能本位的第三層級支持,可以在為學生提供更具針對性或個別化支持的同時,確保整個系統維持在一個高效能且有效的較低層級介入。這樣的一種實施和加強 CICO 的程序,不僅可以將學生的利益最大化,而且可以為整個 MTSS 系統帶來額外的好處。正如我們前文已描述過的(如圖 9-1 所述),其優勢主要體現在跨層級介入服務的效率(efficiency)和公平性(equity)兩方面。

基於 FBA-BSP 的個別化 DPR		巴特勒中學 公羊成就卡	

姓名：＿＿＿＿＿＿＿＿＿＿＿＿＿＿＿＿＿　　日期：＿＿＿＿＿＿＿＿＿＿＿＿＿＿＿

期待	第1節	第2節	第3節	第4節	第5節	第6節	第7節
安全（KYHFOOTY）* ・不高興或受挫時，留在教室裡，去冷靜角 ・不高興或受挫時，保持一手臂遠的距離	2 1 0	2 1 0	2 1 0	2 1 0	2 1 0	2 1 0	2 1 0
尊重 ・不高興或受挫時，使用平靜的聲音 ・需要時請求幫助	2 1 0	2 1 0	2 1 0	2 1 0	2 1 0	2 1 0	2 1 0
負責 ・用 DPR 進行自我監測 ・用休息卡要求休息	2 1 0	2 1 0	2 1 0	2 1 0	2 1 0	2 1 0	2 1 0

教師簽名 ＿＿＿　＿＿＿　＿＿＿　＿＿＿　＿＿＿　＿＿＿　＿＿＿

得分
2 = 讚!!!（0～1 個提醒）
1 = 不錯（2～3 個提醒）
0 = 繼續努力（4 個以上提醒）

太棒了!!!：＿＿＿＿＿＿＿＿＿＿＿＿＿＿

今日目標：＿＿＿＿＿＿＿％

今日總分數：＿＿＿＿＿＿＿％

*註：KYHFOOTY＝管好自己的手、腳和其他屬於自己的物品。

■ 圖 9-4　查理接受個別化 FBA-BSP 的 DPR

四、MTSS 的效率

在任何多層級系統中，都可能存有系統層級的挑戰會導致缺乏效率和無效的風險。這種風險是我們倡導實施 CICO 和對其分層的一個主要原因。在 MTSS 中容易引起效率低下（並可能導致效果下降）的一項要素，是如何為學生選擇適性的介入。如第二章所述，我們建議學校首先要利用他們已經建立的系統層級的團隊會議〔例如，MTSS 團隊應該定期開會以審查和討論第一層級系統，第二層級和（或）學生支持團隊應該每個月至少開一次會〕，為了第三層級個別化支持的學生，與相關人員的會議需要定期召開。這些已建立團隊的定期會議，可以幫助學校持續審查在 MTSS 系統下已實施方案的有效性，並且能夠促進需要額外支持的學生快速獲得介入。

134　　然而，學校應該避免建立一種程序，即為了某位學生提供介入而必須開會（例如，一個被轉介到 CICO 的學生，需要先由行為支持或第二層級團隊開會審閱他的資料，才能開始實施 CICO，或一個被轉介到 CICO 的學生，團隊需要先開會來執行 FBA）。在這一類程序中，那些可能被轉介接受額外支持的學生必須要等一個月或者更長的時間，才能獲得可以幫助他們的介入。正如我們整本書中所倡導的，透過先實施基本版 CICO 的做法，學生可以在幾天內就獲得實證本位的介入。如果在幾週後，學生對基本版 CICO 沒有適當的反應，那麼可以加入額外的調整，在 CICO 上疊加其他第二層級介入，也沒有什麼拖延。如果學校建立了明確的根據資料做決策的規則來確定哪些學生對 CICO 有適當的反應，CICO 輔導員就可以在不需要整個團隊開會的情況下快速、靈活地調整 CICO。

五、MTSS 的公平性

MTSS 的優勢之一是為根據資料做決策建立清晰、客觀的指引。如果學校在決定如何應對學生的行為時，建立和使用清晰、客觀的指引可以預防不當比例（disproportional）使用懲罰以及不當比例轉介的發生

（McIntosh, Girvan, Horner, Smokowski, & Sugai, 2014; Whitford, Katsiyannis, & Counts, 2016）。以下這些問題都有充分的記載：學校傾向於對有色人種和男性學生實施過於嚴厲的懲罰，即便這些學生與白人或女性學生的行為問題是相同或類似的（McIntosh et al., 2014; Whitford et al., 2016）。此外，學生的人口統計資料如種族、語言和性別，與哪些學生容易被轉介到學業或行為介入和支持有關（Cruz & Rodl, 2018）。當研究人員檢視有關管教數據（如 ODR 的數量）與接受 CICO 中黑人、西班牙裔和白人學生的人數時，可發現這種偏見的例子。在 41 所中學裡，研究者發現，雖然在 ODR 數量上黑人學生所占比例過高，但是相較於白人和西班牙裔學生，他們較不可能被轉介到 CICO（Vincent, Tobin, Hawken, & Frank, 2012）。這些研究人員也進一步表示，雖然黑人學生較不可能被轉介到 CICO，那些在學年早期就被轉介出來的黑人學生後續反應良好（如 ODR 次數減少），因此，更多的黑人學生並未及早獲得這項支持，實為不幸（Vincent et al., 2012）。

　　雖然管教和介入實務是相當複雜的議題，但最近的研究顯示，隱性偏見可能在這兩者中都發揮了作用（Whitford et al., 2016）。一個完善的 MTSS 系統透過建立明確的以資料為本的決策，以及創造對所有學生一致應用這些標準的情境，可能有助於降低在一些重要的決策中受到這種隱性偏見的影響（McIntosh et al., 2014）。在判斷對學生的行為做何反應時，明確且一致的應用標準能降低隱性偏見可能的影響。其原因在於，這種做法消除了在學校出現無數情境的模糊性。在模稜兩可的情況下，學校人員最有可能基於他們的隱性偏見做決定（McIntosh et al., 2014）。

　　在實施 CICO 的情境下，建立和遵循一個明確、清晰的實施和疊加額外介入的程序，有助於確保表現出較輕程度行為問題的學生獲得公平的對待。如果沒有這樣的系統，學校人員在決定哪些出現較輕度行為問題的學生應該被轉介出來接受介入、接受懲罰或被忽視時，隱性或顯性的偏見很容易在不知不覺中帶來影響。同樣的，在確定哪些學生對 CICO 有充分的

135

反應或需要額外的支持時，遵循明確的根據資料做決策的規則也有助於確保當學生有需要時，可以獲得額外有針對性或個別化的支持（McIntosh et al., 2014）。重要的是要記住，單單建立和遵循明確的根據資料做決策的規則並不能消除隱性偏見，我們建議學校應同時採取其他行動，在每個層級中盡量減少隱性偏見。欲了解更多有關公平和 PBIS 的訊息，建議參看 pbis.org 網站的資訊。

第五節　結論

　　在本章，我們介紹了基本版 CICO 作為第二層級支持的第一層的優點，接著如果經由調整 CICO 或結合小組的 CICO 介入仍然無法有效改善學生的行為，就在整個 CICO 實施流程的後期實施 FBA。這樣的實施程序能夠保持 CICO 的整體效率，而且最重要的是，學生不需要經歷冗長的評量或等待團隊擬定個別化的介入就可以迅速獲得支持。我們在此描述的程序，能讓學校更有效率地運用學校中已有的其他第二層級預防措施，例如社交、學業或組織技巧的小組教學，並且以數據顯示對基本版 CICO 介入反應不佳的學生在此基礎上增加這些更有針對性的支持。如果透過對基本版 CICO 進行調整和疊加額外支持後學生仍然表現出行為問題，我們建議學校執行簡要 FBA 以確定行為的可能功能，並且確定透過現有的 CICO 可教導和增強的替代行為。透過這樣的實施流程，學校可以有效能且有效地支持學生學業和行為方面的需要。

CHAPTER **10**

照顧者夥伴關係及
文化回應CICO的考量因素

Sara C. McDaniel、Allison Leigh Bruhn

Sara C. McDaniel 博士
阿拉巴馬大學特殊教育和多重障礙系教授，行為和心理衛生系統互為連結中心
（Center for Interconnected Behavioral and Mental Health Systems）主任。McDaniel 博士所執行的研究和教學領域為：(1) 正向行為支持；(2) 班級經營評量與教練式指導；(3) 第二層級的社會、情緒與行為支持；(4) 對有風險且多元族群的預防性處遇。

Allison Leigh Bruhn 博士
愛荷華大學特殊教育副教授，其研究重點為 K 至十二年級有挑戰行為學生的評量與介入。

第一節　家庭及社區系統

　　儘管本書的大部分內容著重於實施 CICO 的學校內的系統，但本章主要重點是將照顧者作為學生學業和行為成功的利害關係人（stakeholder）與影響者，因為它與 CICO 有關。由於學齡兒童在每個上學日都涉及到家庭和學校環境，而這二者可能會有很大的差異，因此在以 CICO 解決在校的行為時，讓照顧者投入和參與是很重要的。使這種情況更加複雜的是，除了在國小常出現的基本訊息共享（例如，把學校通知、成績單或學校通訊帶回家）之外，學校和家庭之間通常沒有直接的互動。這兩個環境相互包容是很重要的，並以促進學生發展和福祉的共同責任的方式運作。這意味著每個系統中的利害關係人投入雙向溝通與合作（Muscott, Mann, & LeBrun, 2008）。幾位研究者強調學生、教育者、家庭和社區之間的聯繫（例如生態系統理論；Bronfenbrenner, 1979）以及學生學習行為的方式

（例如社會學習理論；Bandura, 1963），這些強調了家長作為合作成員的重要性，以及家庭和學校環境之間有牢固夥伴關係的必要性。

　　生態系統理論（ecological systems theory）是一種發展理論，強調影響學生的不同系統（Bronfenbrenner, 1979）。圖 10-1 描述與兒童發展和教育相關的這個理論的改編範例。生態系統理論認為兒童發展為發生在兒童及其環境之間的過程，包括在教室、具有文化回應的教學、同儕團體，以及與教師、家庭和社區的關係。該理論也指出，理解一個環境（如家庭）中的變化和衝突如何影響其他環境（如學校）中的發展和進步是很重要的。實際上，當父母和照顧者是同一團隊的成員時，不同的環境可以相互聯繫（Neal & Neal, 2013）。

　　有鑑於家庭、社區和學校環境之間互動的重要性，照顧者與社區之間的學校夥伴關係至關重要。現有的基礎研究已經證明這些堅固的合作夥伴關係的重要性（Christenson & Sheridan, 2001; Pianta & Walsh, 1996;

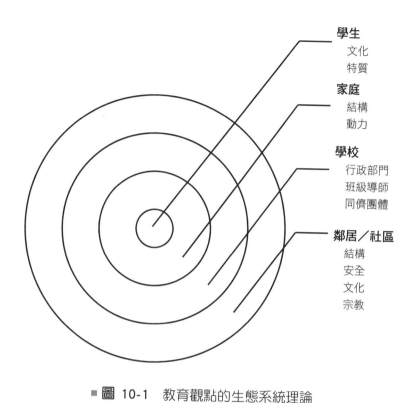

學生
文化
特質

家庭
結構
動力

學校
行政部門
班級導師
同儕團體

鄰居／社區
結構
安全
文化
宗教

■ 圖 10-1　教育觀點的生態系統理論

Sheridan, Clarke, Marti, Burt, & Rohlk, 2005）。這項基礎研究引發近來的實務工作，即發展和執行尊重學生與照顧者的不同背景的文化回應實務（Bottiani, Larson, & Debnam, 2017; Bradshaw et al., 2018）。作為對文化回應實務的顯著需求，我們提出對 CICO 進行文化回應調整的建議，同時完整保留使 CICO 成為實證本位介入的核心要素（如成人指導者、目標設定、明確的期待、持續的回饋、後效增強和家庭與學校之間的溝通）。

第二節　具文化回應的 PBIS

在實施多層級的 PBIS 時，學校應嘗試將文化回應的教學嵌入三個層級的支持。文化回應教學（culturally responsive teaching）旨在提高教育公平性，使所有學生都能獲得成功所必需的指導和支持，並融入了對不同文化、種族、族裔、宗教、少數語言和不同收入族群的理解（Gay, 2000）。多元文化教育可引發文化回應的教學實務。根據 Gay（2000）的說法：

> 學生和教師之間以及教室裡學生之間的互動，通常被認為是決定學習成功或失敗的「實際場所」。這些在文化回應教學的主要特性中是很重要的。傳統的智慧和學術研究顯示，教師在這些互動中扮演舉足輕重的角色。實際上，教學的語氣、結構和品質在很大程度上取決於教師的態度和期待，以及他們的教學（pedagogical）知能。（p. xv）

普及性的第一層級文化回應教學實務包括：(1) 真正了解學生並關心他們的文化；(2) 使用具有文化覺知（culturally informed）並促進學習的溝通策略；(3) 納入文化多元性和一致性的內容（例如，提供來自學生本國或地理區域的地理教學範例）（Gay, 2000）。學校對於學生和照顧者的文化和背景更加熟悉的常見策略包括：邀請照顧者和其他家庭成員到學校和班上，為家庭成員舉辦家長大會向教育者傳達他們的擔憂，並進行普及性學生調查，了解感興趣的背景訊息以及學生對學校氣氛和文化回應的看法。此外，照顧者應參與第一層級 PBIS 的領導團隊，並應在學校和班級會議中定期與照顧者討論 PBIS。

在具有文化回應性的第一層級程序中，學校期待和行為目標是具有文化覺知的，而不僅是從大多數學生的觀點或教師的文化而設立的。學校應

該確保三到五個全校性正面陳述的期待反映出學生的家庭和社區的文化，作為現有全校性 PBIS 第一層級文化回應實務之一，例如，許多學校使用「尊重，負責和安全」作為標準的全校性期待。具有文化回應的全校性期待應該在學校和社區中反映與文化相關的議題，並使用具文化回應的措辭。一個有高比例的低社經背景學生的郊區學校，其中一個具文化回應的期待的例子是「牛仔競技表演」（RODEO）的期待：「尊重他人」（Respect others）、「組織並準備好」（Organized and ready）、「展現積極的態度」（Demonstrate a positive attitude）、「積極參與」（Engaged）和「為自己的行動負責」（Own your actions）。RODEO 的期待代表對郊區低收入中學生上學遲到、沒有準備好學習（如缺乏充足的睡眠、食物和必要的教材）的首要關切。同樣的，某市區學校確認最主要關切的是肢體和言語攻擊（例如：同伴之間的爭鬥、對同儕和大人的暴怒），因此建立與社區吉祥物獵鷹一致的「翱翔」（SOAR）行為，作為具文化回應的全校性期待，「翱翔」界定為「和平解決問題」（Solve problems peacefully）、「為自己的行動負責」（Own your actions）、「承擔責任」（Accept responsibility）和「尊重他人」（Respect others）的學生。

第三節　具文化回應的第二層級 CICO

　　這些具有文化回應教學的內容應適用於所有全校性第一層級的實務，然後納入或擴展到 CICO 中。最關鍵的策略之一是確保文化回應的 CICO 可獲得對 (1) 學生（如種族、族裔、宗教、文化、語言、家庭教育取向、社經地位、創傷史）；(2) 家庭結構（如單親家庭、臨時的祖父母監護、雙家庭共同監護、寄養）；(3) 家庭文化；(4) 鄰里和社區特徵（如社經地位、犯罪率、文化、結構）的理解。文化覺知的溝通策略意識到沒有使用多數人溝通形式的學生（如說西班牙語）比起使用主流形式和語言溝通的

學生，會經歷較多的溝通阻礙（Gay, 2000）。了解教育者和學校系統是否要求學生進行「代碼轉換」，以使其溝通風格與主流或多數人保持一致的溝通方式是很重要的。由於溝通是 CICO 的關鍵組成部分（即在 CICO 輔導員和學生之間，以及在輔導員和照顧者之間），CICO 輔導員應促進互動，並解釋或修改書面和口語表達與照顧者和學生的溝通，包括所提供的 CICO DPR 和所有回饋都使用學生的母語。最後，文化多元性和一致性的內容，使內容和教學符合學生的文化，而不是與教師自己的文化或學校的多數文化一致。橫跨學業和行為領域的內容應該力求用多元教材和範例代表所有學生的文化。

文化回應教學的三個主要原則（即關係、溝通和內容）可用於指引特定的 CICO 文化回應調整。文化回應的 CICO 需要：(1) 刻意配對 CICO 輔導員；(2) 具有文化回應的行為期待；(3) 優先考慮具文化覺知的糾正性回饋和讚美的每日目標；(4) 回應式增強策略。

一、匹配的 CICO 指導者／引導員和關係建立

相關文獻強調配對指導者（mentor）和被指導者（mentee）的重要性，（盡可能）讓他們在種族、年齡、性別和興趣是類似的（Grossman & Bulle, 2006; Hanlon, Simon, O'Grady, Carswell, & Callaman, 2013）。指導者的配對可增加被指導者擁有相關楷模指導者的機會。配對適切的 CICO 指導者／引導員給接受介入的學生，教育工作者必須掌握有關學生背景和興趣的基本訊息，以作為第一層級文化回應的實務。當學生開始出現需要第二層級介入（例如 CICO）的問題行為，了解更多學生的背景變得越來越重要。因此，當學生被確認要參加 CICO 時，學校應該要有認識並了解學生的大人。

二、具文化回應的期待和語言

實施第一層級 PBIS 的文化回應實務，例如對翻譯和溝通有全校性的

調查與程序，有助於建立真正了解學生的基礎。更佳地了解學生的文化、背景、家庭結構以及教養方式和長處，CICO 指導者／引導員和課堂教師可以使用回應性策略來建立、定義與明確地教導期待，並提供呈現學生的文化和母語的正例和反例。當行為支持團隊確定對 CICO 的需求（或透過篩選或提名找出學生）之後，並且媒合學生和指導者／引導員，引導員和課堂教師應討論提供對文化回應期待的策略，以及對 DPR 的期待的教學實務。例如，DPR 在英語旁邊需要同時呈現學生的母語。

最後，來自多元非主流背景的學生會從呈現他們的文化、種族和（或）性別的預期行為的正例和反例中受益。在 DPR 的每個行為期待下，可包含簡短的、與文化一致的範例或定義，這是對採用文化回應實務的學校在教導全校性期待時，一種簡單有效的調整。例如，如果全校性期待是「負責」，學生可以從真實世界負責任的範例受益。在另一種情況下，如果全校性期待是「尊重」，女子中學學生將從說明對女性同儕、男性同儕和成年人的尊重應該是什麼樣子的正例和反例中受益，而不是只有對大人尊重的例子。

三、具文化回應的回饋和增強

第三個 CICO 的文化回應調整所提供的回饋和增強與文化或個人偏好一致，這可以加強回饋與增強的效果。像之前的要素一樣，作為第一層級 PBIS 的一部分，對採用文化回應實務的學校來說，這種調整是一個自然的延伸。使用為第一層級所做的調整，行政人員可以和接受 CICO 學生的教師分享有關文化回應的決策、回饋與增強的範例。CICO 的主要要素是在校整天進行持續的表現回饋。對於某些學生而言，坦率、具體的回饋提供行為期待表現的明確訊息；但是，對於其他學生，可能需要修改回饋以便達到效果，尤其是糾正性回饋。有些學生可能對私下討論表現回饋的反應較好；而有些學生在給予糾正性回饋時，可能需要額外的讚美（例如：「今天你和閱讀夥伴合作得很好，但是我確實注意到，當你不同意輪流

時，你會提高聲音音量」）。同樣的，對於其他學生，更多非語言回饋的對話可能是必要的。在這種情況下，教師對行為的評分可降低與學生對話中收到回饋的尷尬，在瀏覽評分時可仰賴視覺線索，例如豎起大拇指或擊掌。回饋也可以書面或電子形式寫給學生，這種方法對與成人互動感到反感並試圖避免或逃避成人注意（正向或負向）的學生特別有幫助。

就像有些學生對教師回饋有不同的反應一樣，學生及其照顧者可能還需要調整提供後效增強的方式。從文化角度而言，有學生透過正向的家長的電話或家庭紙條（home note）獲得正增強，而有些學生可能是透過私下得到認可、特權或代幣獲得增強。調查學生及其照顧者以確定最有效的增強物是重要的。參閱第六章圖 6-6 的增強物清單範例，可用來評估學生的喜好。

四、CICO 和照顧者

前面對文化回應實務的描述延伸到這一段則是要以更積極的方式讓照顧者參與其中，進一步提高 CICO 的效果。提供文化回應的 CICO 以及讓照顧者參與其中都需要：(1) 了解學生經歷過的不同環境；(2) 理解這些環境的相似和不同處；(3) 決定如何為學生提供最好的支持，並區分教學策略以促進正向結果。照顧者可以不同方式參與學生教育，例如與學校人員進行交流、出席個別化教育計畫會議、在家貫徹執行以學校為本的介入（如實施家庭部分），以及參加學校的參觀日活動。這些例子象徵了 (1) 溝通；(2) 團隊合作；(3) 參與／實施；(4) 夥伴關係。大多數家庭—學校活動以單向交流為主，如學校通訊、家庭作業和成績單。儘管這些交流形式在將訊息傳遞給照顧者是很重要的，但它們呈現的是表面的參與，因為溝通不是雙向互相的。其他典型的家庭—學校活動本質上是自願的，例如在家長教師協會（Parent Teacher Association, PTA）委員會中任職、參加戶外旅行、班級志工以及參加由學生主導的學習會議。更深層次的參與需要團隊合作和夥伴關係，例如參加個人化教育計畫團隊、解決問題團隊（如

MTSS）。要納入團隊活動中的話，必須邀請照顧者出席並以小組成員的身分參加。在團隊中，照顧者可以成為他們孩子的倡議者，分享關於學生需求、優點、掙扎和行為模式的重要觀點。最深入的家庭—學校活動是真正的合作性的家庭—學校夥伴關係。照顧者與教育者之間的夥伴關係需要雙方將支持學生的責任視為共同的責任，當中的溝通是頻繁、清晰且雙向的。值得注意的是，現有的 CICO 研究中，有 94% 的研究將父母檢視 DPR 數據作為 CICO 的要素（Wolfe et al., 2016）。照顧者對 CICO 的參與，除了檢視 DPR，其他部分可能是不被了解的，也是在介入要素上執行最少的，儘管照顧者除了檢視 DPR 外而沒有積極的參與，學生仍然會受益。

五、CICO 家庭—學校溝通

　　基本版 CICO 包括兩種主要的家庭—學校溝通形式。第一種是照顧者被告知學校決定為學生提供 CICO。第二種則是，將 DPR 送到家以便：(1) 讓照顧者了解他們孩子全天的表現以及對於每日目標的進展；(2) 給照顧者提供回饋的機會；(3) 讓照顧者在表格上簽名作為對 DPR 的確認。雖然不理想，如果 DPR 沒交回學校的話，這種家庭—學校溝通形式往往是一種單向的回應。根據一些研究，DPR 沒交回學校的情況大約有 40%～50% 的發生率（如 Hawken et al., 2007）。在 CICO DPR 上，照顧者可以在表格下方的簽名處寫下他們的簽名，讓指導者／引導員知道家長在家裡看過了。簽好的表格第二天讓學生帶回學校。使用 DPR 作為促進對話的指引，照顧者在家中可以鼓勵學生進步，讚美學生達到所設定的目標（或提供額外形式的增強），討論指導者／學生之間的關係，並檢視 DPR 上的全校性期待。這些在家中的延伸活動可以由 CICO 指導者／引導員教導和鼓勵，不過有些照顧者可能會自然地將這些策略納入他們的教養方式中。

六、進階 CICO 合作夥伴關係

　　促進照顧者和教育人員夥伴關係的一種模式是「教師和家長作為合作

夥伴」（Teachers and Parents as Partners, TAPP）（Sheridan, 2014）的介入，以前稱為「聯合行為諮詢」（Conjoint Behavioral Consultation）方式。這種實證本位的諮詢模式需要照顧者、教育人員和其他服務提供者透過共同面對學生的缺陷或關切來滿足學生的需求，透過確認共同的興趣來促進學習，並建立照顧者和教育人員團隊合作的技能和優勢。夥伴關係包括照顧者、課堂教師和其他教育人員以及一位領導者或引導員，通常是學校心理師或輔導教師。該團隊確認具文化回應且共同商定的學生目標、以資料為本的決策，和以團隊解決問題的方式來確定介入、策略及所需的調整。這 TAPP 方法需要跨四個階段的合作，可以在 CICO 等第二層級介入中與照顧者建立夥伴關係中進行調整：(1) 確認需求；(2) 需求分析；(3) 發展計畫；(4) 計畫評鑑。此模式對學生和照顧者的訪談採取以優勢為主的方式，以共同了解學生的需要和家長的優先事項、特點和教師目標。

透過 CICO 實施建立的進階合作夥伴關係是建立在之前所提到的基本版 CICO 的溝通基礎上，包括雙向溝通、回饋、共同努力，與在 CICO 之中為照顧者夥伴關係所調整過的 TAPP 介入要素。

七、建立關係

如前所述，學生通常是學校和家庭之間的溝通者。教師透過學生進行溝通，學生將學校發生的事情告知照顧者。透過 CICO 的實施，發展進階夥伴關係的第一個策略是將學生角色從學校和家庭的溝通橋梁者角色轉變為團隊隊員。在這種情況下，學生不是學校和家庭之間的中間人，如圖 10-2 所示。相反的，教育人員和照顧者應該在合作關係中成為夥伴，幫助支持學生，如圖 10-3 所示。

143　　　在這種修改後的夥伴關係結構中，家庭和學校被視為共同支持學生的盟友，家庭和學校溝通獨立於學生之外。這種結構可引導教育人員、照顧者和學生更合適的角色與職責。學生為支持的焦點，而學校和家庭在溝通及支持學生上維持共享的責任。具體而言，學校的教育人員在學校創造一

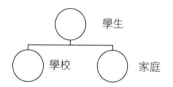

■ 圖 10-2　學生作為學校
和家庭間溝通者的範例

■ 圖 10-3　學生、家庭和
學校成為夥伴關係的範例

個安全、支持性的環境並直接與照顧者溝通。教育人員有責任提供校本介
入、蒐集和分析有關學生進步的資料，並根據資料做決策。照顧者有責任
確保安全、支持性的家庭環境，以及直接與學校的教育人員溝通。

八、家中的期待

在已建立的夥伴關係中，教育人員和照顧者可以共同努力，對列在
CICO DPR上全校性期待提供一致性用語。多數情況下，在學校的所有環
境中對於全校性期待的教導為第一層級的一部分，但不是家中和社區所遵
守行為期待的一部分。教育人員和照顧者應該討論全校性期待以及如何根
據現有的家庭結構、教養方式和社區文化來解釋它們。值得注意的是，家
庭和社區不需要將他們的行為期待與學校的期待一致。相反的，照顧者和
教育人員夥伴應該討論在家庭、社區和學校環境中使用一致性用語的相似
性、差異和策略，以加強對行為期待的理解。教育人員和照顧者可能有必
要共同發展行為矩陣（如一份行為期待及它們在每個環境中看起來像什麼
的清單），包括家庭和社區期待。重要的是，理解在家庭和社區環境中行
為期待的定義可能有所不同，這是一種文化回應實務。

圖 10-4 呈現了在學校、家庭和社區教導和支持 PRIDE〔隱私（privacy）、尊重（respect）、參與（involvement）、尊嚴（dignity）、同理心（empathy）〕行為的高中家長手冊。圖 10-5 則為一個家庭的 PBIS 矩陣，也可以拿來使用。

九、共同創造目標

類似於上述對文化回應實務的討論，CICO 內目標設定的優先順序和進階的家庭—學校的夥伴關係可促進所有夥伴在使用進步資料、背景資訊和照顧者偏好來建立可實現的每日目標的能力。在基本版 CICO 中，每日目標聚焦在獲得 80% 或更高的總點數。透過 CICO 的進階夥伴關係，指導者／引導員和課堂教師可以判斷是否需要對全校性目標進行額外的澄清或措辭。例如，對於傾向與權威人士的決定爭論的孩子，父母可能會表達接受負向回饋或錯誤糾正的重要性。在這種情況下，「接受回饋」一詞可以列在全校性期待「尊重他人」，並將焦點縮小到學生是否能接受糾正性回饋，而不是與課堂教師或指導者爭論。考慮學生整天從教師那裡所接受到的回饋量，將這個目標列為優先事項或許是特別重要的；因此透過讓學生在全校性期待下面寫下他們的目標，可使目標個別化，這也有助於提供每日提示，讓他們遵守期待。

十、合作性回饋

類似於共創與優先考慮 CICO 目標，在進階的照顧者—教育人員夥伴關係中，表現回饋可以在團隊方式的情境下提供。糾正性與正向回饋可以提供給學生、照顧者和指導者，視為一個團隊，而不是只給學生。提供 DPR 評分和表現回饋的教育人員可聚在一起與學生和指導者／引導員討論回饋。利用電子的 DPR 格式可產生更多細節和提高評分期間的透明度，或可以與數字評分一起提供每日表現回饋的摘要。例如，學校分派 Google 電子郵件地址給所有教師，學生也可為照顧者請求一個 Google 電子郵件

北嶺高中全校性期待

公共廁所：
· 正確使用廁所，並且尊重其他人隱私。
· 在下課或午餐時間使用廁所。
· 使用距離最近的廁所，使用後馬上回到教室。
· 如廁後洗手且保持洗手台清潔，沒有塗鴉。
· 隨手撿起地上的垃圾。

走廊：
· 使用適當的言語和音量。
· 留意身邊的事物。
· 上課時盡快回到教室且小心不與他人衝撞。
· 管好自己的手腳和物品。
· 將打翻的東西或者任何有危險的事情告知身邊的大人。
· 隨手撿起地上的垃圾。

餐廳：
· 使用適當的言語。
· 人潮眾多時要排隊。
· 把食物和飲料留在餐廳享用。
· 管好自己的手腳和物品。
· 告知人員有東西打翻，並且把垃圾丟到垃圾桶。
· 撿起地上的垃圾並丟棄。

停車場／巴士：
· 停在指定區。
· 使用適當的言語和音量。
· 下課後立即找車子並上車。
· 遵守所有交通規則。
· 在校園放慢行駛。

教室：
· 做一位積極的聽眾。
· 參與課堂活動。
· 保持上進心。
· 準備好上課要使用的用品。
· 待在自己的位子。
· 管好自己的手腳和物品。
· 遵守課堂程序。
· 隨手撿起地上的垃圾。

社區／家：
· 觀察、聆聽並有禮貌的回答。
· 擔任社區和家中的幫手。
· 有遠見且負責任。
· 幫助維持乾淨的社區和家。
· 做正向的決定和表現好的行為。
· 告知大人你在哪裡、和誰在一起。
· 負責任的花錢。
· 在休閒娛樂之前完成自己分內的責任和工作。
· 如果你看見或聽到不適當的行為，要告知大人。

PBIS 家長指引：
1. 記得正向與負向回饋為 5：1
2. 為成功做好準備，獎勵努力
3. 給清楚、具體的指引
4. 維持平靜，使用平靜的音量，嘮叨讓你毫無進展
5. 設立合理限制，避免使用「一定要」和「絕不要」
6. 維持一致，是就是，不是就不是
7. 樹立榜樣，事實勝於雄辯

■ **圖 10-4** 學校、家庭與社區行為教導和支持的高中家長手冊

	早上	就寢時間	吃飯時間	開車時
關心	如果爸爸、媽媽、兄弟姊妹需要，幫助他們做好準備 說再見時給家人一個擁抱或親吻 告訴家人：「願你有美好的一天！」	睡覺前給家人一個親吻和擁抱 告訴家人：「有個好夢！」	分享最後一口食物 在拿走最後一口之前確認其他人都吃飽了 吃飯時詢問家人今天過得如何	幫別人開車門
尊重	說：「早安！」 說：「請」、「謝謝」 聽從父母的指令	說：「晚安！」 聽從父母的指令	說：「請」、「謝謝」 講話時有禮貌，比方說：「不好意思。」 向準備食物的人道謝	在適當的時機講話，避免大聲喧譁和打斷別人 以適當音量播放音樂 避免對駕駛人或乘客說負面的話
負責	吃早餐 刷牙 鋪床單 看天氣和學校活動著裝	刷牙 換上睡衣並且把髒衣服放在其他地方 睡覺前讀十五分鐘的書 關閉所有的電子產品	幫忙整理好桌面 幫忙準備食物 吃飽後將自己的東西收拾乾淨	繫上安全帶 收拾好東西，避免往窗戶外丟垃圾 下車後鎖門 下車後注意四周的車輛和行人
準備好	準時起床 確認自己準備好上學需要的物品（作業、午餐、禦寒衣物、運動鞋）	確認自己準備好上學需要的物品（作業、午餐、禦寒衣物、運動鞋） 準時上床睡覺	吃飯前洗手	離開時拿好自己隨身的物品（如外套、鞋子） 帶上必備的物品（如包包、水）

■ **圖 10-5** 家庭 PBIS 矩陣

地址，因此，學生的日常表現可以輸入 Google 表單，並即時與整個團隊分享。當學生透過 CICO 得到更具體且正向和糾正性訊息而進步時，這種糾正性回饋的團隊方式增加照顧者和指導者支持回饋歷程的機會，並提高表現回饋的一致性。

十一、隨機的、持續的增強和後果

在 CICO 中納入 DPR 可以：(1) 增強達到列為優先的每日目標；(2) 在進階家庭—學校夥伴關係中溝通表現。首先，將 DPR 送到家讓照顧者增強和慶祝當學生在學校達到他們的每日目標。照顧者可以在家裡使用口頭稱讚表揚和額外的後效增強系統（例如，如果你這週在學校有兩天達到目標，星期五你可以選擇一部電影來看）。DPR 還鼓勵在家討論關於一天中收到良好的與不好的評分。例如，照顧者可以指著「看起來在今天的代數時，你為自己的學習負責，做得非常好」，或像是：「我看到卡特老師在世界歷史課將你的尊重行為評為『0』；你能告訴我更多有關這一點嗎？」最後，CICO 的 DPR 還可以讓教育人員和照顧者在行為期待及目標未達到時，在後果上保持一致。雖然收到糾正性回饋和沒有達到學校目標是可以教導的，如果在家中沒有進行到底的話，學校的不當行為可能無意中會被沒有覺察日常表現的照顧者增強了。例如，如果學生在學校表現出改善的行為並在一天中達到每日目標，但是這表現沒有在家裡被認可的話，學生在學校表現出改善行為的動機可能會減少。相反地，如果家裡的反應與學校表現一致，加上達到 CICO 目標可在家獲得額外權益，那麼學生便會接受到關於行為期待的一致訊息。

十二、互惠溝通

在進階的家庭—學校 CICO 夥伴關係，夥伴之間的持續溝通（如學校行政人員、CICO 指導者、課堂教師、照顧者）是雙向的、互惠的管道。溝通可能需要每週打電話、額外會議或每天用於討論進展的電子郵件，或

小組討論，例如「Group me」應用程式，這可以讓夥伴成員討論學生的優勢、退步、情境事件（setting event）和社區、家庭或文化活動和事件。這種開放的溝通消除學生作為訊息傳遞或溝通的代理人（agent）。一旦免除此責任，學生可以專注於目標和進展，夥伴成員可以進行有效的、合作的溝通和解決問題。

　　以上這些對進階照顧者─教育人員夥伴關係所建議的調整是有效的且只需要很少的額外資源。在某些情況下，需要資源密集的方式。最後三個調整需要照顧者的額外參與，有時很難招募到。

十三、家訪

　　家訪可以作為學校應對出現問題行為學生傳統做法的一部分。例如，第二層級團隊可以指定一位諮商師顧問或社工進行家訪，以獲取有關學生情況的額外訊息或促進與照顧者的溝通。家訪特別有益於教育人員，也對學生和家庭有所幫助。大多數家訪可以在不到一小時的時間內完成，包括一些針對照顧者的開放式問題，而教育人員積極傾聽和觀察。如果學校已
147　經有這種做法，可與第二層級團隊和 CICO 引導員／指導者分享家訪的資訊。

十四、問題解決團隊參與

　　與請求和進行家訪類似，在某些情況下，在每兩週或每月檢視進展時，可能需要邀請照顧者到學校，作為問題解決團隊的臨時成員。在討論他們的孩子時，照顧者在行為支持團隊或第二層級 PBIS 團隊的角色是：(1) 告知團隊他們孩子在校的進步和情境因素；(2) 接收孩子進步的更新資料；(3) 與團隊一起解決問題（例如，如何讓他們的學生參與介入，團隊可嘗試使用什麼作為後效增強）。團隊合作可增加對介入的共享責任、溝通，以及對介入計畫和學生成果的擁有感。由於大多數團隊會議都在學校

上課期間舉行，可能有必要讓照顧者透過線上或電話參與。提供翻譯以便與不會說主流語言的照顧者溝通也會有所幫助。

十五、照顧者需求評估

　　最後，如果學生對 CICO 沒有反應，CICO 引導員可能需要決定照顧者的需求是否沒有被滿足，例如收到紙本 DPR 或了解 DPR 資料。在這些情況下，引導員或指導者可能會要求照顧者完成關於對成功溝通所感受到的需求、文化回應調適和有效合作的需求評估。從需求評估中蒐集的訊息可以幫助團隊找出針對照顧者的簡單支持。例如，需求評估將有助於確定照顧者是否需要教養技巧和基本必需品，像是免費和減價午餐服務、週末餐點服務，以及獲得社區精神衛生健康服務。在 CICO 支持性的進階夥伴關係，照顧者成為不可或缺的變革推動者和提供支持的切入點。一個簡單的評估可以幫助有效地找出這些需求。

第四節 結論

　　學生大部分白天的時間都在學校和老師一起度過，而教師有責任提供學業教學與支持學生在社交、情感和行為的發展。儘管教師肩負重責給予全面性的教育支持，在這歷程中照顧者和社區的角色也不應忽視。研究顯示，尤其是父母的參與對具有不同背景、年齡和能力的學生成就產生正向影響力（Jeynes, 2007, 2012）。透過將照顧者納入 CICO 歷程並考慮家庭和社區文化，CICO 的執行者正在採取有希望提高學生成績的文化回應方式。需要注意的是，這些為改善照顧者與學校夥伴關係的策略，進而改善 CICO 的實施，並沒有改變基本版 CICO 的核心要素。即基本版 CICO 保持不變，但考量並採取行動以改善照顧者在歷程中所扮演的角色。

148

一、CICO 可以在沒有照顧者夥伴關係的情況下進行嗎？

　　雖然本章側重於鼓勵照顧者參與的策略、合作夥伴及建立夥伴關係的好處，但 CICO 可以在未具一般或進一步的夥伴關係下進行。沒有照顧者作為夥伴，所有基本版 CICO 程序仍可就位，CICO 的 DPR 會送到家以便家長查看報告。如果照顧者不成為 CICO 夥伴，你可以鼓勵學生讓照顧者簽名，但如果照顧者沒有簽名，學生不應被懲罰。同理，DPR 送到家後可能沒有交回學校。如果這種情形常發生，教師可以事先影印後再把報告送到家，或在將報告送出之前記錄 DPR 百分比，以便能夠根據報告資料做出基於資料的決策。

二、對抗拒的照顧者應該使用什麼策略？

　　出於多種原因，照顧者可能不願意參與 CICO。其中一個原因可能是學校和照顧者之間的關係受到傷害。對於學校或特定教師關係不佳者，刻意的建立關係並鼓勵更多正向、一致性的回饋或許有幫助。照顧者抗拒的另一個常見原因是照顧者不相信學校為他們孩子找出的需求，或不認為 CICO 介入是有益的策略。一些照顧者可能：(1) 在家裡看不到挑戰性的行為；(2) 很難理解學生的行為和 CICO 的理論依據；(3) 不了解與學校為夥伴關係的必要性。在這種情況下，我們建議要耐心且明確地向照顧者解釋他們的學生如何被篩選出來接受 CICO，CICO 是什麼、會發生什麼，以及回答照顧者可能提出的任何問題。第三個常見的照顧者抵制的原因是，許多照顧者缺乏時間支持介入。照顧者經常忙於照顧其他孩子與家庭成員，或是忙於工作。如果照顧者因為時間不夠而顯示抗拒，學校可以找些更簡單且有效的方法讓他們參與（如更新簡訊、每週更新），或可以要求在整個介入過程中較少的參與（如在 DPR 簽名）。

三、如果孩子住在兩個不同的家庭怎麼辦？

　　重要的是要注意到有許多學生在一週或一個月中會在不同的家庭間轉換。本章重點關注在一般的「照顧者」，這可能包括單親家庭、雙親家庭、分離家庭、祖父母和其他家庭成員、臨時監護人和養父母。因此，當孩子有多個照顧家庭時，父母作為合作夥伴的模式應該擴展到學生的所有照顧夥伴。有多個家庭和多個照顧者會使溝通變得複雜，因此，建立系列性的溝通，確認哪一位照顧者直接與學校溝通和其餘依序溝通的照顧者，這樣可以消除混亂和誤傳。同樣地，教育人員應該讓多個照顧者參與 CICO 並簽署 DPR 以繳回學校。最後，在多個照顧家庭中，調整所有照顧者的期待和程序可以提供結構和連續性並改善學生成果。

CHAPTER 11

高中環境的CICO

Kaitlin Bundock、K. Brigid Flannery

150　　　　至目前為止，我們談的主要都是在國中小執行 CICO。高中生也會有
行為上的困難，我們同樣能以 CICO 介入而有效地處理這些困難。這些學
生，就如同國小或國中階段的學生一樣，也能從 CICO 這個針對特定對象
的第二層級介入方式中受益：CICO 有結構地提示學生適當的行為、對於
他們的行為給予具體的回饋、和學校裡的成人有正向接觸的機會、自我評
估的歷程，以及在行為改善時獲得肯定（Mitchell et al., 2017; Wolfe et al.,
2016）。

第一節　高中 CICO 的研究

　　　　雖然 CICO 大部分的研究都是在國小進行，但是在國中和高中的研究
數量持續成長，而其中多數是在國中（Drevon et al., 2018; Hawken et al.,
2014）。即便國中與高中間存在獨特的差異（如學生的成熟度、學業要
求），國中的**組織結構**通常更接近高中而非國小。舉例來說，國中和高中
生通常得上好幾堂不同教師的課。因為這些結構上的相似性，當我們考慮
在高中實施介入時，於國中所進行的實施介入的研究就顯得珍貴且息息相
關。因此，在接下來所要回顧關於高中執行 CICO 的相關研究裡，我們將
國中及高中環境下已進行的研究一併納入討論。

151　　　　只有一個研究特別在高中情境裡評鑑了 CICO（Swain-Bradway,
2009）。在這個研究中，有六名九年級到十一年級的學生參與了 CICO。
在 CICO 的執行中加入了每天一堂 45 分鐘的學習技巧課，教導學生特定的
技巧與策略來增進他們的組織能力、有效的學習與考試策略、設定目標、
完成作業、獲得成人回饋和運用適當科技。經過課程的介入，六名學生在
學業參與的比率上都顯著地增加，而完成作業的情形也進步了。這些學生
的行為問題些微地減少，而其中有四位學生的出席率有些微改善。整體而
言，這個研究提供了證據顯示，CICO 加上學習技巧支持課程，對於有問

題行為風險的高中生能產生正向的改變。

　　有兩個研究在另類教育環境（alternative education setting）評鑑CICO，這當中包含高中年紀的學生（Ennis et al., 2012; Swoszowski et al., 2012）。Ennis 和他的同事（2012）認為 CICO 與降低其中三位學生的問題行為比率有關，而這三位學生的行為問題主要是獲得注意；但是，對於有逃避問題的三位學生，研究結果就沒有那麼肯定。Swoszowski 及其同事（2012）則指出在他們的研究中，六個學生裡有四個對於介入有反應，不論其行為功能為何。這些研究顯示 CICO 對處於較為限制環境中具有中度到嚴重行為問題的高中學生是一個可以改善行為的有效方法。

　　即便 CICO 在高中的研究有限，但在國小及國中環境卻有著深厚的研究基礎。在一項涵蓋了 28 個 CICO 的回顧研究中（包含未發表的博士論文），Hawken 及其同事（2014）發現其中有 10 個研究包含了六年級以上的學生，而且有中度介入效果。隔年，Maggin 及其同事（2015）認為CICO 可被視為實證本位的介入，因為在九個高品質的研究裡，80% 的學生呈現正向的介入效果，其中有三個研究在國中實施，而有一個則是在高中實施。Wolfe 及其同事（2016）進行一項 CICO 的回顧研究發現有六個（全部共十二個）符合高品質研究標準，其中兩個研究的學生年齡在 12 歲以上。這兩個研究，各包含三至六位學生，指出 CICO 可促使學生行為產生正向的改變在資料點上達 64%～82%，而結果亦呈現中度效果。

　　在另一個 CICO 的回顧研究中，Mitchell 及其同事（2017）則從十三個已發表的研究中挑出五個研究，均符合特殊兒童學會（Council for Exceptional Children, CEC）對於嚴謹研究的高品質標準，其中兩個分別是以五到八年級與六到九年級學生為對象。Mitchell 等人（2017）發現這兩個中等教育階段（secondary-level）的研究各自呈現中性到混合的結果（neutral to mixed results）。在其中一個研究裡，有 67% 的參與者（六個學生裡有四個）在介入的過程中行為問題變少了（Swoszowski et al., 2012）。而在另一個研究中（Simonsen, Myers, & Briere, 2011）則發現教

師對於行為的評分在介入前或介入後沒有顯著差異（Mitchell et al., 2017）。

在最近的一份 CICO 回顧研究中，納入了最多的研究（共有 37 個，其中 9 個為中等教育階段），Drevon 及其同事（2018）發現 CICO 對於學生行為有著大而顯著的正向效果，而且相較於基線期，學生在介入後可進步超過一個標準差。Drevon 等人（2018）也在他們的回顧中進行了調節變項的分析，以了解 CICO 的效果是否會因為教育階段（小學、國中或高中）、行為功能（亦即逃避 vs. 獲得注意）、性別或種族／族裔等因素而有顯著不同的結果。稍微與先前 CICO 的回顧研究比較一下，他們在調節變項分析的結果指出 CICO 的效果並沒有因為前述變項而有顯著的差異。因此，這樣的結果顯示 CICO 在國小、國中和高中同樣有效。

總之，CICO 在中等教育階段的研究（尤其在高中）正持續增加，但仍十分有限，而目前呈現中度效果。因此，記住，本章的建議是基於目前在中等教育階段的研究（Swain-Bradway, 2009）與筆者在高中直接實施 CICO 的工作（Kittelman et al., 2018），以及高中在全校性 PBIS 架構下實施行為介入的研究（Flannery & Kato, 2017; Swain-Bradway, Pinkney, & Flannery, 2015）。

CICO 在國中和高中環境的實施上是相似的，但 CICO 勢必得因應高中的本質進行部分的調整來確保介入能夠符合高中組織與青少年後期的需求。在本章，我們將先討論高中有哪些特徵會影響 CICO 的設計與執行。接著，我們會敘述不管教育階段為何，CICO 有哪些關鍵且重要的特徵應該優先考慮並維持。最後，再針對如何在高中設計與執行 CICO 來有效地增進學生行為提出具體建議。

Fixsen、Naoom、Blase、Friedman 和 Wallace（2005）認為介入策略要能成功而且永續地執行，不僅要注意介入的特徵和組織系統，還要注意情境（亦即人、環境、文化）。這些情境的變項會直接影響介入將如何執行與維持，以及重要的學生與學校目標將如何達成。高中情境有三個獨特的基本變項：(1) 學校規模；(2) 組織文化；(3) 學生的發展程度（Bohanon, Fenning, Borgmeier, Flannery, & Malloy, 2009; Flannery & Kato, 2017; Swain-Bradway et al., 2015）。

第一個需要考量的影響是高中的**規模**——和國小比起來校園比較大，建築物和實體空間更多，學生和教職員人數也比較多。另一個情境的影響則是**組織或學校文化**，包含了學校如何運作的共享意義與價值（Lee, Bryk, & Smith, 1993）和隨之而生的學校結構。教導學業是高中文化裡基本而清楚的焦點。教師的聘僱是基於學科的專精，而高中傳統上是根據相同的領域組成各自的科別。高中教師視自己的角色與責任比較和學業領域有關，比較不在於提供學生社會支持。增進社會行為通常不會被認為是高中教師的責任，因為學生在這個階段通常被認為應該已經知道自己要表現什麼行為。最後一個會影響介入的情境是**學生的年齡和發展階段**。中等教育階段的學生是一群離開成人尋求自主、增加獨立，和主動參與決策的青少年，尤其是結果和他們有直接關係的時候。青少年尋求自主和獨立的結果往往是對父母的依賴減少，而對同儕的依賴增加。當我們考慮在高中執行 CICO 的時候，要把以上這些變項都納入考量。

153

除了要注意高中環境的獨特性來確保 CICO 能符應情境之外，高中在實施 CICO 時優先維持介入的關鍵定義性特徵來促進其執行的效率、有效與永續也是很重要的。我們接下來要討論的是 CICO 在高中特定情境下的關鍵特徵（第三章曾討論，參見表 11-1）。以先前談過的高中獨特性為基礎，我們將闡述在高中情境下執行介入時如何維持 CICO 的重要特徵。

第一，高中在實施 CICO 時需確保介入能形成一個**有效能的系統**，來支持學校裡即使在全校性 PBIS 模式下預期，仍有大約 10%～15% 需要額外支持的學生（Bruhn et al., 2014; Mitchell et al., 2011）。高中可能需要調整 CICO 輔導員的角色來確保學校裡這個比例的學生都能獲得介入，即使學生人數和國小或國中相比之下來得更多。高中裡 10% 的學生可能就已經高達 160 人（甚至更多），這表示需要好幾個輔導員和引導員而且可能也需要好幾個行為支持團隊。第二，CICO 必須是**持續可得的**，讓已經確認需要支持的學生在三到五天內就能獲得介入。第三，介入要形成一個**每日**

154

■ **表 11-1** CICO 的關鍵定義性特徵

- 構成一個有效能的系統。
- 持續可得的介入。
- 每天與其敬重的成人進行簽到和簽退。
- 設計促進師生間有正向的互動。
- 增加立即回饋的頻率。
- 設計上讓教師不費力。
- 連結行為與學業支持。
- 校方全體教職員執行與支持。
- 學校團隊定期監控 CICO 每日進展卡（DPR）資料。
- 學校團隊使用每日進展卡資料來決定是否進行調整。

和一位敬重的大人進行簽到簽退的時段。最為重要的是簽到的時段，因為這使得學生有機會在一天的開始就能和成人有正向的互動並在行為期待上獲得提醒。簽到對於高中階段來說可能是尤關緊要的，因為這對有困難的學生而言，可能是唯一能在期待目標（學業和行為）獲得明確且具體提醒的機會。

第四，CICO 的設計是用以**促進師生間的正向互動**。這項特徵在高中特別重要，因為學生會有好幾個教師而且班級通常也較大。在課程的一開始有短暫而正向的互動，對於建立師生間正向的關係上不但能提醒適當的行為，也能成為一個結構性的方法。第五，**CICO 增加每個教師對於學生行為給予立即回饋的頻率**。以高中生的發展程度而言，可能需要針對如何適當地接受回饋並做出反應提供更具體的訓練與指導。第六，CICO 的設計讓教師**不必花費太多的心力**就能確保介入可持續執行，而且只要做一點點事就能看到正向的行為改變。幸好，CICO 不太費力，這點在高中階段所需要的調整微乎其微。不過，由於可能參與 CICO 的學生數量多而且課間的時間有限，且師生都得跑班，所以行為支持團隊必須確保教師們不會在同一時間內有太多參與 CICO 的學生。

第七，**CICO 連結行為與學業的支持**。由於高中的主要焦點在學業，因此應該以這個介入成分為優先，以確保教師給予學生立即與建設性的回饋，讓他們能調整自己的行為。CICO 的期待可以用來連結行為與學業支持，以提供學生一個結構來追蹤自己的作業，且有利於和教師針對學業進步的情形作為對話的基礎。第八，**介入是由全體教職員共同執行與支持**，因為學生每天到校都和好幾個教師互動。第九個特徵是，當學生有支持的需求時必須有**選擇參與的機會**，並且配合 CICO 的介入。因為學生在高中的自由度提高，這項特徵會關係著接受介入的學生也能在課外的時間（也就是上學前和放學後）參與 CICO 每日的歷程。最後，學校層級的團隊**定期監控 CICO 的 DPR 資料**，並且以這些資料來決定是否有需要調整整體的或是對於個別學生的介入。

第四節　高中 CICO 執行上的建議

由於高中在學校規模、組織文化、學生的**年齡和發展階段**有其獨特性，以及維持 CICO 介入的關鍵特徵的重要性，因此有需要提供高中實施 CICO 的指引。在這個部分，我們將描述高中在設計與實施 CICO 時的具體調整特徵。這些調整首重於維持關鍵特徵並包含介入時特定要素的調整建議，以確保其對於高中是可行且適切的（表 11-2 提供 CICO 調整摘要）。

一、角色與責任

當介入開始的時候，學校團隊需要決定所需的軟硬體設施或系統以支持其實施。在實施 CICO 時，有三個需要具備的主要成員角色是協調員（或稱引導員）、輔導員和行為支持團隊成員（如資料分析者、教師）。關於 CICO 執行時參與其中的學校人事角色在第五章有更為詳細的討論。在高中階段關於 CICO 的人員角色有一項差異需要特別注意：因為加入了 CICO 輔導員，負責每日簽到／簽退的時段，因此 CICO 協調員得以負起更多督導的角色。

（一）CICO 協調員

協調員可能是教師或者提供相關服務的人（也就是輔導教師或半專業人員），需要檢視學生的資料、和輔導員聯繫，並在事情進展不順的時候排除困難。因為高中學生通常一天得上四到八位教師的課，萬一沒有引導員，協調員在開始進行介入的時候要有足夠的彈性以支持學生度過一整天。例如，學生需要在每一節課熟悉師生之間完成進行簽到簽退的循環過程，且可能需要提示。剛開始的時候，個別學生的困難可能需要盡快解決而無法等到下一次團隊會議才處理。因此，協調員必須知道如何調整程序和增強物以增加介入的有效性。

辨識與轉介	
學生篩選	• 開學前主動檢視新生的資料。 　○ 運用國中資料或其他訊息。 　○ 除了檢視現有學業平均成績之外，也檢視相較於以前學業平均 　　成績的改變或其他資料的變化。 • 運用行為（如 ODR、遲到／缺席）和學業（學業平均成績、累計 　學分數、公民意識成績等）指標。 • 納入有出缺席議題的學生，如果行為的功能與和成人或組織技巧 　有關。 • 不要納入討厭和成人接觸的學生。

關鍵角色	
協調員	• 要有足夠彈性，尤其是當學生開始接受介入時，必要的話整天都 　能提供支持。 • 教導需要額外支持的學生問題解決的程序〔如低精準度教師 　（low teacher fidelity）、資料蒐集〕，或是當有事情發生（如修 　復程序）。 • 如果超過 30 個學生可能需要好幾位輔導員。
輔導員	• 維持有限的時間內所能服務的學生數量。 • 與學生迅速建立關係。 • 運用策略使學生主動參與整個過程。 • 選擇能激勵學生簽到簽退的輔導員以支持學生（例如，與學生有 　著良好的關係、在上學和放學時間地點最接近他們）。

始業式與訓練	
教職員始 業	• 擴展探索階段以納入時間討論社會行為和學業表現的一致性、大 　學與職涯準備度或其他全校性措施。 • 因應教師參與的數量，確保有效率且一致的訓練以因應教師流動 　或代理教師訓練。
輔導員與 協調員訓 練	• 提供 CICO 程序和策略的基本訓練（包含轉介其他適當支持）以 　處理非預期的情境事件（例如，和同儕／家長發生衝突、用藥改 　變）。

學生始業 ／訓練	• 提供 CICO 的理念並解釋對其在高中和未來的價值（如大學與職 涯準備度標準）。 • 在歷程和決策上主動納入學生。 • 運用 CICO 來教學生自我規範和組織策略。 • 教導「修復程序」以面對事情不順利的情況以及如何尋求輔導員 的支持。

CICO 歷程

每日 CICO 例行事務	• 考慮在校園建築物裡安排多個簽到和簽退的地點。 • 在一天快結束時安排其他的時間（而非簽退的時間）和學生會面 以檢視目標並給予肯定；如果學生逐漸步上軌道或許不需要每天 會面（如一週的檢視時段）。
DPR	• 確保學業可以經由 DPR 的規範處理。 • 支持教師使用正向和糾正性的回饋。 • 確保教師在教室裡運用全校性的規範。 • DPR 要維持基本要素，但可以適齡（如小尺寸、電子化）。 • 納入額外的學業要素（如作業追蹤）。 • 讓學生在教師提供回饋之前先針對自己的表現進行自我評鑑。
針對行為 給予回饋	• 明示地教導（如角色扮演）如何提供和接受回饋。 • 讓教師和學生參與；注意多個課堂情境。 • 支持學生整合教師所給予的回饋能力並自我監控，探討並執行策 略以調整行為。
增強物的 選擇	• 學生可以參與選擇增強物。 • 使用特權和實質物品；特權可以包括像是午餐免排隊的「快速通 關」。 • 如果可能的話，連結第一層級的全校性認可系統。 • 完成程序（如交回卡片、與每位教師簽到）和達成目標都有增強 物。 • 由於與同儕關係的連結較強，可以考慮引進同儕夥伴（fellow student）；給予一些他們可以和其他學生分享的獎勵，像是口香 糖、飲料券；讓一個同儕陪他們一起簽到簽退。
家庭聯繫	• 每週把關於表現的摘要訊息寄送到家裡。 • 寄發電子訊息。

157

（二）CICO 輔導員

CICO 輔導員於早上和放學時與學生簽到和簽退進行直接互動。輔導員通常是半專業人員或教師，開啟每個學生的一天並引導學生邁向成功。根據學生人數與學校結構，引導員也可能身兼某些學生的輔導員。輔導員和學生設定目標並在達成目標時給予增強物。因為學校規模與上／放學的時間限制，高中的每位輔導員通常可以支持五到十位學生。除了與學生建立關係之外，輔導員也應該讓學生有機會根據自己的需求來增加控制或選擇的機會，以在介入時更為主動積極。這樣做可以讓學生從一份名單中選擇自己心目中的輔導員，提供增強物清單或增強系統，以及選擇讓父母收到哪些訊息，還有其他各種選擇。最後，輔導員要負責和學生的家人或監護人溝通關於進步的情形。

（三）行為支持團隊

行為支持團隊的功用是讓介入更有可能精準地執行以及更有效率且有效（參見第二章關於第二層級介入，與第四章關於 CICO 執行時行為支持團隊的角色）。這個團隊提供介入、評估系統與執行的精準度，並定期運用資料來監控學生的進步情形。成員通常包括全校性 PBIS 領導團隊的其中一員、CICO 引導員、行為專家和一位學校行政人員。這個團隊每兩週召開一次會議以檢視學生的進步情形並解決遇到的問題。

在高中實施 CICO 時，依介入的學生數量可能需要數個團隊。例如，因為新生通常是需要第二層級支持的最大宗（Allensworth & Easton, 2005; Kato, Flannery, Triplett, & Saeturn, 2018），一個學校或許需要考慮至少有一個行為支持團隊聚焦在這個群體。如果是這樣的話，支持其他更高年級的學生就需要其他額外的團隊了。

二、學生的確認與轉介

學生通常是由行為支持團隊經過一個標準選擇程序所挑選出來的（參

155

157

158

見第三章）。團隊考慮的對象時常會包括因為 ODR 的比率而受到注意的學生，或是直接由教師或家長轉介而來。CICO 的設計是針對那些無論是否有身心障礙，但在校時高頻率地出現低程度行為問題的學生。這些學生的行為可能從需要協助其組織日常生活到有輕微的不良行為，例如隨意發言、上課和同學講話、完成工作有問題、輕微干擾課堂和上課使用手機。學校也應該考慮因為多次輕微違規而被停學的學生作為 CICO 可能的人選。由於中等教育更聚焦於學業上的成功，學校或許也應該考慮運用學業篩選的標準，例如學生的整體平均成績（GPA）或是畢業前所累積修習的學分數。

評估學生在國中與高中整體平均成績的差異也是值得做的事，因為整體平均成績上顯著的改變就表示需要支持。我們在前面曾經提過，討厭和大人接觸的學生不太可能對 CICO 有所反應，因為和大人頻繁地互動是介入上一個很關鍵的特徵。高中學生的課程每節都在變，所以會遇到不同的內容、教學風格和互動模式，也因此學生在這一節課有狀況而在另一節卻沒有是可以預期的。相對於在一個或兩個特定的課程或教師時表現困難的學生，CICO 對於一整天或在大部分課堂的行為表現稍微一致的學生也是比較適合的。只要學生在大多數的課堂上顯示困難，CICO 或許就是個適當的選擇。

高比例的缺曠課可能也顯示學生需要支持。然而，重要的是要考慮經常蹺課學生可能未必能從介入中獲益，因為對其而言，行為後效（contingency）可能不夠強大到促使他們出席。有心理衛生議題的學生，如果行為已穩定的則可以從 CICO 受益，但是學校最好仍給予這些學生額外的支持（參見第十二章內向性行為問題學生的 CICO，以及第九章為嚴重行為需求的學生調整 CICO）。由於高中每節下課的轉換時間有限，在策略上要考慮每個 CICO 潛在學生在需求上的程度與種類，盡可能讓教師們在同一節課不要處理超過二到三位學生。

最後一個關於在識別與轉介 CICO 學生的建議是，在學年初特別考慮

新生。這些學生在這個關鍵的轉銜時間裡會面對比較多的新期待，因此加入 CICO 能獲得更多所需的支持，結構明確而清楚。通常，檢視國中資料並與國中端的教職員談話對於選擇適當的學生也能有所幫助。

三、始業與訓練

（一）訓練全體教職員

在 CICO 開始之前，行為支持團隊應為全體教職員進行一場始業式，以確保其在執行前願意支持並承諾介入。團隊需要認同只要提供學生額外的協助就能解決問題，而教師們也願意在下課後投入三、四分鐘來和學生互動並提供回饋。這樣承諾全心投入的歷程需要的可能不僅是一場簡報而已，或許還需要和全體教職員討論關於：(1) 他們在社會發展中所扮演的角色；(2) CICO 如何減少學生的教室干擾行為因而增加教學的時間；(3) 學生將發展的技能如何配合大學與職涯準備度的標準（College- and Career-Ready Standards）（U.S. Department of Education, 2010），或與其他專業要求（如公民意識學分、職業技術教育課程的相關專業標準）產生連結；(4) CICO 如何提升學業表現以確保能畢業。教師也需要了解如何進行師生間的簽到簽退歷程，以及提供正向與建設性回饋的重要性，和如何提供回饋。

一旦知道每一節課是哪些教師會和學生互動之後，協調員應該挪出時間來和他們進行討論發生問題時的處理方式，或許也需要演練。例子包括像是：如果需要找代課教師怎麼辦、如果學生錯過一堂課或不想簽到怎麼辦、如果某天不能和學生簽退怎麼辦、如果學生不接受回饋怎麼辦。

根據學習政策研究院（Learning Policy Institute）的報告（Carver-Thomas & Darling-Hammond, 2017）發現，教師流動率和學校規模為負相關。這個結果意味著註冊入學人數較高的學校往往也有著較高比率的教師流動率，而註冊人數較少的學校教師流動率也較低。雖然每所學校都有教

職員流動的可能性，但高中的規模與要求造成了更顯著的流動風險。因此高中應有持續因應的策略以引導新進教師了解 CICO。我們建議學校在新學年初就提供新進教師 CICO 的訓練和始業式，而協調員持續追蹤以確保他們能了解 CICO 的理念以及他們在其中所扮演的角色。學校也應該決定對於代課教師要採取什麼程序，例如，一個可能的方法是先製作關於說明 CICO 的說明單，讓辦公室的教職員可以在代課教師當天一到學校時就提供給他們了解。

（二）訓練協調員與輔導員

輔導員與協調員需要關於 CICO 程序的基本訓練（參見第五章和第十四章），也需要一些關於和青少年一同工作的特殊訓練。這些學生在上學前可能會有一些情境事件發生（如用藥改變、與同儕／家長爭執，和感情困擾），因而在簽到或在校時就被發現或注意到。輔導員需要具備詢問學生簡述的技巧，並能讓他們回歸正軌或轉介其他支持（如輔導教師）。

（三）訓練學生

學校必須有方法鼓勵學生主動參與 CICO，使其對學習這些技巧的重要性願意「買單」而且同意一起參與這個介入。當學生理解運用這些技巧的理念以及其與「大學與職涯準備度」的關聯——或是對他們目前在高中和對於自己的未來有什麼好處時，訓練起來會更有效率。

高中的一項核心期待是：學生能為自己的學業和社會行為負起更大的責任（Schiller, 1999）。這種對自我規範策略（self-regulation strategy）增加的期待讓學生獲得依賴自己的技巧，並減少對成人輔導與控制的依賴（Sheffield & Waller, 2010）。這樣的期待可以和學生尋求自主、控制影響自己的事件和主動參與決策的需求結合。在學生主動參與上，CICO 可以作為一個教導學生自我規範技巧的機制（如目標設定、自我監控、接受回饋、自我評價）。訓練不僅是讓學生知道在何時、何地進行簽到簽退、如何使用 DPR、設定目標而已。學生可在有需要的領域上獲得完整自我規範

160

的歷程所需的每項技巧上，接受到明確且簡短的訓練，包括：(1) 目標設定；(2) 自我監控；(3) 尋求回饋；(4) 自我評價；(5) 根據回饋調整行為。輔導員和學生針對如何在每一節課開始和結束時與大人進行有效率的接觸上，做角色扮演的練習或許會有幫助。

最後，需要教導學生一個「復原程序」（recovery routine），讓學生知道當不順利的事出現時該怎麼辦。學生可能會經驗到讓他們爆炸的事件，例如：和同儕或父母發生爭執、和教師發生負向互動、收到非正向回饋的瞬間。這些干擾事件是青少年的日常，而很多參與 CICO 的學生在這些事件發生時，並沒有既定的流程可依循，以調整自己和保持適當的行為。復原程序可以是在下課時間去找輔導員聊一聊這麼簡單的行動，或是去做一個重置程序（reset routine）來發洩負面能量。例如，重置程序可能包括像是：(1) 深呼吸（延遲反應）；(2) 去做下一件事（一次聚焦在一件事上）；(3) 轉移到一個比較好的心態，並決定下一步（例如：你需要尋求幫忙嗎？還可以做些什麼？你可以不要理這件事嗎？）。CICO 的協調員應該教導學生，當他們在面對高度壓力或讓人惱怒的情況時可以遵循的程序，包括一項重置程序。

四、高中 CICO 的歷程

（一）CICO 例行事務

實施 CICO 的高中可能會發現每日簽到簽退的例行程序需得做一些微調。高中校園裡可能會有好幾棟建築物橫跨一大片校區，根據學校的規模，CICO 輔導員的辦公室相對於學生的第一節或最後一節而言可能是在校園的另外一側。如果這個例行程序會導致他們上課遲到或錯過回家的公車，學生可能就不太願意簽到簽退。另一個在高中實施例行簽到簽退的潛在阻礙則是學生較為獨立，且往往易受同儕注意與認同的影響。到校與放學後的簽到簽退可能會占用他們與同儕社交的寶貴時間，而社會性汙名化

161

（social stigma）風險可能會導致他們與同儕在一起時，對簽到簽退會有所顧慮。接下來我們將說明，如何在最融入情境脈絡的同時，又能調整簽到簽退的程序以維持關鍵成分的數種選擇。

首先，實施 CICO 的高中或許可以透過好幾個輔導員來解決這些阻礙。為了執行這個建議，學校應該找出好幾個善於和學生發展正向關係而且願意成為擔任 CICO 輔導員的成人。CICO 的協調員可以指派學生給特定的輔導員，或者讓學生選擇他們想要和哪位輔導員一起工作。當要決定哪一位學生要找哪一位輔導員簽到簽退時，協調員應該考慮每一位輔導員的教室或是工作位置，以及學生的第一節和最後一節課，以確保他們在簽到後可以準時到教室，並且在簽退後可以準時趕上回家的公車。學校也可以考慮讓同儕擔任指導者（mentor）來協助其完成簽到簽退的時段。

高年級學生或是 CICO 結業生也許適合擔任同儕指導者（peer mentor）這個角色，尤其是如果他們在校內具有社會地位的話。例如，剛從 CICO 畢業的學生可以指派給他一到兩位剛進入 CICO 的學生，而且也可以幫忙角色扮演、協助提醒簽到簽退、回答他們關於 CICO 的問題，或是提供好建議。高年級的學生也可以藉由遞送 DPR 來幫忙簽到簽退的時段，或是協助學生把分數加起來並計算賺得點數的百分比。有研究已經成功地在國小運用同儕擔任類似的角色（Dart et al., 2014; Smith et al., 2015）。

另一種調整方式為修改簽退這個部分。相較於簽到，學生更可能會為了獲得與同儕間的社交時間、課後活動或交通因素而略過簽退。CICO 中的簽退時間不僅是用以檢視當天 DPR 的分數，也是給予學生因為達成自己的分數目標而有機會獲得增強。介入中會納入這部分是因為很多學生都能從經常獲得獎勵而受益。其中一種可能的做法是讓學生在放學後發簡訊給輔導員，報告他們這一天過得如何。簡訊的內容可以是一則評論性的訊息，或是也可以像是「讚、爛透了、還可以」這麼簡單的內容。

然而，年紀較大的學生，尤其是當他們已經全天從教師那裡得到回饋與正向增強時，或許就比較不需要經常得到實質的獎勵。可行的做法是，

將簽退修改為和最後一節課的教師簡單地進行簽退亦可，或者也可以讓他們把已經完成的 DPR 投到一個指定的地點而不需要親自簽退。如果學生採用的是這種調整後的簽退程序，很可能在簽到時就沒有足夠的時間來完成額外的必要特徵（像是完整檢視學生在行為與學業上的進步情形、提供正向／建設性的回饋，以及給予獎勵）。因此在這樣的調整之下，學生可以照常簽到，舉例來說，每週有一次在午餐或學習中心的時段和 CICO 輔導員進行較長（10～15 分鐘）的回顧。

在每週的檢視中，輔導員可以和學生討論他們在學業和行為進步的情形、設定目標，以及找出為了達成目標可以採取的具體行動。輔導員可以用輪替的方式來進行每週檢視，每天和一組學生會面（例如，共有 25 名學生處在介入中，輔導員每天和 5 個學生會面）。每週檢視的時段提供了非常寶貴的時間，讓輔導員和學生一起針對特別而複雜的學業與行為挑戰共同腦力激盪。

（二）每日進展卡

在高中使用 CICO 時可以調整的另一項特徵是 DPR。DPR 的基本要素不應該調整（參見第六章）。在高中階段，由於學校規模與組織文化上的差異，更重要的是要保證教職員在全校性的規範上對學生要清楚且有一致性。除此之外，因為高中的焦點往往是學業成就，因此 DPR 的調整可以納入學業上的回饋。高中學業通常較為嚴格而且事關重大（也就是未通過課程的後果較為嚴重，而且長期而言與高中之後的選擇有關）。例如，學生未通過必修課程得重修，可能就會延遲畢業。

CICO 可以連結行為和學業支持，所以學生能獲得一個結構來記錄特定規範下的學業支持（例如，負責任的表現包括追蹤／完成作業），或是一個能和教師討論學業進步情形的對話基礎。許多高中在關於學業成就上訂有全校性的規範（如「負責」），因此讓 DPR 有機會可以納入學業回饋。萬一學校沒有學業成就上的規範，這一項也可以納入 DPR 以助教職

員願意採用 CICO。其他學業成分，像是追蹤家庭作業，也可以加進 DPR 裡以幫助學生建立組織技巧（參見圖 11-1）。完成家庭作業追蹤的項目分數則可以計入 DPR 的總點數裡。

除了在 DPR 裡加進學業成分之外，DPR 本身的格式也可以調整以更融入高中情境。高中生可能會認為隨身帶著一張 DPR 會被投以異樣眼光或是覺得尷尬，而經過調整則可以減少這樣的風險。例如，有些高中會使用口袋版的 DPR、把 DPR 置入學生的行事曆中，或是把 DPR 格式調整成就像是學生運動員（student-athlete）所使用的成績或出缺席紀錄表。口袋版的 DPR 看起來比較不明顯而且也比較不會受到注意（如圖 11-1）。很

163

包括追蹤作業的 DPR	

姓名：_____
日期：_____

節數	尊重	關係	負責	作業：	教師回饋與簽名
1	2 1 0	2 1 0	2 1 0		
2	2 1 0	2 1 0	2 1 0		
3	2 1 0	2 1 0	2 1 0		
4	2 1 0	2 1 0	2 1 0		
5	2 1 0	2 1 0	2 1 0		
6	2 1 0	2 1 0	2 1 0		
			□/36 = ___% 目標：___		

口袋版 DPR

姓名：_____   日期：_____

時段	物品	準時	完成工作	尊重	教師簽名
第1節	2 1 0	2 1 0	2 1 0	2 1 0	
第2節	2 1 0	2 1 0	2 1 0	2 1 0	
第3節	2 1 0	2 1 0	2 1 0	2 1 0	
第4節	2 1 0	2 1 0	2 1 0	2 1 0	
小結	___/8	___/8	___/8	___/8	總分___/32
目標	目前目標：___%		今日是否達標：是／否		

■ 圖 11-1　高中 DPR 卡的範例

多學校會要求學生把學校指派的家庭作業寫進行事曆中，而有些教師則會
在學生的行事曆上簽名以確認學生確實照做。如果學校有這樣的系統，就
可以調整 DPR 的格式以便更融入學生的行事曆。為了提高接納度，其他
可行的調整還包括將 DPR 的紙張大小和顏色印得就像是學生運動員的成
績／出缺席檢核表。而第四種形式上的選擇就是使用電子版 DPR（如
Google 表單或是應用程式；參見圖 11-2），讓學生、CICO 輔導員、CICO
協調員和學生的所有教師都能使用。使用電子版 DPR 的主要效益在於學
生不必隨身攜帶一張紙本的 DPR。但是，如果學校使用電子 DPR，應該要
有一個系統以確定學生在每一節下課後仍然可以和教師討論行為上的評
分，因為 CICO 的其中一項主要特徵，就是透過介入提供教師和學生一個
結構性的機會來討論行為表現。如果缺少這項要素，學生在行為上就不太
可能會有明顯的進步。

（三）針對表現給予回饋

　　在傳統的 CICO，學生每天都在每一節下課後收到教師給予具體的回
饋。在這個時間，教師依據學生達到符合期待的程度給予正向和（或）糾
正性的回饋。這些回饋的機會可以促使學生和教師互動，並有助於建立正
向的關係。如前所述，重要的是我們得認知到高中這段時間是學生發展和
大量練習獨立的時候。如果未能給予學生支持，這樣的獨立也可能會導致
行為上的挑戰。CICO 的回饋成分可以經由調整提供學生一個結構化的歷
程來學習與練習自我評量，並且有機會可以獲得成人具體的回饋。

　　首先，學生在一整天裡收到教師回饋的歷程可以調整為在收到教師的
回饋之前，先對自己的行為進行自我評價。自我評價有助於增加責任感、
獨立、努力和自我省思（Paris & Paris, 2001），在較低的年段上如果學生
已經能持續達成每日分數的目標時，則運用為撤除 CICO 介入的方法（參
見第七章）。到了高中，接受 CICO 介入的學生，可以先在下課時為自己
達成行為目標的表現評分。接著學生再將自己的評分給教師，教師可再依

■ **圖 11-2　智慧手機應用程式裡電子 DPR 的範例**

資料來源：版權為 2020 Educational and Community Supports, University of Oregon 所有。經
作者同意後轉載。

據實際狀況調整評分（可能調高或降低），並給予學生正向或糾正性的回
饋。當納進行為介入裡，類似自我評鑑的過程有助於提升學生專注課業學
習（on-task）和適當行為（Sheffield & Waller, 2010）。

　　我們曾討論過，所有年段的 CICO 在一開始介入的時候，輔導員要訓
練學生關於如何獲得並回應教師的回饋。這項要素在高中階段可能需要更
加強化，一來是因為學生一整天下來得和好幾位不同的教師互動，二來是

因為高中學生自主性漸增。在開始介入之前，CICO 輔導員可能需要對學生加強訓練。訓練的時候，CICO 的輔導員可以藉由角色扮演具體地教導學生如何獲取並回應教師的回饋，同時也需要考慮學生全天在不同教室情境中的互動。再者，如果學生在收到教師回饋之前先對自己的行為進行自我評分時，訓練的時候也要示範當教師和學生的評分不一樣時該怎麼回應。我們建議訓練學生的焦點應該擺在肯定教師的回饋、問題解決和根據教師的回饋來執行策略以改變行為。

（四）選擇增強物

　　CICO 的一個關鍵要素就是提供學生經常性的機會，因為參與 CICO 的歷程和達成 DPR 的分數目標而獲得後效正增強（contingent positive reinforcement），也就是簽到、尋求教師回饋、簽退或交回 DPR，CICO 協調員（或輔導員）和其他相關校內人員選擇適齡的增強物並且在挑選上納入學生的選擇。CICO 的輔導員或許可以給每一位參與的學生一張調查表，調查什麼樣的增強物最能吸引他們（參見第六章的範例與資源）。還有，設計增強系統時可以考量學生的選擇，讓他們可能用賺得的點數來兌換特定的物品或特權。

　　很多實施全校性 PBIS 的學校可能已設有學校商店，讓學生能以校園票或校園單（school ticket or slip）來兌換實際的物品，能納入 CICO 的正增強系統。除了像是原子筆、鉛筆和食物等實質的增強物，高中學生往往更喜愛特權，例如在排午餐的時候「快速通關」、在特定的時段使用電子產品、自由活動時間（仍在監督下）、參加特定的活動、額外加分或是免除家庭作業。高中裡的同儕關係較強，可以和同儕分享的增強物（如口香糖、小餅乾、咖啡交換券、特定活動或自由時間）可能會特別具有吸引力。

（五）家庭聯繫

　　在傳統的 CICO 裡，每天結束後 DPR 的結果會複印一份讓學生帶回家

讓家人檢閱並且簽名；學生則在隔天簽到時交回簽完名的 DPR。高中學生隨著自主性逐漸增加，可能並不希望讓家人知道 DPR 的結果，因而偽造簽名後交回。然而，家庭和學校間的聯繫仍是必要的，尤其是對於有學業或行為挑戰的學生而言。不需要每天通知家裡 DPR 的結果，但是 CICO 協調員可以每週寄給家裡一份統整的 DPR，也不需要請學生簽名後帶回。另一種方式則是直接發送（每日或每週）電子 DPR 給家長。如果要這樣做，CICO 協調員或輔導員可以掃描 DPR（每日聯繫），或是以圖表編輯每週 DPR 報告後透過電子郵件發送給家長。這樣的調整方式可能會比較貼近高中生的獨立性，卻仍能持續維持家庭與學校間的溝通。

第五節　結論

　　我們在本章說明為了因應高中的獨特性，對 CICO 進行必要的調整、概覽了 CICO 介入應維持的關鍵特徵，並針對高中執行 CICO 上提出建議。目前關於高中 CICO 仍需更多研究，也正在進行中。這些研究成果對於我們目前所做的建議或許會提供更多建言與調整。在高中執行 CICO 的實務工作者應定期評估此領域的最新研究，並做出必要的調整以符應研究成果。在這之前，我們建議在此環境執行 CICO 的實務工作者仍應以本章的建議為主，以有效率且有效地實施 CICO。

第六節　常見問題

　　Q：如果接受 CICO 介入的學生並不是每天的每一節課都在學校怎麼辦（例如，他們第一節或最後一節課不在，或者他們參加了半天的校外充實方案）？

因為高中學生的作息可能會有變動，所以對於調整簽到及簽退的時間要保持彈性。例如，可以在午餐時段增加簽到簽退的時段，讓只有上午半天課的學生能完成簽退，而剛到校的學生能完成簽到。

Q：如果學生不簽到和（或）簽退怎麼辦？

和未能持續簽到和（或）簽退的學生談一談，以確定是否有外在因素影響他們簽到（例如，因為必須搭別人的便車所以遲到）或簽退（例如，擔心錯過公車），是否是忘記簽到／簽退，抑或只是不喜歡簽到／簽退。如果是外在因素影響他們簽到／簽退，發展一些彈性的做法讓他們能適時且適當地進行。例如，學生可和最後一節課的教師簽退，或者是把 DPR 交給最後一堂課的教師或把 DPR 投到校內一個指定的安全地點（可上鎖的置物箱）。

假如是學生忘記簽到，可以使用簡訊系統發送訊息以提醒簽到／簽退或幫助他們在手機上設定提醒鬧鈴。假如學生不喜歡簽到，可以解決簽到時會遇到的問題、讓他選擇另外一位輔導員以進行簽到，或者在簽到時加入增強。例如，學生在簽到時即可獲得點數或一個小物品，或者他們也可以帶一個朋友陪著一起來簽到。

Q：如果學生把 DPR 留在前一節課怎麼辦？

提供給學校教職員額外的 DPR，讓他們可以拿給弄丟的學生。比起去找到協調員或輔導員，辦公室通常是比較方便拿到新的 DPR 的地點。此外，提供給班上有正在接受 CICO 學生的教師們額外的 DPR，讓他們可以在學生把 DPR 忘在其他教室時能用得上。

167

Q：如果學生和他們的輔導員未能保持正向的關係怎麼辦？

如果學校裡只有一位 CICO 輔導員，CICO 的協調員可以擔任那些少數和原本指定的輔導員產生衝突的學生的替代輔導員。或是學校裡的其他人員可以加入成為那些特定學生的輔導員。如果學校有好幾個輔導員，讓學生選擇他們自己想要的輔導員。

Q：如果學生不想要和某一節特定的教師簽到簽退怎麼辦？

和學生討論為什麼他們不想要和特定的教師簽到或簽退。談話的時候，討論有什麼方法可以和那位教師簽到／簽退時會覺得比較舒服，並透過角色扮演來實際演練。此外，和教師會談以獲得更多關於學生在班上行為的資訊，以決定是不是有什麼教師可以做的改變，以增加學生在每一節上課前後願意進行簽到／簽退的可能性。

Q：如果學生在好幾堂課上表現良好，他們在這幾節課也需要使用DPR 嗎？

如果學生能在大多數的課堂上持續達成 DPR 的目標，或許會讓我們傾向在學生已經表現良好的課堂上停用 CICO。然而，我們的建議是學生應該在所有的課程中繼續使用 CICO，因為這樣做可以在一整天裡提供更多機會來肯定適當的行為。協調員和學生也可以找出是什麼讓他們能在某些課堂上表現良好，並發展出在其他課堂可行的策略來調整差異。除此之外，學生也能在表現良好的課堂上練習與全校性規範有關的更進階行為目標。需要注意的是課堂間缺少一致性會導致混亂，且會影響執行的精準度。協調員應該和學生共同確認他們能理解每一堂課的介入是如何執行的。

如果學生在其他的課程都能表現良好，而只有一、兩節例外，評估學生比較沒有動機的課堂情境也能有所幫助。有時候，課堂教師可能也需要CICO 協調員指導，關於如何提供學生適當的回饋和如何準確地針對行為給予評分。

Q：如果學生對於我們使用的增強物都興致缺缺怎麼辦？

如果學生不需要外在增強物就願意改善行為，那就不需要調整。在簽到／簽退的時候提供學生具體正向的回饋，並確定是不是學生的每個教師都能經常提供學生後效讚美。如果學生對於增強物似乎不感興趣，但看起來願意改變行為，和學生一起找出他們有機會樂於獲取的物品、活動或是

168

特權。

　　如果學生不願意改變行為，和小組討論 CICO 是否為合適的介入方式。具體評估這個學生的需求是否需要藉由第三層級的介入策略方能獲得適切的滿足。針對學生的行為進行功能分析以確定維持不適當行為的功能是什麼，可能也是很有用的方法。

CHAPTER **12**

為內向性行為問題學生
而設的 CICO

Kristin Kladis、Kristen Stokes、Breda O'Keeffe

Kristin Kladis 博士
自 2017 年起為法官紀念天主教高中（Judge Memorial Catholic High School）的教師。
作為法官紀念學生服務部的主任，負責監督可從第二層級和第三層級支持受益學生的
學業和行為介入。

Kristen Stokes 博士
目前是幼兒園到八年級學校的學生服務主任。她專精多層次支持系統，並培訓教師教
導有各種學業和行為需求的學生。

Breda O'Keeffe 博士
猶他大學特殊教育系副教授。主要研究興趣包括：有風險與障礙的多元國小學生之評
量、行為支持和閱讀教學相關的實證實務。

169   教育者通常會立刻注意與回應行為對教學或其他學生造成破壞的學生；然而，教育者也體認到對教學和同儕顯得退縮的學生可能會面臨挑戰。內向性行為問題（internalizing behavior problem）與心理健康診斷有關，例如焦慮和憂鬱（Kovacs & Devlin, 1998）。它們還包括社交退縮和身體不適的抱怨（例如，對身體不適的抱怨超乎正常水準，像是頭痛、胃痛、顫抖和噁心）（Hughes, Lourea-Waddell, & Kendall, 2008）。焦慮的學生經常表現出過度的擔憂、害怕和情緒困擾或逃避的情況，有時會出現相對應的身體的抱怨（American Psychiatric Association, 2013）。憂鬱症的特徵是長期性或循環性地過度悲傷、情感「空虛」或易怒，以及影響日常功能的相對應身體和認知困難（American Psychiatric Association, 2013）。儘管將行為挑戰界定為「內向性」並沒有指出行為功能（即向內性的行為可能是逃避或獲得關注），但使用該術語可以幫助實務工作者意識到內向性行為挑戰的獨特特徵，這些特徵可能是更嚴重的心理健康問題的早期指

170 標。此外，在他們達到焦慮、憂鬱和相關障礙的診斷標準之前，早期確認出內向性行為問題，可以提供學生更有效和強度較低的介入，以預防發展出更嚴重的問題（National Research Council & Institute of Medicine, 2009）。

   有內向性行為問題的學生比沒有這些困難的同儕在學校有較低的學業表現，且輟學的風險較高（如 Duchesne, Vitaro, Larose, & Tremblay, 2008; Hughes et al., 2008; Rapport, Denney, Chung, & Hustace, 2001）。 如果處理不當，焦慮和憂鬱會導致嚴重的行為問題，例如社交孤立、物質使用障礙（substance use disorder）（如 Kendall, Safford, Flannery-Schroeder, & Webb, 2004; O'Neil, Conner, & Kendall, 2011）和自殺（如 Fergusson, Woodward, & Horwood, 2000）。 顯然，實務工作者需要盡早篩選和處理內向性行為問題。

解決內向性行為問題介入之研究

　　內向性行為問題可能會被低估和忽視，而未能處理這些挑戰的後果，久而久之變得惡化與嚴重。學校是學生接受心理健康服務的最常見情境之一，儘管與臨床情境相比，學校準備好能提供這些服務的專業人員要少得多（如 Costello, He, Sampson, Kessler, & Merikangas, 2014; Wu et al., 1999）。此外，處理內向性行為問題研究為本的實務往往是高技術性且需要密集的時間，但對於需要密集的個別化支持的學生來說是最有效的（如 Compton, Burns, Egger, & Robertson, 2002; Marchant, Brown, Caldarella, & Young, 2010）。舉例來說，認知行為介入有最多的證據證明可減少內向性行為問題，但需要具有心理健康專業知識的實務工作者，並且需要用到許多課堂外的時間（如 Compton et al., 2002）。其他介入，例如社交技巧訓練和「堅強孩子」（Strong Kids）的課程，對於內向性行為問題的成效是可被期待的，但似乎對具有更嚴重內向性行為問題的學生最有效（Marchant et al., 2010; Williams, 2015）。

一、呼籲 PBIS 要涵蓋內向性行為問題的介入

　　在全校性 PBIS 對有外向性行為問題學生的影響之研究顯示，這種組織形式和相關介入是成功的（如 Benner, Nelson, Sanders, & Ralston, 2012; Bradshaw et al., 2010）；然而，McIntosh、Ty 和 Miller（2014）發現當時只有兩個關於全校 PBIS 的研究將內向性行為作為結果或介入目標。儘管有內向性行為問題的學生在這兩個研究中都獲得了改善（Cheney et al., 2009; Lane, Wehby, Robertson, & Rogers, 2007），但 McIntosh 等人（2014）呼籲要增加全校性 PBIS 模式中聚焦內向性行為問題的學生之篩選和介入的研究與實務。全校性 PBIS 的實施鼓勵實務工作者在問題惡化前，要篩選出學業和行為挑戰有風險的學生並提供其支持。對於內向性行

171

為問題的預防和介入可能會更加困難，因為實務工作者只有少數專門針對這些行為挑戰發展初期的篩選工具和第二層級介入。

二、針對內向性行為問題學生 CICO 已有的研究

作為最廣泛實施的第二層級行為介入之一，CICO 通常用於支持有外向性行為問題的學生。然而，除了支持多樣化的學生群體之外，關於調整 CICO 以解決不同問題行為的研究也正興起，特別是針對具有內向性行為的學生（Dart et al., 2014; Hunter, Chenier, & Gresham, 2014; Kladis et al., 2020; Mitchell, 2012）。Hunter 及其同事（2014）將 CICO 結合簡單的認知行為策略，以支持四名被確認為有內向性行為問題風險的國小學生。這介入與用於有外向性行為學生的典型五步驟 CICO 介入相同，唯一的區別是 DPR 上的積極參與行為目標是個別化的。來自教師完成的 DPR 資料顯示，所有四名參與者增加積極參與行為。「學生內向性行為篩檢量表」（Student Internalizing Behavior Screener, SIBS）（Cook et al., 2011）的資料也顯示每位學生的內向性行為有所下降。

在另一項研究中，Dart 等人（2014）檢視同儕介入（peer-mediated）CICO 對國小學生內向性行為問題的成效。本研究中使用的 DPR 有促進積極參與行為的個別化行為目標。對比 CICO 通常由成人指導者或輔導員執行，國小高年級學生擔任目標學生的輔導員，並促成上下午的簽到與簽退。對於缺乏資源的學校，以同儕來管理介入可能是 CICO 介入的有效替代方案。簽到簽退時都有一名成年督導者在場；然而是由學生輔導員負責執行簽到／簽退流程。總體來說，這個研究結果建議，給內向性行為問題學生的 CICO 可有效地增加由 DPR 每日點數所評量的積極參與行為。相較於基線期，三名目標學生中有兩名在 CICO 介入期間 DPR 點數有顯著增加。此外，在介入後，所有三名參與者都不再符合 SIBS 上「有風險」的標準，因此顯示這些學生不再需要第一層級之外的服務。Dart 等人（2014）的研究顯示，對於資源有限的學校，同儕介入 CICO 對內向性行

為問題的學生是一種有效果且有效能的第二層級介入。

　　Mitchell（2012）檢視 CICO 在減少學生焦慮、憂鬱、身體化和其他內向性行為問題的成效。這項研究包含一所小學的三名具有內向性行為問題風險的學生。最初，DPR 上列出的行為期待與全校性行為期待一致，但根據教師陳述的需求，為每位學生進一步個別化。隨著 CICO 的實施，教師覺察學生內向性行為問題有所改善。透過「兒童行為評估系統第二版」（Behavior Assessment System for Children-2, BASC-2）（Reynolds & Kamphaus, 2004）進行介入後評估，顯示所有參與者的焦慮水準都降低了。事實上，當中有兩位參與者的焦慮分數從臨床顯著降低到正常水準。兩名參與者的 BASC-2 憂鬱量表的分數降至正常範圍內。三名參與者中的兩名，教師對 BASC-2 內向性問題的評分也有所改善。Mitchell 的研究支持使用 CICO 可降低國小學生內向性行為問題。

三、內向性行為問題的 CICO 與通用 DPR

　　過去檢視用於內向性行為的 CICO 研究中，研究人員沒有以全校行為期待作為 DPR 上的期待，而是根據每位學生的需求領域為每位學生擬定個別化的行為期待。個別化每位學生的 DPR，使 CICO 能夠實施於內向性行為的學生，這種做法比較偏向第三層級，而非第二層級的介入（Crone et al., 2010）。如前所述，第二層級介入的兩個重要特徵包括給所有學生一致且類似的執行方式，並且與全校行為期待是一致的。最近，Kladis 等人（2020）繼續研究這種第二層級介入，用於內向性行為問題的 CICO（CICO for internalizing behavior problems, CICO-IB）之成效。這個研究與之前研究的差異是對所有具內向性行為的學生使用一種 DPR。DPR 列出全校行為期待以及符合這些期待的社會和學業參與行為的範例。例如，如果 DPR 的全校行為期待之一是「尊重每個人」，則 DPR 有一個範例，說明如何透過「與朋友口頭互動」的積極社會參與行為以符合這個行為期待。

　　Kladis 等人（2020）研究的目的在確認 CICO-IB 的實施與隨後內向性

行為的減少以及積極的學業和社會參與行為的增加之間是否存在功能關係。他們使用跨參與者的多基線設計，因為這種設計可以檢視介入對學生 DPR 分數的影響。在介入後，透過教師、家長和學生評分來評估 CICO-IB 的可接受性。

Kladis 等人（2020）的結果證實，CICO-IB 與內向性行為的學生增加積極的學業參與行為之間具有功能性關係（functional relation）。在實施 CICO 介入後，透過直接觀察和介入階段所獲得的 DPR 點數百分比得知，所有四名參與者的積極學業參與均有所增加。如同基本版 CICO，DPR 點數的百分比對於學生整天積極參與的學業和社交行為進展情況提供概況。此外，所有參與者的整體參與度（主動和被動）增加到近 100%，介入階段所獲得的 DPR 點數從平均 18.5% 增加到平均 89.5%。這數據也顯示了 CICO-IB 的實施與減少分心之間具有功能性關係。在介入期間，透過行為觀察得知所有參與者減少分心行為。

明確教導的行為期待、持續的行為回饋、一致的例行程序、正增強，以及促進學生與學校聯繫的師生關係是支持 CICO 介入所依據的研究基礎之基本原則（Crone et al., 2010），有風險的學生受益於遵守這些行為原則的介入（Crone et al., 2010）。上述研究結果證實 CICO-IB 在減少內向性行為問題和增加積極參與行為上是個有希望的介入（Dart et al., 2014; Hunter et al., 2014; Kladis et al., 2020; Mitchell, 2012）。

第二節　如何實施 CICO-IB

CICO-IB 是理想的第二層級介入，因為它的彈性使其能夠調整以符合學生的各種行為需求。透過使用現有的第二層級介入來幫助在學校通常被忽視的學生，學校能夠在現有的服務模式架構支持內向性行為問題的學生。使用通用的 DPR，上面有全校行為期待與積極的學業和社會參與行為

範例，可以立即並一致地實施介入（Kladis et al., 2020）。在本章接下來的部分，我們概述了實施 CICO-IB 的具體步驟，並強調 CICO-IB 和基本版 CICO 之間的區別。

一、找出適合 CICO-IB 的學生

學校可以使用三種方法來找出需要介入的學生：ODR、教師推薦，或篩選工具。首先，學校可以使用自己的 ODR 系統來找出學生（McIntosh & Goodman, 2016; McIntosh, Reinke, Herman, 2009）。然而，ODR 頻率較高的學生通常是有外向性行為問題，而不是內向性行為問題（McIntosh, Campbell, Carter, & Zumbo, 2009）。出於這個原因，我們建議不要僅僅依靠 ODR 來找出需要介入的內向性行為問題學生。

教師推薦也可用於找出需要 CICO-IB 的學生（Crone et al., 2010），並且是可以有效地找出內向性行為問題的學生，否則使用全校性的資料系統，例如出勤表和 ODR，會錯失這些學生（Carter, Carter, Johnson, & Pool, 2012）。在提出關切的學生給行為支持團隊時，教師應遵循個別學校的學生支持流程。遵循全校性 PBIS 模式（Sugai & Horner, 2009b），行為支持團隊（包含學生的老師），將決定 CICO-IB 是否為符合學生需求的適當介入。

第三種找出需要 CICO-IB 學生的方法是使用正式的篩選工具（Oakes, Lane, & Ennis, 2016）。對**所有**學生進行普及性篩選，是找出內向性行為問題學生的另一種方法，這些學生可能在其他數據系統或教師推薦過程中無法被如實地呈現或被忽視（Tanner, Eklund, Kilgus, & Johnson, 2018）。可達到普及性篩選目的的一些評量範例包含「學生內向性行為篩檢量表」（Student Internalizing Behavior Screener, SIBS; Cook et al., 2011）、「行為障礙系統化篩檢」（Systematic Screening for Behavioral Disorders, SSBD; Walker et al., 2014）和「學生風險篩檢量表：內向性和外向性」（Student Risk Screening Scale: Internalizing and Externalizing, SRSS-IE; Lane et al.,

174

2012，改編自 Drummond, 1994）。

SIBS（Cook et al., 2011）專門篩選有內向性行為困難風險的學生。該評量是一種簡單的紙本工具，請教師列出班級中的學生。然後教師就每位學生表現出或經歷過的七種內向性行為的頻率進行評分（「0＝從不，1＝很少，2＝偶爾，3＝經常」）（Cook et al., 2011, p. 74），這些內向性行為包括「緊張或害怕、被同儕霸凌、自己獨自一人、緊黏著大人、退縮、看起來悲傷或不開心、抱怨生病或受傷」（Cook et al., 2011, p. 74）。總分等於或大於 8 的學生可被視為有內向性行為問題的風險（Cook et al., 2011）。這些學生在這方面可能需要額外的支持以發展適應技能。

SSBD（Walker et al., 2014）為外向性和內向性行為困難的常模參照與兩階段篩檢工具。首先，教師在他們的班級中確認他們認為外向性行為問題風險最高的學生，然後分別找出內向性行為問題風險最高的學生。對於在第一階段找出來的學生，教師完成正向和負向行為的「關鍵事件檢核表」。將每位學生的評分與常模樣本的學生評分進行比較，評分最高的前 5% 學生被認為有內向或外向性行為問題的風險。這個評量的第二版可以在線上自動評分和完成報告（www.pacificnwpublish.com/online/ssbd.html）。

SRSS-IE（Lane et al., 2012）包括三個分量表：SRSS-Externalizing 7（SRSS-E7）、SRSS-Internalizing 5（SRSS-I5）用於小學，及 SRSS-Internalizing 6（SRSS-I6）用於中學。SRSS-E7 行為項目包括：偷竊、說謊、行為問題、同儕排斥、低學業成績、消極態度和攻擊行為。SRSS-I5 行為項目包括：情緒平淡、害羞／退縮、悲傷／沮喪、焦慮和孤獨。SRSS-I6 增加同儕排斥這個行為項目（在中學階段的內向性和外向性分量表中都會對這一項進行評分）。教師每年對學生進行三次評分，就像他們在學業篩檢評估中所做的那樣，並且他們以李克特氏量表就每位學生所表現每一個行為項目的頻率進行評分。總分為每位學生提供估計的風險程度（Lane et al., 2012）。內向性行為問題得分在中等範圍內，而外向性行為問題得分在低範圍內的學生可能會受益於 CICO-IB（Kladis et al., 2020）。

例如，如果學生在 SRSS-I5 上的得分為 2 或 3，則他們將表現出中等程度的內向性行為（參見 Lane et al., 2015）。

無論使用何種方法來找出需要 CICO-IB 學生，重要的是要記住 CICO-IB 是第二層級介入；如果學生需要更密集的支持，則可能需要進行另一個介入或進一步調整。例如，SSRS-I5 得分為 4 或以上的學生將被視為需要比沒有進一步調整的 CICO-IB 更密集的支持（Lane et al., 2015）。 此外，被認為適合 CICO-IB 的學生應該在學校整天都有內向性行為，而不是在單一的時間或特定環境。

一旦學生被確認需要 CICO-IB，CICO 輔導員將按照與基本版 CICO 介入相同的五步驟歷程訓練學生（Crone et al., 2010；有關 CICO 訓練流程的資訊，請參見第五章）。在訓練過程中需要做出的唯一調整是解釋利社 175 會行為（學業和社會主動參與）的行為期待。

二、簽到

在學校一天開始時，學生會與 CICO 輔導員聯繫。輔導員提供學生 DPR（參見圖 12-1 和 12-2），瀏覽學生當天的目標和期待，並鼓勵學生積極參與社會和學業活動。 在基本版 CICO 中，輔導員通常會快速提醒學生前一天得分較低的地方如何符合行為期待。在 CICO-IB 中，這些提醒的重點是增加其利社會參與。例如，如果學生在前一天沒有積極參與社會或學 176 業活動，輔導員和學生可以迅速腦力激盪出能更積極地投入利社會的方法（例如：「如果你知道答案，記得舉手」；「當你看到你的教師和朋友時，向他們問好」）。CICO 輔導員可以使用點數追蹤表單記錄學生的點數，並讓學生知道他們的點數何時可以兌換增強物。要記得增強物必須是多樣化的（例如，包括各種物質和社會性的選擇）並且是學生偏愛的（亦即實際上是激勵和增強的）。

翱翔卡
成就與責任總結
（Summary Of Achievement & Responsibility）
「看我翱翔！」

學生姓名：_____ 日期：_____

2＝優秀	1＝尚可	0＝差
・需要 0～1 次提醒	・需要 2～3 次提醒	・需要 3 次以上提醒
・經常達成期待	・通常達成期待	・很少達成期待

時間	遵守指令： 請求幫助	尊重每個人： 積極的社會參與	專注： 積極的學業參與
早上休息時間之前	2 1 0	2 1 0	2 1 0
早上休息時間之後	2 1 0	2 1 0	2 1 0
下午休息時間之前	2 1 0	2 1 0	2 1 0
下午休息時間之後	2 1 0	2 1 0	2 1 0
總分	/8	/8	/8

教師簽名：_____ 輔導員簽名：_____

我今天的目標：

%	100	95	90	85	80	75	70	65	60	55	50
點數	24	23	22	21	19	18	17	16	15	13	12

今天的點數：_____ 可能的點數：_____ 今日達成率_____%

看我今天是如何翱翔的！ _____

_____

_____

家長簽名：_____

■ **圖 12-1** 用於內向性行為問題的小學 DPR 範例

資料來源：改編自 Bundock、Hawken、Kladis 和 Breen（2020）。

山坡中學
CICO 每日進展卡

學生姓名：_____　　　　日期：_____

2＝0～1 次提醒　　1＝2 次提醒　　0＝3 次以上的提醒

	尊重： 積極參與 社會任務	負責： 積極參與 學業任務	做好準備： 如果你需要 什麼，請尋 求幫助	正向： 說一些關於 自己和他人的 好話	教師／ 學生 簽名
第1節	2　1　0	2　1　0	2　1　0	2　1　0	
第2節	2　1　0	2　1　0	2　1　0	2　1　0	
第3節	2　1　0	2　1　0	2　1　0	2　1　0	
第4節	2　1　0	2　1　0	2　1　0	2　1　0	
第5節	2　1　0	2　1　0	2　1　0	2　1　0	
第6節	2　1　0	2　1　0	2　1　0	2　1　0	
第7節	2　1　0	2　1　0	2　1　0	2　1　0	

今天的目標：50%　55%　60%　65%　70%　80%　85%　90%

今天的點數：_____　　可能的點數：_____　　今日的百分比：_____

今天的成功之處：_____

_____

_____

_____

■ 圖 12-2　用於內向性行為問題的中學 DPR 範例

三、教師回饋

　　透過 CICO-IB，教師可以提供回饋給學生，特別是針對其積極參與行為；因此，他們應該了解這些行為的操作定義，或「行為看起來和聽起來的樣子」。與基本版 CICO 一樣，教師的回饋應該是正向的，並明確描述

他們從學生身上觀察到的正確行為。此外，如果學生沒有參與 DPR 上列出的積極參與行為，教師應就所期待的行為提供具體範例。範例 DPR（如圖 12-1 和 12-2 所示）包括積極參與行為，例如遵守指令——請求幫助；尊重每個人——積極的社會參與；專注——積極的學業參與。積極參與行為的操作定義範例如下：遵守指令——學生舉手或口頭請求教師的幫助；尊重每個人——學生向同儕或成年人打招呼（如說哈囉、早安、揮手和微笑）；專注——學生口頭回答問題（如個人、齊聲、同伴或小組回答）。表 12-1 提供積極參與行為的額外操作定義清單。

■ **表 12-1　積極參與行為的操作定義**

遵守指令（請求幫助）
- 學生舉手或向教師口頭提示尋求協助。
- 學生向同儕口頭提示尋求協助。
- 範例：「我該怎麼做？」；「我不明白」；「我需要幫助」；「這不合理」；「這是正確的嗎？」

尊重每個人（積極的社會參與）
- 學生向同儕或大人打招呼（例如：說哈囉、早安、揮手和微笑）。
- 學生發起與大人或同儕的社交互動（例如：「你在做什麼？」；「你願意當我的隊友嗎？」；「我可以坐在這裡嗎？」）。
- 學生回應大人或同儕所發起的社交互動（例如：口頭回應、手勢、面部表情）。

專注（積極的學業參與）
- 學生口頭回答問題（例如：個人回答、齊聲回答、同伴回答或團隊回答）。
- 學生使用動作來回答問題（例如：手部訊號、手勢）。
- 學生分享回答問題的書面回應（例如：白板、反應卡、板子）。
- 學生使用科技來回答問題（例如：課堂回應系統）。
- 學生主動參與小組／夥伴的工作（例如：與小組分享答案、回答同伴的問題、分發小組材料、在小組的紙上寫答案）。

在學校中自然發生的休息時間（如休息、午餐），以及 DPR 上指定的時間，教師就在該課程期間觀察到的積極參與來讚美學生，並在 DPR 上給予適當的點數。例如，如果學生在數學課上舉一次手，教師可以說：「傑米，謝謝你在數學課上舉手。我會給你 1 點以獎勵你的積極參與學業活動。下一次，我也希望看到你與同伴分享至少一個想法。繼續保持喔！」然後，教師會在 DPR 上為該堂課給予 1 分點數。

如果學生難以有積極的社會或學業參與，教師會提供簡短的糾正回饋，並鼓勵學生在下一節課中再試一次。例如，如果學生被問到時沒有舉手或與同學分享，教師可以說：「傑米，我沒有看到你在課堂上舉手或與同伴分享。在下一堂課，我希望看到你舉手並與你的小組分享一個想法。如果你有任何問題，請告訴我。我可以幫助你，所以你可以更主動地參與。」在這種情況下，教師給予該堂課 0 分。

178

四、簽退

與基本版 CICO 一樣，在學校一天結束時，學生繳回 DPR 給 CICO 輔導員。輔導員計算當天獲得的總點數百分比，如果學生達到指定的目標（如獲得 80% 的一天點數），輔導員讚美學生達到目標且積極參與課堂，並獎勵學生在點數追蹤表單上獲得的點數。

五、家長／監護人參與

CICO-IB 的簽退也與基本版 CICO 的簽退過程類似。在簽退過程結束時，CICO 輔導員會提示學生將 DPR 帶回家並與他們的家長／監護人分享。鼓勵學生在第二天交回 DPR 的簽名副本，但我們建議不要為此提供增強物或後果，以避免家庭參與較少的學生處於不利地位。如果學生沒有交回簽名的 DPR，不會有任何後果。此外，我們建議學校經常（例如每月）提供家長／監護人顯示學生在介入上進展的圖表。

六、評量實施的精準度

作為決定介入是否有效的過程的一部分，團隊必須考慮介入實施的精準度。實施的精準度讓團隊決定介入是否按預期的實施（Gresham, 1989; McIntosh & Goodman, 2016）。評量基本版 CICO 精準度的過程可用於評量 CICO-IB 的精準度。理想情況下，學校應使用第七章介紹的基本版 CICO 精準度檢核表蒐集實施精準度的資料。應在介入開始時檢查精準度，然後持續進行（如每學年二到三次）來監控介入（Algozzine et al., 2014）。CICO-IB 的精準度可以在評量基本版 CICO 精準度時同時進行。如第七章詳述，如果學生對介入的反應不如預期，則評量實施精準度尤為重要，因為可能需要對精準度進行額外評量。這些數據讓團隊能排除不當實施作為學生對介入沒有反應的原因。

七、評量介入反應

對於 CICO-IB，DPR 上列出的積極參與行為應符合全校性行為期待。與基本版 CICO 一樣，班上有參與 CICO-IB 學生的老師會評估學生在一天中多個時間段的行為表現。教師以李克特氏三點評分量表對每位學生積極參與行為的表現進行評分，0 表示**差**（例如，沒有或很少從事該行為。需要超過 3 次提醒）；1 表示**尚可**（例如，大部分時間都在從事該行為。需要 2 到 3 次提醒）；2 代表**優秀**（例如，始終如一地從事該行為。需要 1 次或不需要提醒）。就像基本版 CICO 一樣，計算跨行為和時段獲得的總點數，如果學生達到每日點數目標，他們將在一天結束時獲得特定數量的點數。DPR 還有一個部分為正向的教師評論，及一個部分為家長或監護人檢閱和簽名。DPR 的資料成為教師對學生每天課堂行為感覺的一個紀錄。DPR 只關注特定的主動參與行為，而不是負向陳述的內向性行為。在 DPR 上獲得的點數百分比對學生整天積極參與行為的進展提供概覽。

進度監控資料對於確認介入對學生是否有效是必要的。為了評量學生對 CICO-IB 的反應，應在電子系統（如 Microsoft Excel 或 www.PBISapps.

org 上的 CICO-SWIS）中繪製每日獲得的 DPR 點數百分比，並每兩週檢查一次。圖表能讓團隊快速確認期待的行為在一開始是增加或減少，並註記學生行為的整體趨勢（McIntosh & Goodman, 2016）。

第三節 結論

　　本章描述了實施 CICO-IB 的必要性、當前研究和實施過程，此過程旨在有效地滿足有內向性行為問題的學生的需求。學校需要及時篩選方法和介入來識別內向性行為問題的學生，這些學生往往會從縫隙中溜走，導致經歷升高的焦慮、憂鬱和壓力。 CICO-IB 的研究指出，介入可以改善內向性行為問題學生的利社會行為。與基本版 CICO 一樣，CICO-IB 使用通用 DPR，並含括許多與基本版 CICO 相同的要素（即簽到、全天回饋、簽退），但聚焦在提升積極的利社會參與行為，而不僅僅是達到標準的行為期待。因此，CICO-IB 的輔導員和教師回饋聚焦於鼓勵學生投入特定行為，包括提升整天對學業和社會互動的投入及參與。透過實施 CICO-IB，學校可以快速識別需要介入的內向性行為挑戰的學生，並提供支持以幫助他們取得成功。

第四節 常見問題

　　Q：如果我的學校沒有促進積極參與行為的全校行為期待範例怎麼辦？

　　通常，大多數學校對有內向性行為問題的學生沒有全校行為期待。你可能需要與你的學校團隊合作，發展滿足全校行為期待並促進積極參與行為的行為範例。如同你們團隊為具有外向性行為的學生提供適當行為範例

180

的方式，你的團隊可以確定你們能為可能從增加積極參與行為中受益的學生提供哪些行為範例。表 12-1 列出了一些範例行為。

Q：對於參與 CICO-IB 介入的孩子，我們是否需要單獨的簽到、簽退、輔導員和地點？

不需要，參加基本版 CICO 和 CICO-IB 的學生可以在同一地點向同一位 CICO 輔導員簽到和簽退。因為 CICO-IB 使用一個類似 CICO 一樣的通用 DPR，所有學生都可以遵循相同的格式，以便於實施。

Q：如果學生被認定有外向性和內向性行為問題的風險怎麼辦？該學生應該參加基本版 CICO 還是 CICO-IB？

學生可能同時具有外向性和內向性行為問題的風險。如果學生從事破壞學習環境的外向性行為，則該學生應接受基本版 CICO。在基本版 CICO，學生將收到有關適當課堂行為的回饋。透過微型教學（micro-teaching）時刻、教師回饋和增強物的獲得，學生應該會出現較少破壞性的行為和有利於學習環境的較適當的行為。建議學生在介入褪除前至少六至八週內達到一定百分比的行為目標。一旦學生從基本版 CICO 褪除，若內向性行為問題持續或恢復，例如安靜地坐著而不是舉手回答，或是迴避或忽視同儕，學生可能會被篩選出有內向性行為困難並被安置在 CICO-IB。

CHAPTER **13**

在替代性教育情境中的CICO

Nicole Swoszowski、Robin Parks Ennis、
Kristine Jolivette

Nicole Swoszowski 博士
阿拉巴馬大學特殊教育和多重能力學系副教授兼系主任。Swoszowski 博士的研究重點是在多層次支持系統中，調整正向和預防性的學業和社會介入，為有情緒和行為障礙以及有行為挑戰的學生提供支持。

Robin Parks Ennis 博士
博士級行為分析師，是阿拉巴馬大學伯明罕分校特殊教育學程副教授。她的研究和服務重點是為有情緒行為障礙和有風險的學生提供行為、社會／情感和學業的支持。

Kristine Jolivette 博士
阿拉巴馬大學的 Paul W. 與 Mary Harmon Bryant 特聘教授。她的研究重點為具有情緒行為障礙和風險的學齡青少年、多層級介入的調整，以及在替代性、住宿機構和少年司法機構中使用多層級支持系統的方式，與在機構中應用創傷知情架構（trauma-informed frameworks）。

　　大約有 2% 的學生在替代性教育（alternative educational, AE）場所接受服務，這個比例隨著時間穩定上升（Lehr, Tan, & Ysseldyke, 2009）。這個比例相當於每年大約有 645,500 位學生在替代性教育場所接受服務（Carver, Lewis, & Tice, 2010），超過 93,000 位青少年被拘留在美國各地的安全性住宿機構或少年觀護所（juvenile detention facility）（National Juvenile Justice Network, 2009; Office of Juvenile Justice and Delinquency Prevention, 2011）。替代性教育場所包含：(1) 公立和私立的替代性學校；(2) 特殊日間治療機構／學校；(3) 住宿型治療機構；(4) 診所和醫院學校／機構；(5) 青少年矯正機構。如果學生已經從傳統「家庭」或學校隔離，以便接受一連串某一專業（如行為、社會情緒、心理衛生）更密集性的介入與支持，這已超越傳統學校環境所能提供的，那麼學生就有資格得到替代性教育（AE）場所的支持。

　　於 AE 場所接受服務的學生中，有很高比例被診斷有肢體、認知或情緒障礙〔即替代性學校有 12%～50%（Foley & Pang, 2006; Gorney &

Ysseldyke, 1993）與少年司法機構有 50%～80%（Leone & Fink, 2017; Quinn, Rutherford, Leone, Osher, & Poirer, 2005; Sedak & Bruce, 2010; Skowyra & Cocozza, 2007）〕。AE 場所中，除了學生族群是邊緣化且易受傷害的動態，這群學生是流動且多變的，這也為提供學生適當且持續的支持帶來額外挑戰。研究人員表示有鑑於在 AE 場所中的學生有學業和社會缺陷，並伴隨無效且不一致的教學策略，這些學生常有不好的學校經驗（Van Acker, 2007）。這些具挑戰性的場所（Cook & Cook, 2013）需要有更系統性與實證本位的實行是無庸置疑的。

　　建議使用 PBIS 作為顧及到全機構中所有（第一層級）、一些（第二層級）或少數（第三層級）學生需求的一種積極與預防性的方式（Jolivette, 2016）。有人認為替代性場所的 PBIS〔最常稱為全機構的 PBIS（facilitywide PBIS）〕有望改善透過 AE 場所接受服務的學生的行為和學業（也就是參與）（Jolivette, 2016; Jolivette, Kimball, Boden, &

Sprague, 2016; Jolivette, McDaniel, Sprague, Swain-Bradway, & Ennis, 2012; Simonsen, Jeffrey-Pearsall, Sugai, & McCurdy, 2011; Simonsen & Sugai, 2013）。我們通常會假定在 AE 場所的學生會需要最密集與個別化的支持，這往往與第三層級支持有關；然而，研究人員表示這個層次的支持是不必要的（Jolivette, 2016; Jolivette et al., 2012）。許多在 AE 場所的學生對現有的普及性支持有反應，因為環境更適當地滿足他們在各領域的需求（Jolivette et al., 2012; Simonsen & Sugai, 2013），特別是當調整 PBIS 以符應學生或機構的特性時（Jolivette, 2016; Jolivette, Kimball et al., 2016; Leone & Weinberg, 2010）。

第一節　在替代性場所實施 CICO

在 AE 場所需要更聚焦的支持的學生可以從第二層級介入受益，如 CICO。CICO 已經在許多主要治療性的 AE 住宿場所接受過評鑑（Ennis et al., 2012; Melius, Swoszowski, & Siders, 2015；Swoszowski, Jolivette, & Fredrick, 2013; Swoszowski et al., 2012; Swoszowski, McDaniel, Jolivette, & Melius, 2013），青少年矯正機構也開始使用和調整 CICO（Jolivette, Sprague, & Doyle, 2018; Swoszowski, Patterson, & Crosby, 2011）。目前為止，有關 CICO 在 AE 場所的研究包含單一受試研究設計實驗，並評估 CICO 對多重障礙學生問題行為的影響，包含情緒行為問題、發展遲緩、自閉症類群障礙、其他身體病弱、學習障礙與輕微智能障礙。大多數的研究涵蓋一至三年級的學生，然而，四到九年級的學生也出現在文獻中。

利害關係人（AE 場所中的教師）對於在 AE 場所實施 CICO 的實用性觀點已被評估（Swoszowski, Evanovich, Ennis, & Jolivette, 2017）。這些教師表示：(1) 容易實施；(2) 更多學生意識到自己的行為；(3) 有助於合作，是在 AE 場所實施 CICO 的好處。這些教師指出：(1) 教育活動

（educational programming）之外的導火線（例如，在住宿單位的衝突）；
(2) 缺乏全機構的一致性（例如，機構內跨單位，像是教育、治療與安
全）是在 AE 場所實施 CICO 的挑戰（Swoszowski et al., 2017）。這種挑戰
通常被視為是在 AE 場所實施 CICO 所特有的情境變項與彈性規劃的需求
（Jolivette, 2016; Jolivette, Kimball et al., 2016; Leone & Fink, 2017）。

　　CICO 對 AE 而言還有其他正向的方面，與我們注意到的好處有關。
首先，CICO 可以被納入既有的支持架構中（例如在行為介入計畫中；見
本章最後「常見問題」有關 BIP 融入 CICO 的討論）；第二，就 CICO 一
次可服務的有障礙與無障礙的學生數量上，是可達資源效率（resource-
efficient）。Crone 等人（2010）建議，如果需要的話，在一位輔導員的支
持下，一次可多達 30 位學生接觸 CICO。此外，CICO 所需要的材料需現
成可取得，並且已經在 AE 場所中使用（如 DPR）（Swoszowski,
2014）。第三，CICO 可以立即使用。立即實施有助於減緩這些學生被安
置於 AE 場所前，與在 AE 環境中所經歷的持續行為和學校挫敗的歷史
（Swoszowski, 2014; Swoszowski et al., 2017）。第四，為保持高的執行精
準度，CICO 需要對 CICO 輔導員進行最低程度的訓練（Swoszowski, 2014;
Swoszowski et al., 2017）。

　　當考量在 AE 場所實施 CICO 的實用性，在確認適合透過 CICO 五步
驟循環所提供的針對性支持的學生時，必須權衡替代性學校與住宿機構獨
特的特徵和參數（parameter）。在下面的段落中，我們將討論這些要素，
並對機構可能需要的修改進行詳細描述。

一、篩選

　　第二層級介入（如 CICO）的一些顯著好處，是系統化地識別對第一
層級支持沒有反應的學生，以及系統化地蒐集各層級資料，以客觀的方式
確定反應性（Sugai & Horner, 2002）。長久以來，ODR 一直被用來識別確
認有需要 CICO 的學生，並確定對介入的反應。基於許多學校都記錄了

ODR 資料，ODR 很容易獲得加上容易使用，它們可以顯示學生的問題行為和型態（即在一天中的什麼地方和什麼時間發生，或與某些學生團體）（McIntosh, Reinke et al., 2009; Sugai, Sprague, Horner, & Walker, 2000; Wright & Dusek, 1998）。然而，我們建議在確認學生需要服務或介入後，要將 ODR 與其他評量工具一起使用，不要作為單一的評量方式（McIntosh et al., 2010; McIntosh, Reinke et al., 2009）。這對於在 AE 場所中找出需要 CICO 的學生更是如此。

傳統上來說，在 PBIS 架構內找出需要第二層級預防之學生的基準（benchmark）是累積二到五次 ODR（Sugai & Horner, 2002; Sugai & Horner, 2009b）。然而，這個基準是來自於普通教育學生族群的研究。在 AE 場所中，是否適合以二到五次 ODR 作為對學生的識別尚未進行評估，因為對於這個族群其 ODR 的數量可能是更多的。

當決定哪些學生需要並可能對 CICO 最可能有反應時，也應該考量行為的功能。在整個 CICO 的文獻中已經注意到，比起有逃避功能的問題行為之學生（Ennis et al., 2012; Swoszowski et al., 2012; Swoszowski, McDaniel et al., 2013），表現獲得注意力行為的學生對 CICO 比較有反應（Campbell & Anderson, 2008; Filter et al., 2007; March & Horner, 2002; McIntosh, Campbell, Carter, & Dickey, 2009）。CICO 可以提供一種保護性與積極的方式，考慮在簽到與簽退時將注意力納入每日的例行事項；因此，這個介入可以減少學生為獲得注意力而做出不當行為，完成行為功能評量與 CICO 這種有資源效率的設計與方式形成鮮明對比。然而，大部分在 AE 場所的學生很可能在他們之前就讀的學區的檔案內有 FBA，這符合聯邦政府規定當學生的行為影響自身的學習或他人學習時的規定。對於其檔案中沒有 FBA 的學生而言，完成非正式的、簡要的 FBA，如行為功能晤談和檔案資料（archival record）的檢視，也許是找出學生有獲得注意力的行為以進行 CICO 介入的一個有用方法（Campbell & Anderson, 2008; McIntosh, Campbell, Carter, & Dickey, 2009）。表現出逃避行為的學生不應該被排除在 CICO 之

184

外；可能需要調整介入（特別是「增強」這個要素）以便更有效的滿足那些表現出行為功能為注意力以外的學生之需求。此外，表現出的問題行為是因為同儕注意力可能會從同儕所主導的 CICO 受益。請注意，我們對於在這階段的學生所建議的簡要 FBA 和第九章給予那些不在 AE 場所的學生是不同的。這種改變的理由是一旦學生到了需要 AE 場所支持這個地步，其介入的選擇與執行需要更精準，因為之前有多個介入已經失敗，而且在 AE 場所中，學生所表現出來的問題行為的程度或嚴重性是重大的。

　　除了 ODR，其他用於確定需要 CICO 的學生的方法包括教師／行政人員的轉介（Fairbanks et al., 2007; Hawken et al., 2007; Hawken & Horner, 2003; March & Horner, 2002; McIntosh, Campbell, Carter, & Dickey, 2009; Simonsen, Myers, & Briere, 2011）和家庭請求介入（March & Horner, 2002）。在 AE 場所中（如青少年機構）需要更多的資料來源，以確定學生是否會從 CICO 中受益。例如，違規事件、日誌敘述、心理健康／治療筆記、接受到的／持續的行為評量，以及工作人員的提名來替代 ODR。每個機構團隊決定進入第二層級介入（如 CICO）的門檻。許多 AE 場所有定期的（即每週或每兩週一次）治療團隊會議，討論機構中每位學生的行為進展，因而能進行一致和有系統的學生評估。

二、CICO 輔導員／引導員

　　盡最大可能的話，我們建議像傳統 CICO 一樣，由一位 CICO 輔導員支持所有學生的簽到與簽退。在替代性的日間治療學校，這樣的安排是可能的。在住宿場所中，包含住宿型學校與少年觀護所（具有每週 7 天／每天 24 小時的方案規劃），考量不分晝夜時程安排的需求，只由一位輔導員提供支持是不太可能的。接受 CICO 支持的學生可能需要 CICO 輔導員在教育方案之前與之後進行聯繫。此外，考量在 AE 場所中學生的獨特需求，可能需要增加每一個機構輔導員的人數以便適當的實施 CICO，並為在這些場所中的學生進行必要的調整。這些可能的調整將在本章的下一部分詳細討論。

185

三、歷程

基本版 CICO 涵蓋五個步驟，包括：(1) 簽到；(2) 教師回饋；(3) 簽退；(4) 家庭部分；(5) 繳回學校。接下來將討論實施 CICO 的每一個步驟，特別是聚焦在 AE 場所的調整（參見表 13-1 為 AE 場所的可能調整列表）。

（一）簽到

如同傳統學校環境中的 CICO，學生每天早上在學校一開始的前 10～15 分鐘向 CICO 輔導員／指導員報到。在這個互動過程中，會有數個活動：(1) 學生與輔導員／指導員回顧全校性行為期待或 DPR 上學生於課堂應表現的其他行為；(2) 根據學校一天可能得到的總分，設定當天的行為目標（點數百分比，如 80% 的目標）；(3) 學生和輔導員／指導員討論如果遇到困難的任務或挑戰性的情形下適當的問題解決策略。在學校一天剛開始的時候碰面，可作為學生與 CICO 輔導員建立關係，以及得到回饋和

186

■表 13-1　在 AE 場所中對 CICO 可能的調整

185

增加檢查	透過額外的檢查增加與輔導員的聯繫，以允許更頻繁的接觸、回饋與可能的增強。
個別的目標設定	調整點數表以顧及到特定學生狀況和目標，而不是全機構的期待。
更長的對話	增加學生與 CICO 輔導員／指導者之間的對話時間，以便就機構中應對挑戰性的情況進行更多的集思廣益。
不只一位輔導員／指導者	為每位學生分配多位輔導員／指導者，以提供全天的 CICO，而不是僅僅在教育計畫中，或容許在工作日和週末輪班的情況下實施 CICO（以住宿機構而言）。
增加增強	考量更密集的增強並預防學生從簽到到簽退的延宕滿足，提供額外的機會來獲得約定的獎勵（如在檢查時）。
特定功能的增強	調整增強以符應行為功能，特別是學生的行為是要逃避或是獲得同儕注意力。

鼓勵適當行為的正向情境事件。此外，在簽到時，就一天中可能會發生的挑戰情境，學生會得到應對策略。

於 AE 場所中，簽到的部分可以做一些調整。首先，在 AE 場所與傳統學校環境下，一開始與 CICO 輔導員初步接觸的時間是不同的。在 AE 場所，學生一到學校在任何活動（即早上例行活動）開始前，可能需要和輔導員見面，以便修補任何衝突或解決發生於家中的問題，並協助學生從家中轉換到學校。在住宿機構（即治療性的住宿機構或少年司法安置），在學生進入課堂前或是機構的其他環境前，與 CICO 輔導員最初的接觸可以發生在住宿部門。其次，於 AE 場所中，因為員工是輪班工作，同一個輔導員可能不是每天與學生簽到的那位，在住宿機構更是如此，一天 24 小時，一週七天隨時都是有支持服務的，白天、夜晚、週間／週末輪班的這些輔導員需要這些流程的訓練。第三，在住宿機構需要每天簽到，可能不限於上學日而已。同樣地，不同的輔導員會擔任這個職務。

最後，取決於機構是否對 DPR 進行任何調整，很有可能需要調整簽到。因為機構人員和學生操控所獲得的點數（如學生和教職員工陷入所獲得點數的權力鬥爭），許多 AE 場所沒有使用或停止使用 DPR。在某些情況，機構人員威脅學生要移除或扣留 DPR 上的點數，這種方式是不符合全機構正向行為支持所採取的積極與預防的途徑。另一個操縱 DPR 的例子包括人員迴避或否定 CICO 中問題解決的語言。再者，紙張在許多少年司法機構被視為是違禁品，因此被禁止。第五，如果使用 DPR，80% 的目標可能對 AE 場所中的有些學生來說是不切實際的期待。他們可能表現得遠低於達到目標的水準，設定太高的期待會讓這些學生感到挫敗，導致問題行為變多，而不是獲得改善。對於這些學生而言，使用 DPR 蒐集基線期的資料可能是有幫助的，以設定比較容易達成但相對較低的目標（根據目前的學生表現），使用塑造（shaping）的原則讓學生的行為久而久之就達到 80%（Lane, Capizzi, Fisher, & Ennis, 2012）。因此，隨著機構對 DPR 所做的調整，簽到歷程也要跟著調整。

（二）點數回饋

如同在傳統學校的情境，在 AE 場所的學校拿著 DPR 到每個班級，每位教師在每一節課／每個時段結束時，對每項所期待的行為給予學生點數與其他口頭或書面的回饋。這種持續性的回饋讓學生檢視他們在學校期間關於每日目標的行為進展。對於沒有使用 DPR 的機構而言，使用其他報告進展的方式是必要的。有些限制性較多的機構以口頭的方式而非數字（即給予學生的每一項行為點數）針對目標給學生回饋。這種方式可避免機構人員和學生操控與較量應獲得的點數，讓機構人員和學生聚焦於對目標進展較為自然的增強與有關自我調節的問題解決對話。當點數在這些環境中不作為衡量單位時，CICO 輔導員和行為支持團隊之間需要有清楚的溝通計畫，以確保進展監控有在進行。請見表 13-2 有關沒有使用 DPR 的 CICO 之描述。

（三）檢查與簽退

在基本版 CICO 的簽退中，如果學生達到預設的目標，輔導員會給予讚美、鼓勵和與全校性 PBIS 有關聯的約定獎勵（也就是代幣或優惠券）。這種獎勵對於在 AE 場所有顯著行為挑戰的學生是很重要的，他們可能無法因為適當的學校行為而不斷得到明確的口頭增強。如果學生無法達到預期的目標，CICO 輔導員和學生就未來困難情境腦力激盪更多適當的應對方式。與 CICO 輔導員的每日問題解決時間提供學生其行為的即時回饋，並作為隔天更妥善解決這個問題的方式，且不需要一再談及過去的失敗經驗。對於達到每日目標的學生，CICO 最常使用的增強通常與全校性已有的增強系統有關。第二層級增強物，例如代幣或優惠券（像是星巴克卡、Cougar 卡、Gotcha 卡）可用於這個階段的增強，電腦時間、免寫回家作業，或任何其他可接受與約定好的獎勵都可以。在許多 CICO 的研究中，如果學生得到指定的每日點數，在每日簽退時給予增強物。此外，如同前面討論的，對於那些有尋求注意力行為的學生，這個介入本身就是透

過大人的注意力來增強。

在 AE 場所中，表現出更頻繁、更激烈和（或）更長比率的問題行為的學生，可能對其行為需要更廣泛的討論。在傳統情境使用的簡要回饋時間（1 到 3 分鐘）可能無法有足夠的時間對所獲得的點數或關於目標的進步情形進行詳細的討論。把學生和輔導員簽退時的見面時間延長，可能是滿足此一需求的簡單修改方式。此外，考量到問題行為的嚴重性和在 AE 場所中學生的獨特需求（包含身心障礙者），學生可能難以在整個教育方案的時段內或一整天中（例如，如果住宿部分涵蓋在監測內）延宕對增強的滿足感。因此，可能有必要在 AE 場所中增加對學生增強的比率。這些調整可能需要有額外的 CICO 輔導員／指導員，而非像傳統學校建議的那樣，由一位輔導員支持高達 30 位學生。

（四）簽到、檢查、簽退

創造更多與大人接觸和增強的機會的方式之一是增加每天簽到與簽退的次數。這樣的變更稱為「簽到、檢查、簽退」（Check-In, Check-Up, Check-Out, CICUCO），其前提是與 CICO 輔導員更頻繁的接觸，可導致更多獲得增強的機會。簽退 1（稱為「檢查」）可以在午餐前進行，而不是在一天結束時，而簽退 2（稱為「簽退」）則在一天結束時進行。在檢查時，CICO 輔導員／指導員與學生檢視 DPR 與點數目標，以決定是否已達成 50% 的點數目標。例如，如果當天的點數目標是 32/40 點數，學生和輔導員在中午的檢查確認是否已獲得 16/20 或更多的點數。如果點數目標達成，學生會在那時獲得約定的獎勵（如額外的優惠券）或特定功能的增強物（如讓受到同儕關注激勵的學生與朋友共進午餐）。在檢查時，CICO 指導者／輔導員可以提醒學生當天的點數目標，討論中午檢查前所遇到的任何困難處，並檢視可用來解決之後困難情境的策略。建議於午餐前後、體育課或下課時間進行檢查，因為這些轉換時間通常沒有課堂時間那麼有結構，因此，對於在 AE 情境下有行為挑戰的學生而言可能會比較困難（詳細的 CICO 與 CICUCO 實施步驟之比較請參見表 13-2）。

■ 表 13-2　CICO 和 CICUCO 的實施步驟

步驟	CICO	CICUCO	沒有點數表的 CICO/CICUCO
簽到	學生收到 DPR 和當天的點數目標。以正向的提示結束討論，例如：「我知道你今天可以獲得你的點數！」	學生收到 DPR 和當天的點數目標。以正向的提示結束討論，例如：「我知道你今天可以獲得你的點數！」	學生和輔導員回顧全機構的期待，並決定今天要著重的期待。以正向的提示結束討論，例如：「我迫不及待想知道你今天是如何達到期待的。我知道你可以做到！」
早上回饋	學生在機構的每個時段後收到 0、1 和 2 的分數。	學生在機構日的每個時段後收到 0、1 和 2 的分數。可以調整回饋的頻率，以便在機構一整天提供更多的回饋（也就是每 30 分鐘）。	學生因達到全機構期待及參與和遵守全機構期待有關困難的問題解決對話，而在整個機構中得到稱讚。
檢查	不適用	輔導員和學生討論獲得的點數。他們就導火線與未來更適當地應對令人沮喪或困難情況的問題解決方式，進行更明確的對話。如果達到了 50%的點數目標，就給予約定的獎勵。以正向的提示結束討論，例如：「你今天真的很努力獲得你的點數，我知道你可以堅持到底！」	輔導員和學生討論關於全機構性期待的進步情形。他們討論任何的導火線，與所得到的後果、未來面對導火線的問題解決方式。

步驟	CICO	CICUCO	沒有點數表的 CICO/CICUCO
下午回饋	不適用	學生在機構的每個時段後收到 0、1 和 2 的分數。可以調整回饋的頻率，以便在機構一整天提供更多的回饋（也就是每 30 分鐘）。	學生因達到期待及參與和遵守期待有關困難的問題解決對話而得到稱讚。
簽退	輔導員和學生討論所得到的點數。如果達到了點數目標，就給予約定的獎勵。以正向的語氣結束討論，例如：「我為你今天如此努力實現你的目標而感到驕傲，我知道你明天會達到你的點數目標。」	輔導員和學生討論所得到的點數。他們就導火線與未來更適當地應對令人沮喪或困難情況的問題解決方式，進行更明確的對話。如果達到了點數目標，就給予約定的獎勵。以正向的語氣結束討論，例如：「明天將是另一個獲得點數的美好一天！」	輔導員和學生討論關於全機構性期待的進步情形。他們討論任何的導火線，以及所得到的後果、未來面對導火線的問題解決方式。
家庭部分	家長／監護人檢視 DPR 並簽名，對進步提供回饋，並將 DPR 放入文件夾／袋子中，以便在隔天交回機構。以正向的語氣結束討論，例如：「我期待看到你明天做得有多好。我知道你今天可以獲得你的點數！」	家長／監護人檢視 DPR 並簽名，對進步提供回饋，並將 DPR 放入文件夾／袋子中，以便在隔天交回機構。以正向的提示結束討論，例如：「我很高興看到你明天達到期待並獲得你的點數目標。」	整個機構的人員（即教育人員和部門人員）就學生達到期待的進展有例行性的對話。全體員工對學生符合期待和參與解決問題的對話，以解決困難情況給予讚美和鼓勵。
交回機構	學生將 DPR 交回機構，而 CICO 循環再次開始。	學生將 DPR 交回機構，而 CICO 循環再次開始。	不適用

（五）家長／其他監護人的回饋

　　傳統 CICO 的家庭部分發生在當學生把 DPR 帶回家讓家長／監護人檢閱並簽名的時候。這個步驟讓家庭成員有機會檢視學生的進步情形、關注的領域和目標達成。對於孩子在 AE 場所的家庭而言，他們常常收到來自學校關於小孩行為的負面報告，CICO 提供學校一家庭之間的正向回饋。在沒有使用 DPR 的環境中，教育人員與住宿部門人員之間的溝通／口頭軼事報告則是顧及這個要素的必要手段。

　　在傳統的學校環境中，CICO 的家長／監護人回饋這項要素通常是執行精準度最低的。在住宿機構中執行 CICO 可以讓這個要素的執行更一致，因為可以訓練住宿／單位人員擔任家長／監護人的角色，並與學生完成正向對話，了解他們整天在學校的表現。此外，學生可能在單位中（如非結構化時間）比在一天中較結構化的教育活動（educational programming）有更多的困難。如果是這種情況，可以改變 CICO 以納入單位的行為，且該單位的一位或多位人員需要接受訓練以提供 CICO 的回饋。在這種情況下，會在一天結束時（睡覺前）才簽退，而不是教學活動結束時；因此，CICO 輔導員（至少在 CICO 簽退的部分）晚上需要在住宿單位待命。許多執行 CICO 的少年司法機構把單位早上與晚上例行事項作為整體檢視全機構 PBIS 期待的一種手段，以確定每位青少年應該關注改善哪些特定的期待，並慶祝每位青少年日益表現出這些期待。雖然把 CICO 分成教育計畫 CICO 和住宿單位 CICO 似乎是符合邏輯的，但是對於被確認較正式參與 CICO 的青少年而言，晚上是進行一天結束時簽退的一個自然時間點。整天執行 CICO（從單位的早上例行事項到單位的晚上例行事項）可以確保各實體之間（即教育、治療、安全、住宿單位）的溝通、合作和一致性，並透過發現與解決可能阻礙學生進步的情境事件和導火線來支持學生（即便這些導火線在教育情境外）。

（六）繳回學校

第五個步驟，一旦家長／其他監護人或是單位員工在 DPR 上簽名，隔天在早上簽到時就交回給 CICO 的輔導者／指導員。隔天這個 CICO 五個步驟的循環又重新開始。學生持續參與 CICO，直到他們每日行為有所改善並維持，且達到由機構人員認定的成功的水準。

191

第二節　**進展監控**

進展監控包含評量 CICO 或改編版 CICO 隨時間推移的有效性。如果使用 DPR，如同 ODR 資料，DPR 可以用來顯示介入的有效性。不論如何評量有效性，重要的是要有計畫的系統性（如每兩週）檢視資料並確定每一位學生的回應。建議 AE 場所的行為支持團隊至少每兩週開會一次。考量這些機構的人口是流動的，可能有必要更頻繁地開會。大多數的機構每週或每兩週有一次案例和文件審查會議或治療小組會議，這些會議是檢視 CICO 資料並就學生對 CICO 介入的反應狀態做出決策的絕佳機會。接受 CICO 上午和下午檢查的學生，在團隊決定學生對於 CICO 是沒有回應的且需要更個別化（第三層級）的支持前，應該要有額外的檢查／額外的指導者聯繫（CICUCO）。考量額外的調整（前面提到的那些）也可能有助於學生對 CICO 的回應（可能調整的描述以有助於對進展監控做出決策，請見表 13-1）。

精準度

執行精準度對於評估是否正確的執行介入是很重要的，是行為團隊做決策的基準。當與 AE 場所中的學生一起工作時，全面的精準度分析是必要的，因為他們的成功需要精準地執行介入，包含 CICO 的歷程與增強，以減少學校挫敗一再發生。在 AE 場所中的 CICO，這個分析包含所有的

五個步驟以及簽到和簽退還有整個教育方案期間所提供的回饋形式。第七章所列的基本版 CICO 執行精準度檢核表可進行修改，以涵蓋對於 AE 場所中學生的成功是很必要的午間簽到（midday check-in）。

第三節　結論

總之，CICO 是一個有資源效率的方式，可以有效的滿足在傳統與 AE 場所中學生的行為和學業需求。為了在 AE 場所中能成功實施，調整傳統的方式可能是必要的；然而，這些調整保有資源效率，並容許在第二層級中實施，以滿足我們最脆弱與邊緣化學生的獨特需求。而且 CICO 可以讓機構內各個實體合作，例如教育、治療、安全和住房部門，並有一致的實踐。本章最後，我們以一個案例進一步說明我們所討論的概念，並對在 AE 場所中實施 CICO 的常見問題提供答案。

192

第四節　案例

寇迪是一位 16 歲的青少年，住在受保護的少年司法機構。他已經在這個機構生活五個月了，而接下來的九個月還會繼續住在這裡。過去兩年，他的機構一直在實施全機構性 PBIS，使用 SMART 的行為期待，即力求成功（Strive for success）、做出好的選擇（Make good choices）、尊重他人（Act respectful）、保持安全（Remain safe）、負起責任（Take responsibility）。在過去幾週，機構人員注意到寇迪的行為逐漸惡化，從週期性的 A 類行為（如滋擾性違禁品、打鬧和不尊重）到嚴重違反規則的 B 類行為（如威脅、持續的拒絕服從、年輕人與年輕人之間的肢體衝突與擅自出現）。檢視寇迪過去一個月的行為事件資料，他嚴重違反規範包

括：(1) 週六下午的休閒時間和探視前發生三個青少年之間的肢體衝突；(2) 在轉換活動，特別是在各部門移動時，有 14 次的連續拒絕服從；(3) 11 次的威脅同儕，常常是部門之間的轉換時，以及兩次擅自到一個部門。另外，除了兩個事件外，其他都發生在星期五中午到星期日的晚餐時間。教育人員沒有觀察到寇迪在上學期間有任何嚴重的行為事件，但他們聽到其他青少年談論寇迪的行為與他如何試圖自居為機構的領導者，因為他會在那裡一段很長的時間。看著這些資料並與寇迪一起工作的其他人員交談，他們假設寇迪利用他的不當行為以獲得同儕的注意力。工作人員決定寇迪可能會從改編版的 CICUCO 受益，作為第二層級的支持以解決這些行為中的一些問題。

機構人員需要對原來以學校為主的介入進行調整，以適應機構的政策、人員的時間表和日常作息。就政策而言，不容許青少年隨身攜帶紙張，也不容許部門中有紙張，而且每日點數卡不作為行為管理系統和全機構性 PBIS 的一部分。因此，機構人員將無法使用 DPR，不論是對 CICUCO 有效性的進展監控的一部分，或工作人員和寇迪在簽到和簽退時的視覺回饋的一部分。就機構人員的時間表與寇迪有這些負向行為的時段（即星期五中午到星期日的晚上）而言，顯示出一些看法：(1)這段時間是輪流值班，所以沒有固定的機構人員可以簽到與簽退；(2) 依據活動行事曆，活動中或部門會有數位不同的志工；(3) 寇迪的部門有人員編制的問題，導致比指定的人員少了一位，並修改已排定的活動；(4) 因為機構在週末有其他問題，換班時的彙報往往比預期的長，導致進行簽到簽退的彈性時間較少。由於這些問題，機構人員檢視全機構的資料，檢查其他青少年是否出現像寇迪這樣的行為變化，但並未發現。機構人員還意識到在星期五到星期日輪班的人員沒有像他們的教育人員一樣接受 CICO 的訓練，他們與工作人員進入各部門有關的機構例行事項和程序，帶來了額外的複雜情況，機構人員只會拿到他們被分派輪班部門的鑰匙與進入的部門。例如，在 Bravo 部門工作的人員無法進入 Alpha 部門，反之亦然。這些慣例

193

造成不確定哪一位 CICO 輔導員可能有空，以及何時和在哪裡要進行 CICO 回饋。思考這些議題後，機構人員為寇迪想出下列的簽到／簽退介入。

　　首先，先確認四位輔導員，這些輔導員是：(1) 有在週五、週六和（或）週日在寇迪的部門工作過且其作為一致（也就是很少沒來、準時上班、堅守崗位）；(2) 彼此之間的輪班是重疊的；(3) 曾表示想要成為輔導員並同意在週五輪班時提前來接受機構教育人員有關 CICO 程序的訓練；(4) 展現出第一層級動機訪談和語言介入方面的能力，這需要語言溝通技巧和解決困難情境中的問題；(5) 即便有干擾，他們能持續的、正確的與即時的完成其值班時段的書面工作。這四位輔導員接受訓練以掌握 CICO 的歷程，並在前幾次的簽到時相互觀察。

　　其次，這四位輔導員集思廣益可能監控進步的方式，且這些方法不涉及 DPR 並能在各輪班時間持續使用。他們決定使用日誌（logbook），要求每位工作人員寫下他們對於部門內活動和行為的觀察。所有的學生都熟悉日誌，因為工作人員在整個輪班中他們在場的情況下會在本子中記錄所觀察的。輔導員不為寇迪製作點數卡，而是將每天的腳本貼在日誌的封面內，以便在簽到與簽退時和寇迪一起使用，他們也把這段時間內與寇迪的對話記錄下來。在這些紀錄的結尾，輔導員指出寇迪是否參與 CICO 的對話和問題解決的對話。這些筆記在對話後寫下來，寇迪不知道有這些筆記。

　　第三，這些輔導員決定每天進行簽到與簽退的時間點範圍，由於機構的問題（如青少年的行為）與寇迪的行為導致日程安排的變化，要注意到時間必須是有彈性的。舉例來說，根據寇迪的資料，我們商定下列的「週期」：(1) 第一個簽到在星期五的午餐時間進行，因為這個時間通常有負向的行為事件發生，而且根據所有輔導員的輪班時間表，他們都有餐廳的鑰匙；(2) 之後的簽到就在活動中自然休息的時間進行，而不是在預設的時間點；(3) 因為工作人員的比例問題，簽到要在寇迪應該在的地方進

行，而不是在不同的地方，並且在不太引人注意的情形下發生，以免青少年被汙名化；(4) 取決於寇迪的行為，輔導員界定在何種情形下可能需要檢查以幫助他在各簽到之間自我調節和修正他的行為，以及輔導員應該對寇迪說什麼（如使用全機構性 PBIS 的 SMART 重新啟動的語詞、檢視需要重新聚焦哪一個 SMART 期待、鼓勵與提醒他可以使用 SMART 來改變他的行為路徑）；(5) 最終的簽到在星期五、星期六與星期天晚上熄燈前進行。這些時間點的範圍只涵蓋寇迪經歷到困難的那幾天。

第四，星期一也工作的輔導員被選為每週一與寇迪的少年觀護所諮商師見面的人員，根據所檢視的部門日誌，向他彙報寇迪的進步情形與資料。如果需要對介入有任何改變，輔導員會在部門日誌中加入編輯過的腳本，並標出修改的地方。

第五個調整是確定不因寇迪參與 CICO 提供任何額外的增強，儘管是全機構 PBIS 第一層級計畫的一部分，機構人員使用 SMART 券，當學生表現出 SMART 的行為時，就會寫給學生。當學生得到 SMART 券時，告訴他們為何會獲得 SMART 券，然後機構人員直接將一張 SMART 券投入 SMART 的箱子來抽獎。然而，輔導員擔心學生會開始表現出不適當的行為，作為獲得第二層級 CICO 介入的方式，以得到額外的 SMART 券。他們反而在簽到的促進對話中安排更多特定行為的稱讚。

為確保輔導員按照書面規定進行簽到與簽退的介入，寇迪的少年觀護所諮商師會在每週星期六和星期日的時間點觀看部門錄影。

第五節 常見問題

Q：如果學生和他們的教師或工作人員沒有良好的關係，這不會影響回饋和對介入的反應嗎？

關係不佳當然會影響學生每天想要簽到與簽退的意願。應該要確定是一位具正向或是沒有利害關係的大人。

Q：如果我們機構沒有三層級的模式該如何？

如果沒有第一層級，CICO 可能不太有效，但是根據班級性的期待或是對學生特定的行為目標仍可使用 CICO。

Q：追蹤的行為應該是學生特有的嗎？

作為第二層級介入，CICO 應該連結到教室的或是全校性期待，因為它可以幫助轉換到較少限制的環境（當學生轉回到有全校性期待的家庭學校時）（Jolivette, Swoszowski, McDaniel, & Duchaine, 2016）。然而，如果學生有獨特的挑戰行為，可以找出適當的替代行為，代替班級性和全校性期待或是附加在這之上。

Q：如何將 CICO 融入既有的行為介入計畫（BIP）呢？

《身心障礙者教育法案》（IDEA, 1997, 2004）的修正案要求為所有出現干擾自己學習和他人學習行為的學生發展行為介入計畫（behavior intervention plan, BIP）。這意味著，在 AE 場所中有行為問題的學生應該已經有 BIP；BIP 主要在解決學生的不當行為，以及教育者的角色為透過教導、示範和增強更適當的替代行為以糾正不當行為（Killu, 2008）。BIP 和 CICO 在解決問題行為方面並不互斥，所以自然的方式是將 CICO 作為 BIP 的一部分。再者，IDEA（2004）要求使用 FBA 以選擇 BIP 的介入策略，確保計畫真的達到個別化且基於功能。如第九章所述，BIP 中所包含由教育者教導的替代行為可以納入全機構性期待，以提供 IDEA 所要求的個別化支持。此外，可以調整學生因達到目標所獲得的增強，以支持獲得大人注意力之外的不同功能，包含逃避、物質增強物和同儕注意力。

195

第13章｜在替代性教育情境中的CICO　273

Q：CICO 只能用在 AE 場所的第二層級介入，或是也可以用在第一層級介入？

蒐集到的資料可能顯示需要第二層級介入；然而，稍為正式與較少資源版本的 CICO 和調整過的第一層級介入在少年觀護所已經成功地實施，因此，在機構中的所有學生都得到 CICO 的支持。在這種情況下，所有學生從進入機構到離開機構都接受了 CICO。

CHAPTER 14

訓練學校實施CICO——
教練／訓練員準則

任何介入的效果取決於團隊在接受如何實施介入的訓練與教練式指導的品質（Fixsen, Blase, Metz, & Van Dyke, 2013）。CICO 是最為廣泛實施的第二層級介入（Bruhn et al., 2014; Mitchell et al., 2011），而隨著 CICO 普及，也就需要越來越多的學校教職員要能具備精準地實施介入的能力（Mitchell et al., 2011）。雖然 CICO 在執行上是相對簡單的介入策略，學校在實施時仍會遭遇諸多困難。曾有許多學校告訴我們：「我們試過 CICO 了，但是沒有用。」這些無效例子的主因可能是未能如規劃的實施策略。過去二十年來，研究已經顯示在精準地實施下，CICO 對於將近 70% 的學生是有效的（Hawken et al., 2014）。我們並不期待 CICO 對所有的學生有效，因為這項介入未必適合每一位學生，而對於出現更嚴重問題行為的學生而言需要額外支持，包括心理衛生介入。我們建議如果 CICO 對於貴校至少 70% 接受此項介入的學生沒有效果，很有可能問題並不在於學生或介入本身，而在於系統實施的方式。

本章的目的在提供最佳執行準則以訓練新學校如何實施 CICO。我們設定的讀者包括指導學校實施 PBIS 以及訓練學校實施介入的人，不論他們是在學校、地區層級工作，或者是作為外部的諮詢者或提供者。在架構本章的內容上，考慮並參酌作為評鑑專業發展的實證本位程度和高品質實施的程度而發展的工具是很有幫助的。圖 14-1 的「高品質專業發展觀察檢核表」（Observation Checklist for High-Quality Professional Development, HQPD）提供訓練者（trainer）在計畫與傳授實證本位專業發展時的準則（Noonan, Gaumer Erickson, Brussow, & Langham, 2015）。

「高品質專業發展觀察檢核表」是由觀察者填寫，以決定專業發展訓練品質的程度，同時也可以作為提供專業發展訓練的人員持續的回饋與教練式指導。此外，在設計或修正專業發展的時候，它也可以作為一份指引。這項工具呈現經研究確定且需出現在專業發展中的指標彙編。當檢核表上的每個向度至多只有一項缺失時，則專業發展訓練可視為達高品質程度。

情境資訊

日　　期：＿＿＿＿＿＿＿＿＿＿＿＿＿＿

地　　點：＿＿＿＿＿＿＿＿＿＿＿＿＿＿＿＿＿

主　　題：＿＿＿＿＿＿＿＿＿＿＿＿＿＿＿＿＿

報告者：＿＿＿＿＿＿＿＿＿＿＿＿＿＿＿＿＿

觀察者：＿＿＿＿＿＿＿＿＿＿＿＿＿＿＿＿＿

角　　色：＿＿＿＿＿＿＿＿＿＿＿＿＿＿＿＿＿

專業發展提供者：	
準備	**是否觀察到？**（有，請✓）
1. 在訓練前提供關於訓練內容與學習目標的敘述 　• 例1：事前寄發訓練內容與目標給參與者 　• 例2：在報名網站提供訓練內容與目的 　• 例3：在訓練前藉由線上檔案分享含有學習指標與資料的議程	
證據或實例：	
2. 在訓練前以可及的形式提供閱讀、活動或問題來進行思考 　• 例1：事先寄發閱讀文件給參與者 　• 例2：訓練前發給學校書籍以供事先閱讀 　• 例3：透過線上檔案分享資料	
證據或實例：	

■ 圖 14-1　高品質專業發展觀察檢核表（HQPD）

3. 在訓練前或一開始的時候提供議程（即將討論的主題與時間）	
• 例 1：在參與者的訓練包裡放入紙本議程	
• 例 2：在訓練前以電子郵件寄發議程	

證據或實例：

4. 與參與者快速建立或加強既有的關係	
• 例 1：訓練者介紹自己的背景，運用幽默創造溫暖的氛圍	
• 例 2：訓練者讚美團體既有的技巧和專業來創造信任	
• 例 3：訓練者運用主題影片來和聽眾破冰	

證據或實例：

引言	是否觀察到？（有，請 ✓）
5. 連結主題與參與者的情境	
• 例 1：州領導者在介紹主講者的時候說明本次主題和全州即將要實施的新措施	
• 例 2：訓練者使用教室裡的範例，然後要參與者和自己學校裡發生的例子做比較	
• 例 3：訓練者分享參與地區的資料檔案，並讓參與者去考慮介入可能會如何影響學生	

證據或實例：

6. 包含內容上實證研究的基礎	
• 例 1：訓練者提供支持實證本位實務的參考文獻	
• 例 2：在簡報分享的時候引用研究的資料	
• 例 3：在分享的時候訓練者引用關鍵的研究者，並敘述他們對於訓練內容的貢獻	

證據或實例：

■ 圖 14-1 （續）

7. 訓練內容建立在參與者先前的專業發展或與之有關 　• 例 1：訓練者解釋本介入與現存於州內其他的介入有什 　　　　麼關係 　• 例 2：訓練者連結一系列訓練中先前的內容 　• 例 3：訓練者運用參與者已知的其他介入的知識來導入 　　　　本次訓練內容	
證據或實例：	
8. 和組織的標準或目標結合 　• 例 1：訓練者說明本介入是如何融入於《中小學教育法 　　　　案》（Elementary and Secondary Education Act） 　　　　與《身心障礙者教育法案》（IDEA） 　• 例 2：訓練者討論本地區是如何選出本介入作為改善計 　　　　畫的一部分 　• 例 3：訓練者將本方案連結到聯邦政府資助州人事發展 　　　　的補助款	
證據或實例：	
9. 強調本次內容會產生的影響（如學生成就、家庭參與、 　個案結果） 　• 例 1：參與者針對本介入會對學生（特別是身心障礙學 　　　　生）造成什麼影響進行腦力激盪 　• 例 2：訓練者使用資料顯示本介入對離校後結果（post- 　　　　school outcomes）以及身心障礙學生融入普通教 　　　　育能產生正向的影響 　• 例 3：訓練者分享運用教學策略能促進學生學業成就的 　　　　研究	
證據或實例：	

■ 圖 14-1 　（續）

示範	是否觀察到？（有，請✓）
10.建立實施和持續實行上必要的共通詞彙 • 例1：訓練者先讓參與者討論各個介入成分的定義，再一起看過這些定義 • 例2：訓練者根據現有的文獻來界定教學實務 • 例3：訓練者透過英文字首字或記憶策略來幫助參與者記住訓練內容	
證據或實例：	
11.提供內容或實務上應用的範例（如個案研究、影片） • 例1：訓練者提供不同年級教室裡運用介入的影片範例 • 例2：訓練者現場示範如何使用新興科技工具 • 例3：訓練者透過個案研討示範如何實施介入	
證據或實例：	
12.舉例說明材料、知識或實務在參與者的情境下的可應用性 • 例1：訓練者描述介入對學校或教室能有什麼幫助 • 例2：訓練者呈現某個學校在實施前後的趨勢資料 • 例3：訓練者呈現某位教師成功實施介入的個案研究	
證據或實例：	

參與	是否觀察到？（有，請✓）
13.訓練的過程中讓參與者有機會能實際應用內容或練習技巧 • 例1：訓練者讓參與者使用新的教學策略完成一堂模擬課程 • 例2：在完成表格填寫的技巧訓練之後，讓參與者透過一個案例來完成表格 • 例3：參與者練習從不同的影片範例指出各種教學策略	
證據或實例：	

■ 圖 14-1 （續）

14. 讓參與者有機會表達個人觀點（如經驗、在概念上的想法）	
• 例 1：參與者在表單上填寫自身的經驗或先前知識，來表達各種教學方法的優缺點 • 例 2：參與者一起提出策略來克服在學校裡實施的阻礙 • 例 3：參與者在小組分享關於本次主題的個人與專業經驗	
證據或實例：	
15. 促使參與者有機會在訓練內容上和其他人互動	
• 例 1：參與者先自行回答問題，再於大組中和其他人討論答案 • 例 2：參與者透過小組討論來評估在他們環境裡實施的進展 • 例 3：參與者思考／配對／分享（think/pair/share）關於訓練的問題	
證據或實例：	
16. 遵循議程和時間限制	
• 例 1：中場休息、午餐和放學都能依據書面或口頭原定的計畫 • 例 2：訓練者調整訓練內容以符應議程上的調整（例如，參與者因為天候不良而遲到）	
證據或實例：	

■ 圖 14-1 （續）

評鑑／省思	是否觀察到？ （有，請 ✓）
17. 參與者有機會能針對學習進行省思 　• 例 1：參與者對於如何將訓練所得的知識應用於自己的學校提出策略 　• 例 2：參與者記下三個主要觀點、兩個問題以及一個他們想要採取的行動 　• 例 3：在桌上放綠、黃、紅三個顏色的塑膠杯，以便在訓練過程中以視覺化的方式檢核關鍵概念的理解	
證據或實例：	
18. 包含特定的指標——與訓練所提供的知識、材料或技巧有關——來顯示成功地遷移到實務上 　• 例 1：參與者在區級團隊中以圖像組織來發展行動計畫 　• 例 2：為教練概述完成課室觀察的期待 　• 例 3：為教育者提供一個期中自我評量的材料以檢視是否實施介入	
證據或實例：	
19. 促使參與者評量自己習得的知識和技巧 　• 例 1：以後測來評量學員對學習目標的掌握程度 　• 例 2：在引導完成一張觀察表的練習之後，讓參與者自己使用觀察表來對一個範例影片做評等，然後再和訓練者的評比比較 　• 例 3：參與者完成一項實作本位評量，證明他們在學習目標上已經達到精熟	
證據或實例：	

■ 圖 14-1 （續）

精熟	是否觀察到？ （有，請✓）
20. 詳述參與者需要應用學習內容的後續追蹤活動 • 例 1：參與者完成一個行動計畫，包含明確的活動、時程以及相關負責人 • 例 2：在訓練結束時，檢視學生行為評量歷程步驟的期限 • 例 3：提供並討論實施的期程與時限	
證據或實例：	
21. 以科技輔助或資源提供持續學習的機會 • 例 1：訓練者敘述未來的訓練內容，並解釋它如何融入這一系列的課程 • 例 2：訓練者提供聯絡資料以提供技術上的協助，包含電子信箱和電話號碼 • 例 3：訓練者向參與者呈現如何在計畫的網站上搜尋額外的資料和閱讀題材	
證據或實例：	
22. 描述教練的機會以提高實施的精準度 • 例 1：訓練者敘述州層級的教練後續將提供的預定支持 • 例 2：訓練者每月提供兩小時的電話聯繫以討論阻礙與解決策略 • 例 3：安排一系列的網路研討，以提供後續支持及有關如何執行介入的額外訊息	
證據或實例：	

■ 圖 14-1 （續）

資料來源：取自 Noonan、Gaumer Erickson、Brussow 和 Langham（2015）。經同意後轉載（其他注意事項及參考文獻請見原出處）。

第一節　各就各位：評鑑學校是否準備好要實施 CICO

在開始實施 CICO 之前，應該以第四章所見的準備度檢核表來檢視學校是否已經準備好要實施。其中一項準備度標準是學校已有第一層級 PBIS。在準備 CICO 訓練時，教練或訓練者應使用全校性評估工具（School-Wide Evaluation Tool, SET; Sugai, Lewis-Palmer, Todd, & Horner, 2005）或是分層的精準度量表（Tiered Fidelity Inventory, TFI; Algozzine et al., 2014）來評估學校在第一層級 PBIS 上已經達到什麼程度。在教學期待上達 80% 以上並且在 SET 整體達到 80% 以上，顯示學校在建立全校性第一層級系統上已經精準地到位（Todd et al., 2012）。而在 TFI 的第一層級部分達 70% 以上則顯示學校能精準實施第一層級 PBIS（Algozzine et al., 2014）。

除了在實施 CICO 之前評估學校在第一層級 PBIS 實施到什麼程度之外，學校也應該評估班級層級的初級 PBIS 實施到位的程度。這基本上包含全校性的期待與例行要求轉化成班級情境的程度。我們建議教師應該將全校性期待納入班級行為管理系統，並且明確教導這些期待在教室裡看起來、聽起來應該是什麼樣子。而且，也要運用有效教學原則來支持適當的行為並且預防教室裡出現的干擾行為。有好幾個工具可用來評估第一層級班級支持被運用的程度。圖 14-2 就包含了一連串成功班級的要素（Hawken, 2008）。另一項可用來評估班級實行的工具包含了班級系統的評鑑、資料為本的管理決策、有效教學策略的實行，以及適當課程（Simonsen et al., 2015）。我們建議學校在發展 CICO 介入之前或者同時評估班級第一層級 PBIS 的運用程度。

接著，實施 CICO 的教練或訓練者應該和校長會面並概述 CICO 要能有效實施的準備要件。在理想的面談中，教練或訓練者應該和校長共同瀏覽行政人員文件，以便於他們能了解自己在實施和支持 CICO 的過程中所

具備	部分具備	不具備	要素
			班級層級初級支持

具備	部分具備	不具備	要素
			教室裡是否張貼規則／期待（三至五項正面陳述的規定）？
			是否有系統地教導與檢視這些規則／期待？
			符合張貼的行為期待時可否獲得正向的後果／獎勵（不只是口頭讚美），並且一致性地實施？
			是否有負向的後果／懲罰來處理學生並未遵守張貼的行為期待，並且一致性地實施？
			是否張貼夠大的每日班級活動時程表讓所有學生都看得到？教師是否敘述並解釋每日的時程表及任何改變？
			對於學業與行為反應的正向與負向的後果在實施上的比例是否至少為 5：1？正向範例：口頭讚美（例如，「你的工作都完成了，很棒！」、「讚」、「在點數卡加點」、「班級金幣」）；負向範例：重新引導、錯誤糾正（如「停」、「不要這樣做」、「回到你的位子上」）。
			是否建立教室例行程序並有系統地教導（例如，進入教室、上廁所、尋求教師協助、削鉛筆）？
			活動間的轉換是否具有結構性（從一項活動轉換到下個活動）？
			非結構化的時間是否降到最低？
			學習材料是否符合學生的教學水準？你怎麼知道？

■ 圖 14-2　成功的班級要素自我評鑑表

具備	部分具備	不具備	要素
			是否在學生間巡視以監督學生的學業與行為表現（例如，當學生在進行小組或獨立作業時，教師在教室裡走動 vs. 站或坐在教室前面）？
			是否能在少於 5 秒內以任何訊號來讓學生回到工作上（例如，「現在注意我這裡」；「1—2—3，眼睛看我」）？
			班級的環境是否經過安排以有效地支持學生（亦即，學生可以很容易地從一個區域轉換到另一個區域；貼在牆上的物件看起來不會過於雜亂讓人分心；物品、椅子、桌子都擺放整齊）？
			是否有建立的機制可經常聯繫家長，尤其是正向的事件（例如，好行為通知單；「好人好事」電話通知）？

表頭：**班級層級初級支持**

在完成自我評鑑後，請想出三個增進你級班第一層級行為支持的專業目標。

專業目標：

1.

2.

3.

■ 圖 14-2　（續）

資料來源：取自 Hawken（2008），經同意後轉載。

扮演的角色（參見圖 5-5）。以往經常發生的是學校教職員對於要實施 201
CICO 感到很開心而校長也同意會支持這項介入，但是大家對實施的過程
中所有的細節都沒有共識。在這種情況下，學校在調配建立與實施 CICO
所需的時間和資源時就會遭遇非預期的失敗。如第五章所述，關鍵在於校
長要成為團隊一員且支持 CICO，因為校長在分配資源與時間上位居要
角，而且不是幫忙就是阻礙其他校內人事投入於介入的程度。

取決於學校在實施 CICO 時的初始感興趣程度，下一步通常是和學校
裡負責發展與評估行為支持系統的全校性行為支持團隊、領導團隊或其他
類似的小組會面。在這個會談中，教練或訓練者提供 CICO 的概覽並說明 203
其關鍵特徵。這個小組和教練／訓練者一起擬定一個全體教職員認同這項
介入的計畫。在某些學校，很多教師可能已經聽過 CICO 而殷殷期盼著。
在另一些學校，教職員對於設計整體的第二層級支持可能還很陌生而且在
實施像 CICO 這種支持系統沒什麼經驗。還有些學校過去可能嘗試過類似
的介入，像是每日行為報告卡（daily behavior report card）或是行為契約
（behavior contract），但是卻沒什麼效果。對於這類學校，最重要的是得
強調 CICO 是一個系統性的介入，以及它和其他校園常見的行為介入有什
麼不同。在考慮以上這些因素之後，這個團隊應該決定要何時與如何向校
園內更多的人呈現 CICO 相關訊息。

在和全校性行為支持團隊會談後，就要和全體教職員會面。在本次會
談中以 15～20 分鐘概覽 CICO 的關鍵特徵。Guilford Press 網站的補充資
源提供簡要解釋 CICO 的簡報範例（以為英文版內容，有興趣的讀者可至
www.guilford.com/hawken2-materials 登入下載，僅供個人使用）。如果需
要更多時間（例如 25～30 分鐘）以取得全體教職員的認同，我們建議可
以觀看 CICO DVD（Hawken & Breen, 2017），內容完整概述這項介入。
可以先讓全體教職員觀賞影片的前 22 分鐘（在討論關於如何利用資料進
行決策的部分之前先暫停影片），接著短暫地和校內人員討論是否有任何
的疑慮。在此之後，由教職員表決是否要實施此介入。如果 80% 以上的教

職員同意實施，就可和全校性的領導團隊排定時間以發展符合學校文化的 CICO。如果不到 80%，就得花更多時間以建立共識並蒐集資料來展現校內在此介入上的需求。

預備：為訓練日做準備

一旦大家都認同並達成共識之後，訓練者應該利用 HQPD 檢核表來為訓練日做準備，以決定需要建立哪些特徵來提供實證本位的專業發展。首先，至少要挪出三小時和全校性領導團隊會談以發展介入方式。校長**必須**被納入於訓練中，而且我們建議訓練應採異地或於非上課日辦理（例如，於在職訓練或專業發展時段），以免團隊成員被日常課務或行政責任干擾。訓練日當天，訓練者運用第四章所示 CICO 的發展及實施準則（亦可參見附錄 C.3）作為遵循的課程。在這個團隊開始對校內學生嘗試介入之前，要先回答 CICO 的發展及實施準則上全部八道問題。

經驗豐富的訓練者大約三小時就能和全校性領導團隊完成這份準則。這段估計時間含括了團隊在訓練日當天要回答準則裡各個問題的討論時間。對於新手訓練者而言，我們建議至少安排四小時來處理所有的題材並有足夠的時間進行小組討論。CICO 的發展及實施準則詳述了如何設計基本版 CICO。如果領導團隊還有興趣學習 CICO 的進階應用，或者想了解當 CICO 對於個別學生沒有效果時的進階問題解決方法，建議安排一整天進行訓練。在我們的經驗裡，初步提供 CICO 的基本訓練就可以讓領導團隊在學校裡嘗試介入。一旦學校實施了一些時間，就可以提供更進階的問題解決訓練或處理常見的問題。

CICO 的訓練時段裡可以是一個或包含多所學校的領導團隊。不論有多少學校團隊參與，我們建議每個領導團隊都要指定一位引導員來領導小組時間的討論。我們建議這位引導員不要是行政人員，以利於團隊成員間

建立對等關係。為了提供最大的協同合作，我們的建議是團隊坐在一張大桌子並且有可滑動的椅子，或者是其他可讓團隊成員溝通合作的安排，但不要是在大講堂或劇場式的環境。圖 14-3 提供更多訓練的相關運籌規劃。

在訓練開始前，訓練者應該寄給參與者：(1) 訓練的議程；(2) 訓練時段要達成的目標；(3) 訓練日前要預讀的資料。基本版 CICO 訓練的目標見圖 14-4。預讀的資料有幾個可以考慮的選擇，有些學校選擇購買本書給所有團隊成員並要求他們在訓練前先閱讀某幾頁或某些章；而有的學校則是複印概述 CICO 的文章，像是 Hawken（2006）的文章。

- 和全校性 PBIS 團隊（一定要包括校長）規劃半天到一天的時間（也就是三個半到六小時）。
  ○ 參與者必須是團隊的形式（可以訓練好幾個團隊）。
  ○ 每一個團隊要有一位引導員／領導者（不要是校長）。
  ○ 每一個團隊要有一位記錄者。
- 確保訓練場地利於協同合作。
  ○ 理想的空間是有大桌子和可移動的椅子。
  ○ 劇場式的訓練環境不利於協同合作。
- 確定你的對象是小學、中學或是兼有兩者。
  ○ 投影片可以根據聽眾額外增加中學或小學的範例。
- 準備投影片（見 Guilford Press 網站的範本*）。
- 準備講義（見 Guilford Press 網站的範本*）。
  ○ 團隊需要電子檔進行工作（通常可以提供隨身碟或共享硬碟）。
- 寄給團隊議程、目標、要攜帶的物品（如下）和準備訓練前的預先閱讀資料。
- 團隊攜帶：
  ○ 一台或多台筆電。
  ○ ODR 資料。
  ○ 目前使用的 DPR 格式（如果有的話），或是其他現有的行為紀錄。

■ 圖 14-3　訓練的運籌規劃

*註：此為英文版內容，可至 www. guilford. com/hawken2-materials 註冊會員下載，僅供購買者個人使用或與學生一起使用。

在訓練結束後，參與者能……

1. 敘述 CICO 如何融入全校性 PBIS 的情境。
2. 列出並說明 CICO 的關鍵特徵。
3. 指出 CICO 適合哪些學生。
4. 設計 DPR 來支持你的全校性 PBIS 第一層級系統。
5. 為接受 CICO 的學生設計增強系統。
6. 發展出一個轉介系統並找出一個能監控接受 CICO 學生進展的資料系統。
7. 決定褪除介入的標準。
8. 決定誰要來訓練學生、教職員和家長。

■ 圖 14-4　CICO 工作坊的目標

第三節　起跑：訓練日

　　在訓練當日，檢視當天的目標是很重要的。就如議程範例所示（見圖 14-5），訓練的前 10 分鐘應該包括歡迎詞和引言。這有助於了解當日有哪些團體前來參加工作坊，以及在設計並實施 CICO 時相關成員的背景與經驗。如果只有一組領導團隊，則每位成員都可以說說自己在學校裡或學區裡所負責的工作。如果有好幾個領導團隊參與，用舉手發言的方式或許比較容易，讓他們介紹自己在學校裡所擔任的角色，像是普教教師、特教教師、輔導老師／學校心理師和行政人員等。理想上，每個參與訓練的領導團隊最好包括一組校內的代表團體和行政人員。融合校內不同角色的成員有助於確保 CICO 的設計最能符應學校情境，因而有助於全體教職員的認同。當參與者在自我介紹的時候，蒐集他們過去是否曾有過實施 CICO 的經驗也是很有幫助的。如果是的話，他們可能在這次訓練中就有現成的材料（如 DPR 的樣本）供當場運用。進行引言的時候，也要確認是不是所有的參與者都有一份 PPT 簡報的紙本和電子檔以及講義（可參見網址

www.guilford.com/hawken2-materials）。紙本資料可以印出來，但最好能提供電子檔（也就是在訓練前以共享硬碟提供），如此一來所有小組都可以使用這些電子檔，而在離開之後也能帶走有助於實施介入的資料。

在訓練一開始的時候所要強調的其中一個重點是 CICO 是第二層級的介入，而對所有學生所實施的基本版 CICO 應該是相近的。參與者需要先清楚認知到個別化的 CICO 並不是在基本的層次上所要做的事。如果領導團隊還沒有看過 CICO 的 DVD（Hawken & Breen, 2017），我們建議在訓練的一開始就先播放這個影音檔的前 22 分鐘。而為了確保大家對於實施 CICO 有相同的背景概念，DVD 的內容含括了前兩個訓練目標。對大部分的團隊來說，可能只有一到兩位曾經看過這個 DVD，所以再次分享這些訊息以確保一致性是很重要的。

206

在看過 CICO 的 DVD 之後，教練／訓練者應該帶著大家一同瀏覽「CICO 發展及實施準則」（見圖 4-4）並回答工作坊裡提出的問題。在圖 14-5 所見的議程範例便提供了典型的暫停時間，讓團隊能在這段時間裡進行工作並回答問題。注意，這個議程只是提供一個時間安排上的範例，實際上可能需要視團體的大小再加以調整。在工作坊的過程中，教練／訓練者會隨時走動並指導各個團隊。如果訓練的團體較大，團隊時間安排幾個教練或訓練者來回答問題則有助於進行。如議程所見，教練／訓練者應該解釋每個時段，提供每個團隊協作的時間，最後再把每個團隊拉回大團體中彼此分享想法並提問。整個過程應該逐步遵循指引裡每個部分的問題，這樣所有的參與者對於 CICO 在自己的學校裡實施時看起來是什麼樣子就會越來越清楚。為了完成全部的資料，訓練者需要在大團體進行時限制提問的數量，而在個別團隊時間給予額外的引導。採取這樣的形式可以讓教練／訓練者根據每個團隊特定的需求，提供差異化的支持類型與程度。

在訓練的最後，訓練者從整體上來敘述 CICO 是如何融進學校行為支持的整體系統。我們建議團隊在完全實施 CICO 前先試行三至五位學生，以找出在簽到、教師回饋和簽退進行時是否有任何問題。教練／訓練者在

8:30-8:40—歡迎詞與引言

8:40-9:15—提供概覽並播放 CICO DVD（前 22 分鐘）

　　本段目標

- 說明 CICO 如何融入全校性 PBIS 的情境。
- 列舉並描述 CICO 的關鍵特徵。

9:15-9:30—篩選並發展 DPR

　　本段目標

- 找出什麼樣的學生適合 CICO。
- 創造一份 DPR 來支持你的全校性 PBIS 第一層級系統。

9:30-9:55—團隊時間

- 團隊共同回答「CICO 發展及實施準則」的問題 1 和 2。

9:55-10:00—大團體分享與提問

- 讓參與者分享意見與提問。

10:00-10:10—休息

10:10-10:20—發展增強系統

　　本段目標

- 針對接受 CICO 介入的學生發展一套增強系統。

10:20-10:35—團隊時間

- 團隊共同回答「CICO 發展及實施準則」的問題 3。

10:35-10:45—大團體分享與提問

- 讓參與者分享意見與提問。

10:45-10:55—設定轉介與資料系統

　　本段目標

- 發展轉介系統並找出一個資料系統來監控接受 CICO 的學生的進步情形。

10:55-11:05—團隊時間

- 團隊共同回答「CICO 發展及實施準則」的問題 4 和 5。

11:05-11:10—大團體分享與提問

- 讓參與者分享意見與提問。

■ 圖 14-5　CICO 工作坊議程範例

11:10-11:15—決定介入是否成功與褪除

　　本段目標

　　・決定褪除介入的標準。

11:15-11:25—團隊時間

　　・團隊共同回答「CICO 發展及實施準則」的問題 6。

11:25-11:30—大團體分享與提問

　　・讓參與者分享意見與提問。

11:30-11:40—訓練上的考量

　　本段目標

　　・決定誰要來訓練學生、教職員與家長進行 CICO。

11:40-11:50—團隊時間

　　・團隊共同回答「CICO 發展及實施準則」的問題 7 和 8。

11:50-12:00—大團體分享與提問

　　・讓參與者分享意見與提問。

　　・總結。

　　・提供教練式指導與後續的額外資訊。

■ 圖 14-5　（續）

結束前提供關於實施 CICO 上如何獲得更多訊息或研究的方法。本書末的 　206
參考文獻可以提供給所有參與者。

第四節　跨過終點線：訓練後

　　當團隊已經準備好在學校裡實施 CICO 時，我們建議教練或者一位熟悉 CICO 的人，理想的狀況是在第一週（或者至少前三日）能從旁觀察簽到和簽退的時段並針對實施的狀況給予回饋。如果這個階段有任何議題需要討論，可以引導學校團隊參考本書第十五章，其中包括了常見的問題，並且也可以找到一些方法或訣竅有助於解決常見問題或在實施上所遭遇的議題。

在實施一個月過後，教練應該蒐集資料以決定 CICO 在實施上所達到的精準度。第七章中介紹的「CICO 執行精準度測量」在實施的初期階段應至少每個月進行一次。雖然這不涵蓋在精準度測量，但我們建議直接觀察幾位教師以確認 DPR 回饋確實在預定的間隔上執行。此外，也應該檢視學生的結果資料。如第七章所述，如果在 CICO 裡進步的學生數不到70%，則需要重新檢視此項介入的系統特徵。萬一學校在實施 CICO 時學生成功的比率不如預期那麼好，第十五章提供了困難排除的指引。

208　　　針對 CICO 的發展提供有系統的訓練並且在實施過程中給予持續性的指導，可以提高學校精準地實施 CICO 的可能性。如果學校考慮針對 CICO 的介入進行修改，或者發展調整的版本（參見第八章），我們的建議是教練／訓練者進行一場簡要但類似的訓練與指導歷程，就如同本章先前所述以確保所有版本的 CICO 都能如預期般的實施。

實施CICO常見的問題與困難排除

　　　實施 CICO 相對簡單，只需教職員最少的時間。然而，實施這個介入的學校會遇到一些常見問題，本章的目的是解答有關建立 CICO 介入的常見問題。

一、如果學生早上沒有簽到怎麼辦？

　　我們被問到的第一個問題是如果學生沒有定期簽到該怎麼辦。CICO 輔導員或指導員的部分職責是確定參加 CICO 的學生是否缺席或只是忘記在早上簽到。如果學生只是忘記簽到，CICO 輔導員將 DPR 送交給學生，並提示他們盡量記得隔天要簽到。雖然 CICO 輔導員不應該養成送交 DPR 給學生的習慣，但是忘記領取表格的學生不應該錯過得到回饋和達到每日點數目標的機會。畢竟這是一個可增加正向回饋和增進有嚴重問題行為風險的學生成功的系統。

　　對於不簽到的學生，其他建議包括：重新教導簽到流程（如在哪裡簽到、什麼時間簽到），或將學生搭配一位「簽到夥伴」，幫助他們記得簽到。

二、如果學生下午沒有簽退怎麼辦？

　　首先，如果學生沒有簽退，他們會得到一個「0」。將多個「0」輸入到資料庫中，可以讓團隊成員確認簽退是個問題。如果允許學生在隔天把他們的 DPR 交回來，並在前一天沒有簽退的情況下獲得點數，那麼行為小組就不清楚哪些學生有定期簽退，哪些學生沒有。

　　在解決簽退問題方面，第一步應該是詢問學生為什麼沒簽退。有時是因為他們忘記了，有時則是因為校車或交通問題。透過提醒學生簽退是參與活動中所必要的，就可以簡單解決許多這類的議題。教師透過在一天結束前提示學生（例如「吉蘭，記得在鈴響時去簽退」），也可以在提醒學生簽退方面發揮作用。教師的這種提示應該隨著時間而減少，以便學生能夠獨立參與這個方案。對於年齡較小的學生，這種提示可能需要維持比較

長的時間。我們發現在學生的桌子上貼上便條是另一種提示簽退的好方法。

三、學生如何簽退並能準時搭上校車？

在一些學校，我們發現由於校車或其他交通問題（如課後照顧接送），放學後簽退是不可行的。在這種情況下，當設計 CICO 以符合學校情況時，學校一天的最後 10～15 分鐘必須用於 CICO 學生的簽退。對於這種時間安排的改變，你需要獲得全體教職員同意。此外，我們發現，教職員對有行為問題的學生於放學前在穿堂遊蕩感到擔憂。我們可以給予參加 CICO 的學生離開教室的通行證，這些通行證很容易被在穿堂遇到這些學生的其他教職員工識別出來（如顏色鮮豔、護貝的通行證，可以每天重複使用）。有些小學將簽退時間延長到放學時的兩個小時段。小學較高年級（如三到六年級）的學生在下午 3:10 到 3:20 簽退，而較低年級（如 K 至二年級）的學生在下午 3:20 到 3:30 簽退，這種安排使得放學前在穿堂遊蕩的學生減少。

四、如果學生經常沒簽到或沒簽退，怎麼辦？

CICO 輔導員應該與學生坐下來，找出妨礙他們簽到或簽退的障礙。例如，我們所合作過的一位學生沒有簽退，因為如果他們簽退的話，就會錯過校車。為了解決這個問題，CICO 輔導員和他們第六節課的教師協調，讓他同意這位學生可以提早五分鐘離開教室，以便在放學前簽退。

有些學生可能會說：「我忘了簽到或簽退。」如果學生忘記，有幾個解決方案可以嘗試。取得學生的朋友或兄弟姊妹的幫助，提醒他們簽到和簽退。由 CICO 輔導員做簡要的陳述往往會有效果，如：「嘿，你能幫我一個忙嗎？你能幫助你的好朋友尚恩記得早上去簽到嗎？」增強你所爭取來幫助 CICO 學生的好朋友是一個好主意。另一個建議是去學生的最後一堂課，每週陪同他們簽退幾天，幫助學生練習這個行為。記住，有些學生

211

是由於不佳的組織能力而加入 CICO 的，他們可能需要額外的練習以學習新的作息。

有些學生因為當天過得糟透了，沒有達到他們的每日點數目標而沒有簽退。在這種情況下，即使沒有達到點數目標，也應該有鼓勵簽退的措施，例如，前面提到的抽獎制度很有效，即學生簽到或簽退就能得到一張 CICO 抽獎券。抽獎活動可以每週只為參加 CICO 的學生舉辦一次。學生簽到和簽退的次數越多，他們擁有的抽獎券就越多，因此獲獎的機會也就越大。抽獎活動的獎品可以是小而便宜的，主要包括小點心、鉛筆或小玩具。

在解決學生為什麼經常沒簽到和簽退的問題時，最好確定學生是否已經對介入「買單」並自願參與。有時候是家長希望學生參加 CICO，但學生透過不遵守要求來抗拒。請記住，CICO 是一個自願的正向支持系統。對那些尚未願意參加介入的學生，我們應該努力尋找對他們有意義的增強物。我們合作過的一個學生很難達到 CICO 的要求，但他對獲得棒球帽而不是每天接受獎勵感興趣。我們為這位學生發展個別化的契約，在數個星期都有達到目標後，他們就可以獲得帽子。有一些學生無論做什麼調整都拒絕參與，對於這些學生，可能需要進行更多的個別化與密集性的評量和介入。

學生簽到和簽退的地點是非常重要的。它必須是學生可以很容易進入的地方，同時也需要隔開會大聲干擾的公共區域，如穿堂和學生餐廳。在一些學校，我們看到學生無法持續簽到和簽退，無非是地點不方便（亦即不在中心位置），或沒有為這歷程設置一個固定的地方。例如，我們合作過的一所學校選擇了圖書館作為簽到和簽退的地方，在這個地點通常運作良好，但當家長團體放學後在圖書館聚會時，這個地點就無法使用，於是打亂了簽退過程。

雖然簽到／簽退地點需要在一個安靜的地方，但如果它靠近公共區域附近確實是有幫助的，那麼 CICO 輔導員可以掃視該區域，尋找應該簽到

和簽退的學生。雖然鼓勵學生獨立是參與 CICO 過程的一部分，然而提示那些可能需要提醒的學生也是有幫助的。特別是在中學和高中，學生投入大量心力於同儕互動，這可能需要一些提示來幫助他們從同儕互動中來簽到和簽退。

五、如果有好幾位學生沒有簽到和簽退怎麼辦？

如果有好幾位學生沒有簽到和簽退，那麼需要檢視整個介入的實施狀況。應該要回答的問題是**學校是否高度重視 CICO**？我們在本書的其他部分描述如何重視 CICO，並確保它是正向介入。缺乏這種推動力，CICO 可能會被看做是另一種隨著時間而消逝的教育創新。在我們合作過的一所學校，學校人員在如何實施介入上沒有得到良好的訓練。對於哪些學生應該被安置於 CICO 意見不一，並產生現有的介入與 CICO 相互干擾或重疊的問題。在那所學校中，一些學校人員「搞砸」介入。也就是說，由於學校人員對於如何以及和誰實施 CICO 看法不一，因此他們沒有花很多心力在介入上，也沒有給予學生定期回饋。從這經驗我們學到，學校應該要完成「CICO 實施準備調查表」（參見附錄 C.1）。實施前學校人員的承諾對於實現這個支持系統是否成功非常重要。

另一個要考慮的問題是：**CICO 的輔導員或指導者是否為學生喜歡的人並期待與他互動呢**？在我們合作過的一些學校中，CICO 輔導員的選擇是基於他們可用的時間，而非他們的個性是否適合學生。雖然教育工作者進入學校工作的部分原因是他們喜歡和孩子們一起工作，但通常有些教師或教師助理人員學生們會與他們產生共鳴並喜歡和他們在一起，並為他們而努力。根據我們在一所中學的經驗，CICO 輔導員具有與學生開玩笑的技能，以改善他們的情緒或減少緊張。這些學生每天都迫不及待地要與這位輔導員互動，而且他們經常被邀請與其他學校人員一起解決學生的議題。

在另一所我們合作過的學校，CICO 輔導員是一名教師助理人員，她

被安置在這個職位是因為課前和放學後都有空。雖然她能有效地支持教師，但她其實並不想要 CICO 輔導員的這份工作，她的態度在與學生的互動中流露出來。她經常對學生很粗魯，負向多於正向，而且很難管理每天簽到和簽退的學生數量。她會當著學生的面抱怨說她不喜歡 CICO。久而久之，很容易看出學生不願意與這個人投入 CICO 的介入。

六、如果不需要 CICO 的學生想要參加，以獲得增強物和大人的關注怎麼辦？

我們常在學校被問到這個問題。小學比中學或高中更有這樣的趨勢。年紀較輕的學生比年紀大的學生傾向尋求大人的關注，當學生逐漸長大，同儕的注意力會變得比較重要。

213 　關於這個問題的解決方式，在設置 CICO 時要做些調整以減少這個問題發生的可能性。我們常聽到學生對學校人員說有行為問題的學生得到額外的關注和增強是不「公平」的。首先，學校人員必須了解並且相信所謂的「公平」並非是以相同的方式對待每一位學生，而是給予學生成功所需要的東西。

很多時候，學校人員比非 CICO 學生更難接受 CICO 學生得到額外的關注。學生習慣看到同學離開教室接受服務（如特殊教育、語言治療、諮商），因他們的需求得到額外的關注或教學。CICO 與這些補充式服務（supplementary service）是類似的，因為我們提供服務給有需要的學生，而不是提供補充式介入給所有的學生。

也有必要評估學校全校性的第一層級增強系統（如：遵守行為期待的全校性代幣系統）是否運作良好，以及大部分時間表現適當行為的學生是否因其行為不斷地獲得認可。有些我們合作的學校記錄學校人員所給出的正向次數（如代幣或抽獎券），以確保學校內所有的學生都獲得增強。

下一步是確保簽到與簽退在非公共場地，如此一來，額外的關注和增強物對沒有參與介入的學生而言就沒有那麼醒目。我們發現如果其他學生

（特別是年紀小的）看到簽到和簽退的過程時，他們更可能想要參與。應該要教導 CICO 的學生不要用獲得的增強物跟其他學生炫耀或引起反感。例如，當他們獲得實質增強物時（如小玩具），應該要教導他們把它放到書包，直到他們離開學校的其他學生時才可以拿出來。

另一個減少學生想要參與介入的方式是限制發放實質性的增強物，如糖果、食物和玩具。介入的目標是要讓學生獲得更多適當行為的回饋與增強。增強不需要以物質的形式出現；讓學生獲得與喜愛的大人或同儕在一起的活動與相處時間也有助於減少他們的同儕想要參與介入的渴望。最後，如果某些學生對參與 CICO 有很大的投入，也許可以讓他們成為簽到與簽退的小幫手。如此一來，他們可以得到大人額外的關注，但不需要投入全部的介入。

七、因為 CICO 是給有風險學生的介入，若學生已鑑定有障礙仍可參加介入嗎？

是的，如果他們也是 CICO 的合適人選。CICO 旨在支持那些有風險但目前沒有嚴重問題行為的學生。許多有學習或溝通障礙的學生可能剛剛開始出現問題行為。這些學生是 CICO 的最佳人選，因為其目標是預防學生進入高風險族群。在評估身心障礙學生是否符合 CICO 的條件時，主要的議題是要確定學生不是為了逃避學校作業而有不當行為。許多有學習障礙的學生可能是因為學業太困難而有不當行為，所以必須確定所使用的教材是否符合學生的教育程度。

具有情緒行為障礙的學生有個別化的 IEP 行為目標，可能需要比基本版 CICO 所能提供的更密集的介入。由於 CICO 對所有學生的實施方式是類似的，並不支持 IEP 的個別化要求。比較重度障礙的學生（如嚴重的認知遲緩）可以從這方案受益，但可能需要額外的支持才能成功參與 CICO。關於為重度障礙學生調整 CICO 的更多資訊請參考 Hawken 和 O'Neill（2006）。

八、一位 CICO 輔導員可以支持幾位學生？

我們的經驗告訴我們對國小學生而言，一位 CICO 輔導員一次可支持 15 到 20 位學生。對於中學和高中的學校情境，一位 CICO 輔導員可支持高達 30 位學生。可支持多少位學生**很大的**部分取決於 CICO 輔導員管理一群學生的技能。有些 CICO 輔導員對於室內有太多學生會感到疲憊不堪，然而另一些輔導員對於同時要與多位學生簽到則感到很自在。在我們學校最常發生的情況是需要教導學生簽到簽退的程序，還有在等待簽到與簽退時要做什麼。我們合作過的一所學校在地上貼了一整排的膠帶，指示學生等待簽到或簽退時要站在哪裡。

決定可支持多少位學生的另一個因素是簽到與簽退是否可以在錯開的時間。例如，如果學校允許在一天開始前 20～30 分鐘簽到，這段時間可讓學生錯開簽到流程。如果簽到只能在一天開始的前 10 分鐘進行，那就很難讓那麼多學生參加這個方案。

我們經常被問到：**如果我們有超過 30 位學生需要 CICO 該怎麼辦**？這個問題有數個解答。首先，CICO 應該是你學校內實施第二層級介入的其中一種類型。應該有其他第二層級介入的選單以幫助有風險的學生。然而，如果學校人員覺得更多的學生可以從介入中受益，那麼明智的做法是由一位 CICO 引導員監督介入，並由一位或更多的 CICO 輔導員協助簽到和簽退的流程，如第六章所述。我們還看到如果學校的建築物比較大或有多個樓層，那需要不只一位 CICO 的輔導員。有些學校會在學校每個側翼（wing）或每一樓層配置一位 CICO 的輔導員。

也有人問我們是否可以由一個人負責簽到，另一位負責簽退。只要被指派的人每天都是一致的（如學生每天早上和席格老師簽到，每天下午和邁爾老師簽退），這種安排往往是可行的。另外很重要的是這兩人要定期的溝通學生的表現，並事先決定誰是負責資料輸入和繪圖的 CICO 輔導員，以及誰是 CICO 引導員。不可行的是若是每天由不同的人負責簽到／簽退，例如星期一由一位人員處理這個流程，星期二由另一個人處理，諸

215

如此類的。CICO 的一個目標是要培養孩子與大人有正向連結，如果每天都由不同的人負責，則很難達到這目標。

九、如果學生遺失他們的 DPR 怎麼辦？

參加 CICO 的學生的責任之一包括拿著 DPR 從一個班級到另一個班級，從一個教師到另一個教師，或者對於小學生來說，從一個情境到另一個情境。我們建議，一旦學生意識到他們遺失 DPR，就應立即教他們再去拿一張。這樣一來，雖然他們可能因為遺失 DPR 而失去達到目標的一些點數，但他們並沒有失去一整天的點數。他們可以在新的 DPR 上得到回饋，並在一天中繼續得到正向的回饋。對於年齡較小的學生來說，有些可能需要將他們的 DPR 放在一個有夾子的板子上，這樣他們就不容易在轉換時間遺失 DPR。在我們合作過的一些學校中，導師會保留多餘的 DPR，以防學生遺失。

如果學生發現參與 CICO 沒有幫助或不吸引人，他們也可能「弄丟」DPR。對於這樣的學生，我們建議你找出改善介入的方法，這通常包括詢問學生他們對哪一類型的獎勵感興趣。如果學生有糟糕的一天，並且擔心把表格帶回家給父母，他們可能會「弄丟」DPR。很遺憾的，有些家長會因為學生在學校有「糟糕的一天」而嚴厲的懲罰他們。在這種情況下，我們要麼鼓勵家長正向使用這方案，或讓學生不把卡片帶回家作為介入的一部分。對於 CICO 需要成為學生樂於參與的正向介入，這點再怎麼強調都不為過。如果學生因為參加 CICO 而陷入更多的麻煩，他們就不可能參加。

十、如果學生在非結構環境中得到 ODR，並且沒有反映在 DPR 會發生什麼事？

CICO 針對的是學生整天在課堂上的行為。然而，參加 CICO 的學生經常在操場、走廊上或午餐餐廳收到轉介單，而轉介單卻沒有反映在 DPR

上。學生偶爾會在下課時間打架，但在課堂上表現很好，足以在一天結束時獲得足夠的分數而獲得獎勵。遇到這種情況，教師不免覺得沮喪。他們認為學生有重大違規，所以不該獲得獎勵。我們合作過的學校選擇不同的方式來處理這個議題。只要有 ODR，有些學校會自動從 DPR 中扣除 20 點。這意味著除非學生有完美的一天，不然他們不可能達到每天的目標點數。其他學校不想要為 ODR 設定反應代價（如扣點數），而是不允許學生在收到 ODR 的那一天獲得獎勵或用點數換取更大的獎勵。無論實施何種後果系統，當學生收到 ODR 時，學校人員和 CICO 輔導員之間必須有良好的溝通，以便可以一致的處理這種情況。

十一、如何與多位學生進行簽到與簽退呢？每一位學生如何得到一對一的關注呢？

簽到與簽退目的在提供學生與其教師以外的成人正向連結。簽到與簽退並非諮商時刻，而是快速、正向與簡短的互動，並提示學生要努力的事。如果學生不好過（如：剛打架或正在哭），CICO 輔導員可以請學生坐下來，並且在其他學生的報到流程都結束後，多花一點時間給他們。在某些情況下如果學生非常困擾，那麼尋求輔導教師、學校心理師、校長的幫助是比較適當的。

一次處理多位學生的效果如何，很大的部分取決於 CICO 輔導員的技巧。所有要給學生與簽到簽退流程的物品應該井井有條，並且方便輔導員拿取。此外，許多簽到的要素可以由學生完成。例如每天早上學生可以在自己的 DPR 上寫下自己的名字，在簽退時，學生可以計算自己的百分比點數。CICO 學生不僅在早上和下午獲得大人一對一的注意力，也在一整天獲得班級教師的關注。此外，CICO 輔導員通常是學校的一員，因此會整天看到學生以提供額外的關注。例如，在我們合作的一些學校中，CICO 輔導員也負責監督午餐餐廳，並在那個時候與學生聊天。

十二、如果學校人員沒有正確執行 CICO 怎麼辦？

　　所有學校人員應該接受關於 CICO 目的、介入的正向性質、如何回饋學生的在職訓練。有時，教師會在 DPR 上寫下負向的評語。有些教師可能錯把它當成懲罰學生的工具，寫下學生所做的不當行為。而有些教師可能需要個別化的訓練與追蹤，以再次強調這個介入的正向性質，並提供正向回饋的提示。我們合作過的許多學校在 DPR 有給教師回饋的地方，提示他們寫下正向而非負向的評語。有關正向回饋的細節請見第六章。

　　讓系統保持正向並讓教師持續投入的一個方法是，確保教師至少每季會得知 CICO 學生表現的回饋。在學校中常見的問題是教師協助資料蒐集的歷程（例如，學生出現嚴重或危險行為時填寫 ODR 表格或完成 DPR），但從來沒有看到資料的摘要或是學校如何使用這些資料來進行決策。要提供學校人員最新的接受 CICO 的學生數、多少人固定會達到目標，以及和 CICO 改善相關的其他結果資料（如學生的成績和考試分數有進步）。

　　如同在第六章提到的，要讓系統保持正向，學校可能還要定期地獎勵學校人員對 CICO 的參與。像是學校人員需要為參與 CICO 學生的 DPR 簽名，並被要求在適當的時候寫下正向的評論。在每月的教職員工會議上，可以從學生的 DPR 中隨機選取教師的名字以獲得小獎品。或者把獎品給予學生 DPR 上最有創意或最激勵人的評語。CICO 學生也可以提名他們認為幫助他們在 CICO 成功的學校人員。我們可以在教職員會議、集會或學校通訊校刊中表揚這些人員。

十三、我們如何得知教師是否在一天中（國小），或在上課期間（國高中）給予正向和建設性的回饋？

　　要得知教師是否在國小一天中或在中學和高中的上課期間給予回饋，唯一的方式是在課堂觀察他們。在我們合作過的許多學校中，校長定期地觀察教學，並在觀察時檢視教師管理行為的能力。通常稱之為「校長走

察」，這提供一個時間讓校長可以就 CICO 的實施狀況向教師提供回饋。在其他我們合作過的學校，教學教練於課堂上觀察教師並回饋教師第一層級的課堂教學。我們合作過的教學教練觀察教師，並追蹤他們向學生提供 5：1 正負向回饋比例的程度。這些教學教練還觀察 CICO 對班級某位或某些學生的執行精準度。如果可以對教師進行直接觀察，可以在 CICO 執行精準度的評量上加入某些問題：

1. 在整個觀察中，教師提供具體且正向和糾正性的回饋。　　是　否
2. 在 20 分鐘的觀察中，正負向回饋比例是 5：1。　　　　　是　否

正向	負向

3. 教師在教學區段結束時給予回饋。　　　　　　　　　　　是　否
4. 教師在 DPR 上對學生的行為進行評分（即圈出評分的
   數字並在表格上簽名）。　　　　　　　　　　　　　　　是　否

　　這種形式的觀察是很可靠的，對 CICO 介入的有效成分進行真實的評估。教師通常標記評分時才給予學生回饋，但在其餘被評分的 50 至 90 分鐘期間沒讓學生知道他們的表現如何。或者教師在標記評分時給予中性或正向的回饋，但在剩下的時間卻傳達負向的回饋（例如，「住手」、「不要這樣」、「別鬧了」）。我們建議那些難以提供高比例正負向回饋的教師使用有訊號的設備，如 MotivAider 或手機應用程式，提醒他們捕捉學生的「好表現」。CICO 的目標是增加教師後效回饋與讚美，而直接觀察是評估這種正向回饋是否發生的唯一方式。由於直接觀察所需的時間和成本，它不太可能定期的進行，有其他的方式可以檢查教師的建設性回饋。

　　很重要的跡象是教師每一節課在 DPR 上圈選單獨的數字，而不是在一天結束時圈選所有的數字。當我們檢視 DPR 時，很容易看出哪位教師

等到一天結束時才對學生評分。或是你可以直接問學生他們收到回饋的頻率為何。在我們的一些學校中，CICO 輔導員是在多個學校情境與學生工作的教師助理員，這可以就介入的執行情況進行抽樣觀察。事實上，有些學校已經建立一個系統，讓教職員於 CICO 實施的前幾天觀察教師，再次確認教師有定期給予回饋。這個任務對於教師助理員而言是很難做到的，通常輔導教師或學校心理師可以擔任這一個角色。

十四、如果家長／照顧者沒有貫徹執行或把 CICO 作為懲罰系統，怎麼辦？

　　CICO 的優勢之一是強化家庭與學校之間的連結。家長和照顧者每天會收到孩子在學校的表現報告。在某些情況下，我們很難讓家長貫徹每晚檢查 DPR 並提供正向回饋給學生。在這些情況下，我們也許會打電話或與家長見面以強調他們參與的重要性。許多我們合作過的學校會讓家長、學校教職員與學生共同簽署「CICO 契約」，以表示他們同意參與 CICO 的責任。這樣的聯繫給予家長明確的介入期待，並可視為是對家長責任的一種提醒。

　　我們合作過的有些學校則決定照顧者／家長每天在 DPR 簽名是沒有必要的，並選擇每週一次將 DPR 送回家讓家長簽名和檢視。每週聯繫家長將減少家長和學校人員的負擔，且同時保有 CICO 介入的關鍵要素。

　　我們研究一些有趣的發現是在檢視 CICO 的執行精準度時，CICO 中的家長要素往往是最薄弱的一環。Hawken 和 Horner（2003）的研究結果顯示，CICO 的四個關鍵特徵（即學生簽到、教師定期回饋、學生簽退、用於資料決策的每日 DPR 資訊）在所有學生的執行精準度平均為 87%。只有 67% 執行精準度檢核表有提供家長回饋（即在 DPR 簽名）。然而應該要注意的是即便缺乏家長的參與，許多學生在 CICO 上是成功的，並達到每日的點數目標。這個發現在多項研究中得到證實（如 Hawken, 2006; Hawken et al., 2007）。我們鼓勵家長回饋，但它不是學生在 CICO 上成功

的必要條件。許多生活在混亂家庭環境的學生可以從 CICO 中受益，即便他們的家長無法參與，應該給予這些學生公平的機會以從 CICO 中受益（注意：家長仍然要同意學生參與 CICO）。

在學校中我們遇到一些不幸的情況，那就是參與 CICO 的學生因為有「糟糕的一天」（bad day）而受罰。糟糕的一天指的是學生沒有達成他們當天的目標。有些家長看到 DPR 並發現他們的孩子沒有做到所預期的，他們會施予嚴厲的懲罰（如打屁股、打人、怒罵、嚴格地限制活動）。學校人員通常會從學生那裡聽到家長的負向反應，或是學生不想要參與 CICO。在這種情形下，學校可以安排學校中的「代理家長」，作為提供回饋、讚美與評論 DPR 的額外人員。代理家長可以是教師（除了學生固定的教師以外）、監護人、教師助理員，或每天在學校的志工，或其他大人，這些人可以每天投入五分鐘來檢視學生的 DPR 並提供正向回饋。嚴厲懲罰的議題需要與家長討論，最好的處理方式是由學校輔導教師、校長或副校長與家長見面。

十五、如果學生持續參與 CICO，而行為變得更糟怎麼辦？

預估在兩週內，學生在 CICO 上的行為將有所改善。對於正在接受支持以提高學業成績的學生，可能需要更長的時間才能注意到成績的變化，但組織能力、回家作業完成度等應該會提升。行為變得更糟的學生可能需要基本版 CICO 的調整版本，細節請見第九章。

十六、如果教師抱怨他們無法在每一評分時段對班上七位 CICO 學生提供回饋，怎麼辦？

教師最多在他們的班級中接受基本版 CICO 介入的學生不應超過三人。如前所述，CICO 只是一種第二層級介入，應該提供給學生中具有風險的學生。如果教師轉介很多學生給 CICO，這可能是第一層級班級行為管理的問題。我們強烈建議在轉介更多學生給 CICO 之前，學校要評估第

一層級班級流程的實施程度。我們在一些學校看到的是，把有行為挑戰的學生安排給最稱職的教師。如果是這種情況，學校應該檢視具有風險的學生，並試圖將他們平均分配到各班級。對中學和高中的教師也需要留意，不要讓他們每節課給七或八位學生回饋；相反的，讓教師每一節課給兩、三位學生回饋是比較可行的。

十七、讓 CICO 輔導員／引導員只與一位學生簽到與簽退是 220 否有任何的疑慮呢？

是的！讓 CICO 輔導員／引導員只檢查一位學生的簽到與簽退最主要的擔心是介入性質的改變，變成比較是教練式的指導（mentoring）或諮商。我們的目的在提供一個簡短問候和簽到，而不是諮商。同意擔任 CICO 引導的教師助理人員或教師並沒有接受過諮商的訓練，他們也不應該扮演諮商師的角色。我們建議 CICO 輔導員至少要有三到五個學生，以預防介入變成一對一的會面。此外，我們建議 CICO 輔導員／引導員在與學生對話類型以及何時轉介給學校心理師或輔導老師方面是要接受訓練的議題。

十八、關於實施 CICO 的最後一些看法

CICO 是有效的且基於實證的介入，但它需要學校人員的堅定承諾並聚焦於預防。根據我們的經驗，有幾個因素指出學校在實施 CICO 時會有所困難。在以下情況，學校在實施 CICO 時將面臨困難：

- 行政人員不是**發展 CICO** 和**檢視決策資料**的團隊成員。
- CICO 被用來作為懲罰，而非預防性介入。
  - 例如：「你得到六次 ODR，所以你的懲罰是 CICO。」
  - DPR 被教師當作對挑戰性學生發洩自己挫敗的工具。

- CICO 輔導員或引導員缺乏執行介入的技巧。
  - 注意：需要有行為介入、管理多位學生、資料輸入／使用電腦等方面的技能。
  - 注意：請參考第五章 CICO 輔導員／引導員所需的訓練。
- 學校期待 CICO 可以解決所有的行為問題。
  - 注意：學校需要數個第二層級介入來支持有風險的學生。
  - 注意：學校需要有良好的學業支持與找出逃避行為的能力。
  - 注意：學校需要對在基本版 CICO 不成功的學生提供密集性的介入。
- 對 CICO 資料的評估沒有納入現有的團隊中，著重於可改變的變數相對於不可改變的（如不良的教養策略）。

附錄

BSP（Behavior Support Plan）　行為支持計畫

為針對學生行為目標的個別化計畫。行為支持計畫應要說明所採用的介入策略、負責執行的人員、執行的時間表與評量行為支持計畫結果的方式。

CICO（Check-In, Check-Out intervention）　簽到簽退介入

CICO介入是一個每天簽到簽退的系統，提供學生有關行為的立即回饋（透過教師在每日進展卡上的評分），並增加大人的正向關注。

DPR（Daily Progress Report）　每日進展卡

每日進展卡是簽到簽退介入中用來追蹤學生每日的進步是否朝著其行為目標邁進的表。本書附錄中提供了幾個每日進展卡的範例。

EL（English learner）　英語學習者

英語學習者是指母語不是英語的學生。透過安排在EL的教室或方案，提供英語學習者語言的支持和指導。

FBA（Functional behavioral assessment）　行為功能評量

指對一個人的行為進行評量，主要在確認該行為帶給此人的功能。這個評量通常包含訪談教師、學生與家長，還有觀察學生在問題情境中的行為。從FBA所獲得的資訊用來發展有關學生的行為目的與行為發生情況的假設。評量的訊息可用來替學生發展個別化行為支持計畫。

IEP（Individualized education plan） 個別化教育計畫

IEP是為了滿足接受特殊教育和相關服務的學生之需求所設計的教育方案。每一份IEP應該是一份真正個別化的文件，這份文件確認學生的需求、目標與要達成這些目標將在學校實施的策略。這些策略的頻率和持續時間也應該包含在內。

ODR（Office discipline referral） 轉介辦公室管教

許多學校所使用的一種系統，即學生在教室或其他社交情境中出現違規行為時，會被送到主要辦公室接受其後果。ODR指的是該事件的紀錄。

出自洪儷瑜等（譯）（2023）。L. S. Hawken等著。**正向支持學生的行為問題：簽到簽退策略之運用**。心理出版社。本書購買者可複印此材料供個人使用或與學生一起使用（詳見目次頁末的複製許可聲明）。

附錄 B.1 不以力搏，要以智取表

團隊、委員會名稱	目標	結果	目標群體	參與人員

資料來源：經 George Sugai 同意再製。

出自洪儷瑜等（譯）（2023）。L. S. Hawken 等著。正向支持學生的行為問題：簽到簽退策略之運用。心理出版社。本書購買者可複印此材料供個人使用或與學生一起使用（詳見目次頁末的複製許可聲明）。

附錄
B.2

請求支援表

日期：_____ 　　　教師／團隊：_____

學生姓名：_____ 　年級：_____ 　IEP： 有　無（圈選）

1. 請勾選受到關切的領域

行為問題	學業問題	你最關心的問題是什麼？
☐ 攻擊 ☐ 不順從 ☐ 破壞 ☐ 退縮 ☐ 遲到 ☐ 缺乏社會技巧 ☐ 其他（請描述） _____ _____	☐ 閱讀 ☐ 數學 ☐ 拼字 ☐ 寫作 ☐ 讀書技巧 ☐ 組織能力	

2. 請勾選你已經使用過的策略

一般性	調整環境或教學	教導期待的行為	嘗試過的後果
☐ 瀏覽檔案 ☐ 與家長交談 ☐ 與之前的教師交談 ☐ 尋求同儕協助 ☐ 教室評估 ☐ 其他（請描述） ____ ____ ____	☐ 改變座位 ☐ 提供安靜的地方 ☐ 鼓勵休息 ☐ 改變活動的時程表 ☐ 調整作業 ☐ 安排個別指導 ☐ 改善學生的學業技能 ☐ 其他（請描述）	☐ 當行為問題可能要發生時，提醒期待行為 ☐ 自我管理方案 ☐ 對全班澄清規範與期待行為 ☐ 在教室練習期待行為 ☐ 與學生訂契約 ☐ 其他（請描述）	☐ 增加對期待行為的獎勵 ☐ 打電話給家長 ☐ 辦公室轉介表 ☐ 隔離 ☐ 責備 ☐ 午餐省思 ☐ 喪失權利 ☐ 與父母會面 ☐ 其他（請描述）

3. 你認為學生為何會出現這個問題行為？

□ 大人關注　□ 同儕關注　□ 逃離困難的任務　□ 避開同儕

□ 避開大人　□ 獲得喜歡的活動／物品（電腦、遊戲、玩具等）

教師蒐集：

- **學業表現資料**：學習評量／課程本位評量、課堂／回家作業完成度百分比、年級表現水準文件

- **行為資料**：行為日誌、教室內的後果文件、課間的隔離（interclass time-outs）

辦公室蒐集：

SWIS＿＿＿（辦公室轉介次數）出席＿＿＿（缺席次數）

遲到＿＿＿（遲到次數）

家長同意書
同意簽到簽退（CICO）

日　　期：＿＿＿＿＿＿＿　　年　　級：＿＿＿＿＿＿＿

學生姓名：＿＿＿＿＿＿＿　　教師姓名：＿＿＿＿＿＿＿

家長／監護人：＿＿＿＿＿＿＿

　　我希望將您的孩子納入我們 CICO 的介入方案。教師每天會填一份進展卡，並在每天結束時由我們 CICO 的輔導員＿＿＿＿＿＿＿檢查。學生需要在每天早上＿＿＿＿＿＿＿點至＿＿＿＿＿＿＿點拿他們的進展卡，並於下午＿＿＿＿＿＿＿點至＿＿＿＿＿＿＿點將進展卡交回。學生將可因適當行為獲得鼓勵與獎勵。身為家長，您有責任確保您的孩子每天準時到校簽到，並閱覽每日進展卡與簽名。我們可以一起為您的孩子提供一個正向的經驗。

＿＿＿＿＿＿＿我**同意**讓我的孩子參與。

＿＿＿＿＿＿＿我**不同意**讓我的孩子參與。

＿＿＿＿＿＿＿＿＿＿＿＿＿＿＿＿　（家長／監護人）　　日期：＿＿＿＿＿＿＿

如需了解更多的訊息，請聯絡：

（輔導員）＿＿＿＿＿＿＿　　　電話＿＿＿＿＿＿＿＿＿＿

出自洪儷瑜等（譯）（2023）。L. S. Hawken等著。**正向支持學生的行為問題：簽到簽退策略之運用**。心理出版社。本書購買者可複印此材料供個人使用或與學生一起使用（詳見目次頁末的複製許可聲明）。

每日進展卡──中學（範例1）

228

A日　　　B日

姓名：＿＿＿＿＿＿＿＿＿＿　　　日期：＿＿＿＿＿＿＿＿＿＿＿＿＿

教師：請針對學生在下列目標的表現標註很好（2）、普通（1）或不佳（0）。

目標	1/5	2/6	3/7	班級教室	4/8
尊重	2 1 0	2 1 0	2 1 0	2 1 0	2 1 0
負責	2 1 0	2 1 0	2 1 0	2 1 0	2 1 0
管好自己的雙手雙腳	2 1 0	2 1 0	2 1 0	2 1 0	2 1 0
遵守指令	2 1 0	2 1 0	2 1 0	2 1 0	2 1 0
事前做好準備	2 1 0	2 1 0	2 1 0	2 1 0	2 1 0
總分					
教師簽名					

CICO 每日目標：　　／50　　　　　　　CICO 每日得分：　　　／50

訓練中＿＿＿＿＿＿　　　　CICO 成員 ＿＿＿　　　學生簽名：＿＿＿＿＿

教師評論：請簡要說明學生進步的任何特定行為或成果（如果需要更多空間，
　　　　　請附上紙張，並在下面註明）。

時段1/5：＿＿＿＿＿＿＿＿＿＿＿＿＿＿＿＿＿＿＿＿＿＿＿＿＿＿＿＿

時段2/6：＿＿＿＿＿＿＿＿＿＿＿＿＿＿＿＿＿＿＿＿＿＿＿＿＿＿＿＿

時段3/7：＿＿＿＿＿＿＿＿＿＿＿＿＿＿＿＿＿＿＿＿＿＿＿＿＿＿＿＿

班級教室：＿＿＿＿＿＿＿＿＿＿＿＿＿＿＿＿＿＿＿＿＿＿＿＿＿＿＿＿

時段4/8：＿＿＿＿＿＿＿＿＿＿＿＿＿＿＿＿＿＿＿＿＿＿＿＿＿＿＿＿

家長／照顧者簽名：＿＿＿＿＿＿＿＿＿＿＿＿＿＿＿＿＿＿＿＿＿＿＿

家長／照顧者評語：＿＿＿＿＿＿＿＿＿＿＿＿＿＿＿＿＿＿＿＿＿＿＿

附錄 B.5

每日進展卡——中學（範例 2）

姓名：＿＿＿＿＿＿

帶課堂物品	專心學習且不打擾他人	馬上遵守指令		教師	家長
2 1 0	2 1 0	2 1 0	作業： 哇！		
2 1 0	2 1 0	2 1 0	作業： 哇！		
2 1 0	2 1 0	2 1 0	作業： 哇！		
2 1 0	2 1 0	2 1 0	作業： 哇！		
2 1 0	2 1 0	2 1 0	作業： 哇！		

出自洪儷瑜等（譯）（2023）。L. S. Hawken 等著。正向支持學生的行為問題：簽到簽退策略之運用。心理出版社。本書購買者可複印此材料供個人使用或與學生一起使用（詳見目次頁末的複製許可聲明）。

豎起大拇指獎勵卡

很棒！

豎起大拇指獎勵卡 👍

學生姓名：_____

發 卡 人：_____

日　　期：_____

繼續保持

附錄 B.7 每日進展卡——小學（範例 1）

姓名：_____　　日期：_____

> 2 = 很棒！
> 1 = 尚可
> 0 = 待加強

	目標	8:15~休息	休息~午餐	午餐~休息	休息~2:50
安全	在室內用走的 管好自己的手腳	2 1 0	2 1 0	2 1 0	2 1 0
尊重	遵守指令 說好話，做好事	2 1 0 2 1 0	2 1 0 2 1 0	2 1 0 2 1 0	2 1 0 2 1 0
負責	照顧好自己與用品 到對的地方並準備好	2 1 0	2 1 0	2 1 0	2 1 0
	總點數 =				
				今日 ____ % 目標 ____ %	

獲得的點數 = _____　總點數 = _____

教師簽名：_____

表現好的地方：_____

家長簽名：_____

出自洪儷瑜等（譯）（2023）。L. S. Hawken 等著。正向支持學生的行為問題：簽到簽退策略之運用。心理出版社。本書購買者可複印此材料供個人使用或與學生一起使用（詳見目次頁末的複製許可聲明）。

每日進展卡——小學（範例２）

日期：_____

教師姓名：_____ 　　學生姓名：_____

0＝待加強	1＝好	2＝很好

	安全	尊重	盡力而為		教師簽名
	管好自己的手腳與物品	説好話、做好事	遵守指令	參與課堂	
9:00～上午休息	２１０	２１０	２１０	２１０	
上午休息～午餐	２１０	２１０	２１０	２１０	
午餐～下午休息	２１０	２１０	２１０	２１０	
下午休息～3:40	２１０	２１０	２１０	２１０	
總分＝ 可能的得分＝32	今日 _____ ％		目標 _____ ％		

家長簽名：_____

哇：_____

出自洪儷瑜等（譯）（2023）。L. S. Hawken等著。**正向支持學生的行為問題：簽到簽退策略之運用**。心理出版社。本書購買者可複印此材料供個人使用或與學生一起使用（詳見目次頁末的複製許可聲明）。

CICO 實施準備調查表

你的學校準備好實施 CICO 了嗎？在實施 CICO 之前，我們建議以下關鍵要素需準備就緒。請圈出最能說明貴校目前情況的答案。

是 否　1. 我們學校建立了第一層級的全校性正向行為介入與支持系統。基本上，我們已經確定了三到五條行為規則，並明確教導所有學生這些規則。對遵守規則的學生給予獎勵，對違反規則的學生則施予輕微的後果。

是 否　2. 我們的教師正在實施第一層級的班級經營策略，包括明確地教導全校性期待在班級中看起來的樣子，教導班級例行事項（例如：如何尋求幫助、在哪裡交作業、保持適當的音量），對於讚美到負向回饋，有較高正向到負向的比率，並讓學生有更多元的機會做出回應。

是 否　3. 我們已獲得教職員工對實施 CICO 的承諾。大多數教職員也都認為需要採取這種介入來支持有嚴重問題行為風險的學生，他們也願意積極參與介入。

是 否　4. 學校為實施 CICO 介入已提供行政支持。行政人員致力於在校實施和維持 CICO 的運作，也分配必要的財政和人力資源來支持該計畫的實施。

是 否　5. 最近在學校系統沒有任何阻礙 CICO 成功實施的重大變化，包括教師罷工、教師或行政人員的高流動率，或資金大幅增加或減少等。

是 否　6. 我們已將實施 CICO 作為學校本學年的三大優先事項之一。

實施 CICO 介入投票表

□ **願意**，學校若實施 CICO，成為全校性正向行為介入和支持方案的一部分，我願意參加。

□ **不願意**，學校若實施 CICO，成為全校性正向行為介入和支持方案的一部分，我不願意參加。

疑問、評論或顧慮： _____

_____

_____

_____

_____

附錄 C.3 CICO 發展及實施準則

1. 確定人員需求和流動安排

- 由誰擔任 CICO 輔導員？是否只有一名 CICO 輔導員或是一名 CICO 輔導員與多名 CICO 引導員呢？

- 誰來監督 CICO 輔導員？

- 當輔導員不在時，誰來做簽到和簽退？（**至少有兩位可以代替輔導員的人。**）

- 進行簽到和簽退的地點？

- CICO 一次最多可以服務多少位學生？

- 你們學校 CICO 的名稱是什麼，每日進展卡（DPR）稱為什麼？

2. 發展每日進展卡

- 行為期待是什麼？

    ○ 是否與全校性期待一致？

- 這些期待是正向陳述嗎？

- DPR 的教師友善嗎？要求教師多久對學生的行為進行一次評分？

- DPR 是否適合學生年齡，是否包括不同等級的評分？

- 資料是否易於統整？

3. 為參與 CICO 的學生發展增強系統 236

- 學生每日要達到的點數目標是什麼？

- 學生在簽到時，將得到哪些增強物（例如讚美和抽獎券）？

- 學生在簽退**且**達到每日點數目標時，將獲得什麼樣的增強物？

- 你如何確保學生不會對增強物感到厭倦？

- 對收到嚴重和輕微行為問題轉介的學生會有什麼後果？

4. 發展轉介系統

- 如何推薦學生進入 CICO？讓學生接受 CICO 的標準是什麼？

- 參加 CICO 學生的家長同意書會是什麼樣子？

- 轉學生的篩選流程是什麼？

- 決定學生是否在下一個學年開始參加 CICO 的程序為何？

5. 發展處理每日資料的系統

- 將使用哪個電腦程式來彙整資料？

- 學校的哪個團隊會檢查每日 CICO 資料，且多久檢查一次？（注意：至少每月檢查資料兩次。）

- 誰負責彙整資料並把資料帶到團隊會議？

- 多久和全體教職員工分享這些資料？ 237

- 多久與家長分享這些資料？

6. 讓學生褪除介入的計畫

- 讓學生褪除 CICO 介入的標準是什麼？

- 如何褪除 CICO，誰負責幫助學生褪除 CICO？

- 如何慶祝學生從 CICO 介入結業？

- 對於從 CICO 結業的學生，會採取什麼獎勵措施和支持？

7. 教職員工培訓計畫

- 誰要對教職員工進行 CICO 介入培訓？

- 如果未按計畫實施 CICO 介入，誰要為教師提供個別化的教練式指導（coaching）？

- 誰要對 CICO 的目的和執行 CICO 介入的重要特徵做強化訓練呢？

8. 學生與家長的培訓計畫

- 誰與學生會面並進行介入的培訓？

- 如何對家長進行介入的培訓？

CICO 簽到／簽退表——小學

學生	簽退（點數百分比）	目標	簽到	繳交行為契約	家長已簽名的 DPR 副本

CICO 簽到／簽退表——國高中

日期：＿＿＿＿＿＿＿＿＿　CICO 輔導員：＿＿＿＿＿＿＿＿＿＿＿＿＿

學生姓名	簽到				簽退
	紙	鉛筆	筆記本	CICO 家長副本	點數百分比

增強物清單（由學生填寫）

請圈選你「是否」想換取該物品或活動

活動性增強					
電玩遊戲	是	否	籃球	是	否
游泳	是	否	雜誌	是	否
看影片／DVD	是	否	繪畫	是	否
散步	是	否	校外教學	是	否
漫畫書	是	否	拼圖	是	否
玩黏土	是	否	桌遊	是	否
手工藝活動	是	否	紙牌遊戲	是	否

請列出其他你想換取的活動

物質性增強					
貼紙	是	否	橡皮擦	是	否
特殊鉛筆	是	否	吹泡泡	是	否
乳液	是	否	黏土	是	否
彩色鉛筆／蠟筆	是	否	戒指	是	否
遲到通行證	是	否	拼圖	是	否
書籤	是	否	交換卡	是	否
可動人偶	是	否	小玩具	是	否
不用寫作業卡	是	否	項鍊	是	否

請列出其他你想換取的物品

食用增強物					
小糖果	是	否	麥片	是	否
大糖果	是	否	水果	是	否
自動販賣機飲料	是	否	椒鹽脆餅	是	否
果汁／飲品	是	否	洋芋片	是	否
蔬菜和佐料	是	否	玉米片	是	否
脆皮餅乾	是	否	餅乾	是	否
甜甜圈	是	否	貝果	是	否
糖果棒	是	否	起司	是	否

請列出其他你想換取的喜愛品牌或點心

_____

社會性增強					
拍拍後背	是	否	口頭讚美	是	否
額外的體育課時間	是	否	自由時間	是	否
與教師玩遊戲	是	否	校外教學	是	否
與朋友玩遊戲	是	否	特別座位	是	否
與朋友共進午餐	是	否	擊掌	是	否
與朋友一起參觀	是	否	獎狀	是	否

請列出其他你想換取的社會性增強

_____

_____

_____

_____

CICO 執行精準度測量（CICO-FIM）

計分準則

學校：＿＿＿＿＿　日期：＿＿＿＿＿　前測：＿＿＿＿＿　後測：＿＿＿＿＿

地區：＿＿＿＿＿＿＿＿　州：＿＿＿＿＿　資料蒐集者：＿＿＿＿＿

評估問題	資料來源 P＝永久產品 （permanent product） I＝訪談 O＝觀察		分數 0～2
1. 學校是否聘請了 CICO 輔導員來管理 CICO，且每週分配 10～15 小時）？（0＝沒有 CICO 輔導員；1＝有 CICO 輔導員但每週分配時數少於 10 小時；2＝有 CICO 輔導員，每週分配 10～15 小時）	訪談行政人員和 CICO 輔導員	I	
2. 學校預算是否包含分配用於維持 CICO 的金額？（如增強物的預算、DPR 表格等）（0＝否；2＝是）	CICO 預算 訪談	P/I	
3. 透過篩選、ODR 或被轉介到 CICO 的學生是否會在轉介一週內獲得支持？（0＝轉介與得到 CICO 支持之間的時間超過兩週；1＝兩週內得到支持；2＝一週內得到支持）	訪談 CICO 轉介和 CICO 開始日期	P/I	
4. 行政人員是否在行為團隊中任職或定期審視 CICO 資料？（0＝沒有；1＝有，但沒有持續；2＝有）	訪談	I	
5. 是否 90% 的行為團隊成員表示，每年都會對 CICO 介入進行教導／審查？（0＝0～50%；1＝51～89%；2＝90～100%）	訪談	I	
6. 90% 接受 CICO 的學生每天都有簽到嗎？（隨機抽取三天的紀錄）（0＝0～50%；1＝51～89%；2＝90～100%）	CICO 簽到表格	P	

評估問題	資料來源 P＝永久產品 （permanent product） I＝訪談 O＝觀察		分數 0～2
7. 90% 接受 CICO 的學生每天都有簽退嗎？（隨機抽取三天的紀錄）（0＝0～50%；1＝51～89%；2＝90～100%）	CICO 簽退表格	P	
8. 90% 接受 CICO 的學生是否報告說當他們達到每日目標時，得到了增強物（如口語或物品）？（0＝0～50%；1＝51～89%；2＝90～100%）	訪談參與 CICO 的學生	I	
9. 90% 接受 CICO 的學生是否會定期收到教師的回饋？（隨機抽取三天內 50% 學生的 DPR）（0＝0～50%；1＝51～89%；2＝90～100%）	CICO 每日進展卡	I	
10. 90% 接受 CICO 的學生是否收到了家長／照顧者的回饋？（0＝0～50%；1＝51～89%；2＝90～100%）	CICO 每日進展卡	P	
11. CICO 輔導員是否至少每週輸入一次 DPR 數據？（0＝沒有；1＝一個月內 1 至 2 次；2＝每週一次）	訪談	I	
12. 90% 的行為支持團隊成員是否表示每日的 CICO 資料會用於做決策？（0＝0～50%；1＝51～89%；2＝90～100%）	訪談	I	

總分 =＿＿＿／＿＿＿ =＿＿＿%

功能評量檢核表（教師及行政人員版）

（Functional Assessment Checklist for Teachers and Staff，簡稱 FACTS）

A 部分（Part A）

步驟 1

學生／年級：＿＿＿＿＿＿＿＿＿＿　　　日　期：＿＿＿＿＿＿＿＿＿＿

訪談者：＿＿＿＿＿＿＿＿＿＿　　　受訪者：＿＿＿＿＿＿＿＿＿＿

步驟 2　學生概況：請描述至少三個學生的優勢或是對學校的貢獻。

＿＿＿＿＿＿＿＿＿＿＿＿＿＿＿＿＿＿＿＿＿＿＿＿＿＿＿＿＿＿＿＿＿

＿＿＿＿＿＿＿＿＿＿＿＿＿＿＿＿＿＿＿＿＿＿＿＿＿＿＿＿＿＿＿＿＿

步驟 3　行為問題：確認行為問題

＿＿ 遲到	＿＿ 不適當的言詞	＿＿ 干擾
＿＿ 偷竊	＿＿ 沒有反應	＿＿ 打架／肢體攻擊
＿＿ 反抗／不服從	＿＿ 破壞公物	＿＿ 退縮
＿＿ 口語騷擾	＿＿ 沒有完成工作	＿＿ 其他＿＿＿＿

描述行為問題：＿＿＿＿＿＿＿＿＿＿＿＿＿＿＿＿＿＿＿＿＿＿＿＿＿

資料來源：引自 March 等人（2000）。

步驟 4	確認例行事件：可能引發行為問題的地點、時間及人物				

時間	活動	行為問題發生 時與誰共處？	行為問題發 生的可能性	具體的行為問題
			低　　　高 1 2 3 4 5 6	
			1 2 3 4 5 6	
			1 2 3 4 5 6	
			1 2 3 4 5 6	
			1 2 3 4 5 6	
			1 2 3 4 5 6	
			1 2 3 4 5 6	

步驟 5 　從步驟 4 中選擇一到三個例行事件進一步評量。基於以下兩點選擇例行事件：(1) 評分為 4、5、6 的活動（或情況）之間的相似性，以及(2) 行為問題的相似性。針對每一個確定的例行事件，分別完成 B 部分。

步驟 1

學生／年級：_____　　　日　期：_____

訪談者：_____　　　受訪者：_____

步驟 2　例行事件／活動／情境：要評估 A 部分中的哪一個例行事件
（只寫一個）？

例行事件／活動／情境	行為問題

步驟 3　提供更多有關行為問題的細節：

行為問題看起來是什麼樣子?

行為問題發生的頻率？

行為問題發生後，會持續多長的時間？

行為問題的危險程度／強度為何？

步驟 4　哪些事件可以預測何時會發生該行為問題？

相關議題（情境事件）		環境特徵	
___生病	其他：___	___責備／糾正	___結構化的活動
___用藥	___	___身體上的要求	___非結構化的活動
___負向的社會互動	___	___社交孤立	___過於無聊的任務
___在家衝突事件	___	___與同儕一起	___過於冗長的任務
___學業失敗	___	___其他	___過於困難的任務

步驟 5　什麼後果出現最有可能使得行為問題維持？

獲得的東西		避免或逃避的東西	
＿＿大人注意	其他：＿＿＿＿	＿＿困難的任務	其他：＿＿＿＿
＿＿同儕注意	＿＿＿＿＿	＿＿責備	＿＿＿＿＿
＿＿偏好的活動	＿＿＿＿＿	＿＿同儕否定	＿＿＿＿＿
＿＿錢／東西	＿＿＿＿＿	＿＿費力的事	＿＿＿＿＿

步驟 6　目前已經做過哪些嘗試以控制行為問題？

預防行為問題的策略		行為問題的後果	
＿＿調整作息表	其他：＿＿＿＿	＿＿責備	其他：＿＿＿＿
＿＿調整座位	＿＿＿＿＿	＿＿轉介到辦公室	＿＿＿＿＿
＿＿調整課程	＿＿＿＿＿	＿＿留校	

行為摘要

步驟 7　確定將會被用來建立行為功能介入方案的行為摘要

情境事件與預測因子	行為問題	維持後果

你對於這個行為摘要的準確性有多少自信？

非常沒信心					非常有信心
1	2	3	4	5	6

　　FACTS 為四頁的訪談工具，是讓擬定行為支持計畫（BSP）的學校人員使用的。FACTS 旨在作為初始行為功能評量的有效策略。FACTS 是由最了解學生狀況的人（教師、家人、臨床專業人員）來完成，可用來發展行為支持計畫或引導更完整的功能評量。FACTS 可以在短時間內完成（5到 15 分鐘），多練習的話會提高完成此表格的效率和有效性。

如何完成 A 部分

步驟 1：完成基本資料

　　確認學生的姓名和年級、蒐集資料的日期、完成表格人員（即訪談者）的姓名，提供有關訊息的人員（受訪者）姓名。

步驟 2：完成學生概況

　　在評量一開始，回顧學生的優勢或是對學校的貢獻。找到至少三項學生的優勢或貢獻。

步驟 3：確認行為問題

　　找出阻礙有效教育、干擾他人學習、妨礙社會能力發展或危及在校安全等特定的學生行為。針對學生如何表現出這些行為提供簡要的描述。是什麼讓他們做這些行為的方式變得和他人不同？要找出最有問題的行為，也要確認經常發生的所有行為問題。

步驟 4：確認例行事件可能引發行為問題的地點、時間及人物

A：列出學生每日作息表，要包括課間、午餐、到校前的時間，有必要的話，要能適用於複雜的作息表特徵（如單日／雙日）。

B：對於列出的每個時段，確定在該時段的活動（如小團體教學、數學、

獨立藝術、轉換活動）。

C：在適當的地方，確定在每個活動中與學生互動的人員（成人或同儕），尤其是列出在學生表現出行為問題時與之互動的人員。

D：使用 1 到 6 等級的評分表，確定（一般情況下）哪些時段／活動最有可能或最不可能與行為問題有關。「1」表示發生行為問題的可能性很低，「6」表示發生行為問題的可能性很高。

E：從評分為 4、5 或者 6 分的任何時段／活動中，確定行為問題最可能發生的時段／活動。

步驟 5：選擇要進一步評量的例行事件

　　分析步驟 4 的表格中被評分為 4、5、6 分的所有時段／活動。如果活動之間有相似之處（例如：活動都是非結構化的；活動都對學業有高要求；活動中帶有教師的責罵；活動中伴有同儕嘲諷），或類似的行為問題，則將它們視為「待進一步分析的例行事件」。

選擇一到三個例行事件進行進一步分析。寫下例行事件的名稱，以及最常見的行為問題。在每個例行事件中，進一步確認最有可能或最有問題的行為問題。

針對步驟 5 中所確認的每個例行事件，要分別完成 FACTS 中的 B 部分。

如何完成 B 部分

步驟 1：完成基本資料

確定學生的姓名和年級、填寫 B 部分的日期、填寫表格者以及提供訊息者。

步驟 2：確認標的例行事件

列出在 A 部分步驟 4 的標的例行事件和行為問題。B 部分針對一項例行事件提供訊息。如果有多個例行事件，則要使用多個 B 部分表格。

步驟 3：提供行為問題的具體細節

提供更多有關行為問題的細節。尤其要關注行為問題的獨特性和顯著的特徵，還有該行為帶來破壞性和危險性的方式。

步驟 4：確認哪些事件可以預測行為問題的發生？

在每個例行事件中，哪些 (1) 情境事件和 (2) 立即前事可以預測行為問題的發生？在這個例行事件中，你做什麼會讓行為問題發生？

步驟 5：確定可能維持行為問題的後果

什麼後果看似會獎勵行為問題？考量學生可能獲得／得到他們想要的，或者逃避／避開他們可能覺得不愉快的東西？

找出**最強有力**的維持後果，寫上「1」，在其他可能的後果前寫上「2」或「3」。不要勾選超過三個選項。要把焦點放在最有影響力的後果。

當問題涉及到可能會惡化成非常嚴重的輕微事件時，要將維持輕微行為問題的後果，與可能維持後續升級為嚴重行為問題的後果分開。

步驟6：目前已經做過哪些努力以預防／控制行為問題？

在大多數情況下，學校人員可能已經嘗試過一些策略了。請列出已試過的策略，並以下列方式進行整理：(1) 預防行為問題發生的策略；以及(2) 給予哪些後果，作為對行為問題的控制或懲罰（或獎勵替代行為）。

步驟7：發展行為摘要

行為摘要顯示了情境事件、立即預測因子、行為問題和後果。行為摘要是發展有效行為支持計畫的基礎。從 FACTS 中的 A 部分和 B 部分的訊息（特別是 FACTS——B 部分中步驟 3、4、5 的訊息）形成行為摘要。如果你確認該行為摘要非常正確，足以用來設計一個計畫，那麼就可以開始發展行為支持計畫。但是，如果你對該行為摘要不太有信心，就要透過直接觀察持續進行功能評量。

REFERENCES

Acadience Learning, Inc. (2019). Assessments. Retrieved from *https://acadiencelearning.org/resources/assessments*.

Alberto, P., & Troutman, A. (2017). *Applied behavior analysis for teachers* (9th ed.). New York: Pearson.

Algozzine, B., Barrett, S., Eber, L., George, H., Horner, R., Lewis, T., et al. (2014). *School-wide PBIS Tiered Fidelity Inventory*. Washington, DC: OSEP Technical Assistance Center on Positive Behavioral Interventions and Supports.

Algozzine, B., Putnam, R., & Horner, R. (2010). What we know about the relationship between achievement and behavior. In B. Algozzine, A. P. Daunic, & S. W. Smith (Eds.), *Preventing problem behaviors* (2nd ed., pp. 223–226). Thousand Oaks, CA: Corwin.

Allensworth, E. M., & Easton, J. Q. (2005). *The on-track indicator as a predictor of high school graduation*. Chicago: Consortium on School Research. Retrieved from *https://consortium.uchicago.edu/publications/track-indicator-predictor-high-school-graduation*.

American Psychiatric Association. (2013). *Diagnostic and statistical manual of mental disorders* (5th ed.). Arlington, VA: Author.

Anderson, C. M., & Borgmeier, C. (2010). Tier II interventions within the framework of school-wide positive behavior support: Essential features for design, implementation, and maintenance. *Behavior Analysis in Practice, 3*(1), 33–45.

Bandura, A. (1963). *Social learning and personality development*. New York: Holt, Rinehart & Winston.

Benazzi, L., Horner, R. H., & Good, R. H. (2006). Effects of behavior support team composition on the technical adequacy and contextual fit of behavior support plans. *Journal of Special Education, 40*(3), 160–170.

Benner, G., Nelson, J. R., Sanders, E., & Ralston, N. (2012). Behavior intervention for students with externalizing behavior problems: Primary-level standard protocol. *Exceptional Children, 78*(2), 181–198.

Bohanon, H., Fenning, P., Borgmeier, C., Flannery, K. B., & Malloy, J. (2009). Finding a direction for high school positive behavior support. In W. Sailor, G. Dunlap, G. Sugai, & R. Horner (Eds.), *Handbook of positive behavior support* (pp. 581–602). New York: Springer.

Borgmeier, C., & Homer, R. H. (2006). An evaluation of the predictive validity of confidence ratings in identifying functional behavioral assessment hypothesis statements. *Journal of Positive Behavior Interventions, 8*(2), 100–105.

Bottiani, J. H., Larson, K. E., & Debnam, K. J. (2017). Promoting educators' use of culturally responsive practices: A systematic review of inservice interventions. *Journal of Teacher Education, 69*(4), 367–385.

Bradshaw, C. P., Koth, C. W., Thornton, L. A., & Leaf, P. J. (2009). Altering school climate through school-wide Positive Behavioral Interventions and Supports: Findings from a group-randomized effectiveness trial. *Prevention Science, 10*(2), 100–115.

Bradshaw, C. P., Mitchell, M. M., & Leaf, P. J. (2010). Examining the effects of schoolwide positive behavioral interventions and supports on student outcomes: Results from a randomized controlled effectiveness trial in elementary schools. *Journal of Positive Behavior Interventions, 12*(3), 133–148.

Bradshaw, C. P., Pas, E. T., Bottiani, J. H., Debnam, K. J., Reinke, W. M., Herman, K. C., et al. (2018). Promoting cultural responsivity and student engagement through Double Check coaching of classroom teachers: An efficacy study. *School Psychology Review, 47,* 118–134.

Bradshaw, C. P., Waasdorp, T. E., & Leaf, P. J. (2012). Effects of school-wide positive behavioral interventions and supports on child behavior problems. *Pediatrics, 130*(5), e1136–e1145.

Breen, K. (2016). *Progress monitoring function-based behavior support plans.* Workshop presented to Buffalo Public Schools, NY.

Breen, K. (2017). *Check-In, Check-Out: A Tier 2 intervention for youth at-risk.* Workshop presented to Kern County Superintendent of Schools, Kern County, CA.

Bronfenbrenner, U. (1979). *The ecology of human development: Experiments by nature and design.* Cambridge, MA: Harvard University Press.

Bruhn, A. L., Lane, K. L., & Hirsch, S. E. (2014). A review of Tier 2 interventions conducted within multitiered models of behavioral prevention. *Journal of Emotional and Behavioral Disorders, 22*(3), 171–189.

Bundock, K., Hawken, L. S., Kladis, K., & Breen, K. (2020). Innovating the Check-In, Check-Out Intervention: A process for creating adaptations. *Intervention in School and Clinic, 55*(3), 169–177.

Campbell, A., & Anderson, C. M. (2008). Enhancing effects of Check-In/Check-Out with function-based support. *Behavioral Disorders, 33,* 233–245.

Carter, D. R., Carter, G. M., Johnson, E. S., & Pool, J. L. (2012). Systematic implementation of a Tier 2 behavior intervention. *Intervention in School and Clinic, 48*(4), 223–231.

Carver, P. R., Lewis, L., & Tice, P. (2010). *Alternative schools and programs for public school students at risk of educational failure: 2007–08* (NCES 2010-026). Washington, DC: U.S. Government-Printing Office.

Carver-Thomas, D., & Darling-Hammond, L. (2017). *Teacher turnover: Why it matters and what we can do about it.* Palo Alto, CA: Learning Policy Institute.

Chafouleas, S. M., Christ, T. J., Riley-Tillman, T. C., Briesch, A. M., & Chanese, J. A. M. (2007). Generalizability and dependability of direct behavior ratings to assess social behavior of preschoolers. *School Psychology Review, 36*(1), 63–79.

Chafouleas, S. M., Riley-Tillman, T. C., Sassu, K. A., LaFrance, M. J., & Patwa, S. S. (2007). Daily behavior report cards: An investigation of the consistency of on-task data across raters and methods. *Journal of Positive Behavior Interventions, 9*(1), 30–37.

Cheney, D., Blum, C., & Walker, B. (2004). An analysis of leadership teams' perceptions of positive behavior support and the outcomes of typically developing and at-risk students in their schools. *Assessment for Effective Intervention, 30*(1), 7–24.

Cheney, D., Stage, S. A., Hawken, L. S., Lynass, L., Mielenz, C., & Waugh, M. (2009). A 2-year outcome study of the Check, Connect, And Expect Intervention for students at risk for severe behavior problems. *Journal of Emotional and Behavioral Disorders, 17,* 226–243.

Christenson, S. L., & Sheridan, S. M. (2001). *School and families: Creating essential connections for learning.* New York: Guilford Press.

Christenson, S. L., Sinclair, M. F., Lehr, M. F., & Hurley, C. M. (2000). Promoting successful school completion. In K. M. Minke & G. C. Bear (Eds.), *Preventing school problems, promoting school success: Strategies and programs that work* (pp. 211–257). Bethesda, MD: National Association of School Psychologists.

Christenson, S. L., Stout, K., & Pohl, A. (2012). *Check & Connect: A comprehensive student engagement intervention: Implementing with fidelity.* Minneapolis: University of Minnesota, Institute on Community Integration.

Colvin, G., Kame'enui, E. J., & Sugai, G. (1993). Reconceptualizing behavior management and school-wide discipline in general education. *Education and Treatment of Children, 16*(4), 361–381.

Committee for Children. (2011). *Second Step Learning Program.* Seattle, WA: Committee for Children.

Compton, S. N., Burns, B. J., Egger, H. L., & Robertson, E. (2002). Review of the evidence base for treatment of childhood psychopathology: Internalizing disorders. *Journal of Consulting and Clinical Psychology, 70,* 1240–1266.

Cook, B. G., & Cook, S. C. (2013). Unraveling evidence-based practices in special education. *Journal of Special Education, 47,* 71–82.

Cook, C., Rasetshwane, K. B., Truelson, E., Grant, S., Dart, E. H., Collins, T. A., et al. (2011). Development and validation of the Student Internalizing Behavior Screening: Examination of reliability, validity, and classification accuracy. *Assessment for Effective Intervention, 36,* 71–79.

Costello, E. J., He, J., Sampson, N. A., Kessler, R. C., & Merikangas, K. R. (2014). Services for adolescents with psychiatric disorders: 12-month data from the National Comorbidity Survey–Adolescent. *Psychiatric Services, 65,* 359–366.

Crone, D. A., Hawken, L. S., & Bergstrom, M. K. (2007). A demonstration of training, implementing, and using functional behavioral assessment in 10 elementary and middle school settings. *Journal of Positive Behavior Interventions, 9*(1), 15–29.

Crone, D. A., Hawken, L. S., & Horner, R. H. (2010). *Responding to problem behavior in schools: The Behavior Education Program* (2nd ed.). New York: Guilford Press.

Crone, D. A., Hawken, L. S., & Horner, R. H. (2015). *Building positive behavior support systems in schools: Functional behavioral assessment* (2nd ed.). New York: Guilford Press.

Cruz, R. A., & Rodl, J. E. (2018). An integrative synthesis of literature on disproportionality in special education. *Journal of Special Education, 52,* 50–63.

Dart, E., Furlow, C., Collins, T., Brewer, E., Gresham, F., & Chenier, K. (2014). Peer-mediated Check-In/Check-Out for students at-risk for internalizing disorders. *School Psychology Quarterly, 30*(2), 229–243.

Davies, D. E., & McLaughlin, T. F. (1989). Effects of a Daily Report Card on disruptive behaviour in primary students. *BC Journal of Special Education, 13*(2), 173–181.

DeGeorge, K. (2015). *FBA/BIP implementation.* Workshop presented to Buffalo Public Schools, NY.

Dougherty, E. H., & Dougherty, A. (1977). The daily report card: A simplified and flexible package for classroom behavior management. *Psychology in the Schools, 14*(2), 191–195.

Drevon, D. D., Hixson, M. D., Wyse, R. D., & Rigney, A. M. (2018). A meta-analytic review of the evidence for check-in check-out. *Psychology in the Schools, 56*(3), 393–412.

Drummond, T. (1994). *The Student Risk Screening Scale* (SRSS). Grants Pass, OR: Josephine County Mental Health Program.

Duchesne, S., Vitaro, F., Larose, S., & Tremblay, R. E. (2008). Trajectories of anxiety during elementary-school years and the prediction of high school noncompletion. *Journal of Youth and Adolescence, 37,* 1134–1146.

Eber, L., Sugai, C., Smith, C. R., & Scott, T. M. (2002). Wraparound and positive behavioral interventions and supports in the schools. *Journal of Emotional and Behavioral Disorders, 10*(3), 171–180.

Eber, L., Swain-Bradway, J., Breen, K., & Phillips, D. (2013). Building tier 2/tier 3 capacity within a PBIS system of support: Model development and lessons learned. *National PBIS Center Website: Newsletter/TA brief.* Available online at *https://drive.google.com/file/d/1y7YcXdzrwI9TUNFggfHtFm9PppCHeOSp/view?usp=sharing.*

Ennis, R. P., Jolivette, K., Swoszowski, N. C., & Johnson, M. L. (2012). Secondary prevention efforts at a residential facility for students with emotional and behavioral disorders: Function-based check-in, check-out. *Residential Treatment for Children and Youth, 29*(2), 79–102.

Fairbanks, S., Sugai, G., Guardino, D., & Lathrop, M. (2007). Response to Intervention: Examining classroom behavior support in second grade. *Exceptional Children, 73*(3), 288–310.

Fallon, L. M., & Feinberg, A. B. (2017). Implementing a Tier 2 behavioral intervention in a therapeutic alternative high school program. *Preventing School Failure: Alternative Education for Children and Youth, 61*(3), 189–197.

Fergusson, D. M., Woodward, L. J., & Horwood, L. J. (2000). Risk factors and life processes associated with the onset of suicidal behaviour during adolescence and early adulthood. *Psychological Medicine, 30,* 23–39.

Filter, K. J., McKenna, M. K., Benedict, E. A., Horner, R. H., Todd, A. W., & Watson, J. (2007). Check in/Check out: A post-hoc evaluation of an efficient, secondary-level targeted intervention for reducing problem behaviors in schools. *Education and Treatment of Children, 30*(1), 69–84.

Fixsen, D. L., Blase, K., Metz, A., & Van Dyke, M. (2013). Statewide implementation of evidenced-based programs. *Exceptional Children, 79,* 213–230.

Fixsen, D. L., Naoom, S. F., Blase, K. A., Friedman, R. M., & Wallace, F. (2005). *Implementation research: A synthesis of the literature* (FMHI Publication No. 231). Retrieved from *http://ctndisseminationlibrary.org/PDF/nirnmonograph.pdf.*

Flannery, K. B., & Kato, M. M. (2017). Implementation of SWPBIS in high school: Why is it different? *Preventing School Failure: Alternative Education for Children and Youth, 61*(1), 69–79.

Foley, R. M., & Pang, L. (2006). Alternative education programs: Program and student characteristics. *High School Journal, 89,* 10–21.

Gage, N. A., Whitford, D. K., & Katsiyannis, A. (2018). A review of schoolwide positive behavior interventions and supports as a framework for reducing disciplinary exclusions. *Journal of Special Education, 52*(3), 142–151.

Gay, G. (2000). *Culturally responsive teaching: Theory, research, and practice.* New York: Teachers College Press.

Good, R. H., & Kaminski, R. A. (Eds). (2002). *Dynamic Indicators of Basic Early Literacy Skills* (6th ed.). Eugene, OR: Institute for the Development of Educational Achievement.

Gorney, D. J., & Ysseldyke, J. E. (1993). Students with disabilities use of various options to access alternative schools and area learning centers. *Special Services in the Schools, 7,* 135–143.

Gresham, F. M. (1989). Assessment of treatment integrity in school consultation and prereferral intervention. *School Psychology Review, 18*(1), 37–50.

Gresham, F. M., & Elliott, S. N. (1990). *Social Skills Rating System (SSRS).* Circle Pines, MN: American Guidance Service.

Grossman, J. B., & Bulle, M. J. (2006). Review of what youth programs do to increase the connectedness of youth with adults. *Journal of Adolescent Health, 39,* 788–799.

Handler, M. W., Rey, J., Connell, J., Thier, K., Feinberg, A., & Putnam, R. (2007). Practical considerations in creating school-wide positive behavior support in public schools. *Psychology in the Schools, 44*(1), 29–39.

Hanlon, T. E., Simon, B. D., O'Grady, K. E., Carswell, S. B., & Callaman, J. M. (2013). The effectiveness of an after-school program targeting urban African American youth. *Education and Urban Society, 42,* 96–118.

Hattie, J. (2008). *Visible learning: A synthesis of over 800 meta-analyses relating to achievement.* New York: Routledge.

Hawken, L. S. (2006). School psychologists as leaders in the implementation of a targeted intervention: The Behavior Education Program. *School Psychology Quarterly, 21*(1), 91–111.

Hawken, L. (2008). *Thinking functionally about problem behavior.* Paper presented at the Norway Positive Behavior Support Conference, Oslo, Norway.

Hawken, L. S., Adolphson, S. L., MacLeod, K. S., & Schumann, J. (2009). Secondary-tier interventions and supports. In W. Sailor, G. Dunlop, G. Sugai, & R. H. Horner (Eds.), *Handbook of positive behavior support.* (pp. 395–420). New York: Springer.

Hawken, L., & Breen, K. (2016). *Supporting students at-risk: Check-In, Check-Out (CICO), families and diversity.* Paper presented at the Behavior Education Technology Conference, Phoenix, AZ.

Hawken, L. S., & Breen, K. (2017). *Check-In, Check-Out (CICO): A Tier 2 intervention for students at risk* (2nd ed.). [DVD]. New York: Guilford Press.

Hawken, L. S., Bundock, K., Barrett, C. A., Eber, L., Breen, K., & Phillips, D. (2015). Large-scale implementation of Check-In, Check-Out: A descriptive study. *Canadian Journal of School Psychology, 30*(4), 304–319.

Hawken, L. S., Bundock, K., Kladis, K., O'Keeffe, B., & Barrett, C. (2014). Systematic review of the Check-In, Check-Out Intervention for students at risk for emotional and behavioral disorders. *Education and Treatment of Children, 37*(4), 632–655.

Hawken, L. S., & Horner, R. H. (2003). Evaluation of a targeted intervention within a schoolwide system of behavior support. *Journal of Behavioral Education, 12*(3), 225–240.

Hawken, L. S., MacLeod, K. S., & Rawlings, L. (2007). Effects of the Behavior Education Program (BEP) on problem behavior with elementary school students. *Journal of Positive Behavior Interventions, 9*(2), 94–101.

Hawken, L. S., & O'Neill, R. E. (2006). Including students with severe disabilities at all levels of schoolwide positive behavioral support. *Research and Practice for Persons with Severe Disabilities, 31,* 46–53.

Hawken, L. S., O'Neill, R. E., & MacLeod, K. S. (2011). An investigation of the impact of function of problem behavior on effectiveness of the Behavior Education Program (BEP). *Education and Treatment of Children, 34*(4), 551–574.

Horner, R. H., Newton, J. S., Todd, A. W., Algozzine, B., Algozzine, K., Cusumano, K., et al. (2018). A randomized waitlist controlled analysis of team-initiated problem solving professional development and use. *Behavior Disorders, 43*(4), 444–456.

Horner, R. H., & Sugai, G. (2015). School-wide PBIS: An example of applied behavior analysis implemented at a scale of social importance. *Behavior Analysis Practice, 8,* 80–85.

Hughes, A. A., Lourea-Waddell, B., & Kendall, P. C. (2008). Somatic complaints in children with anxiety disorders and their unique prediction of poorer academic performance. *Child Psychiatry and Human Development, 39,* 211–220.

Hunter, K. K., Chenier, J. S., & Gresham, F. M. (2014). Evaluation of Check In/Check Out for students with internalizing behavior problems. *Journal of Emotional and Behavioral Disorders, 22*(3), 135–148.

Individuals with Disabilities Education Act Amendments of 1997 [IDEA]. (1997). Retrieved from *www.congress.gov/105/plaws/publ17/PLAW-105publ17.pdf.*

Individuals with Disabilities Education Act Amendments of 2004, 20 U.S.C. section 1400 *et seq.*

Jeynes, W. H. (2007). The relationship between parental involvement and urban academic achievement: A meta-analysis. *Urban Education, 42,* 82–110.

Jeynes, W. H. (2012). A meta-analysis of the efficacy of different types of parental involvement programs for urban students. *Urban Education, 47,* 706–742.

Jolivette, K. (2016). *Multi-tiered systems of support in residential juvenile facilities.* Washington, DC: National Technical Assistance Center for the Education of Neglected or Delinquent Children and Youth (NDTAC).

Jolivette, K., Kimball, K. A., Boden, L. J., & Sprague, J. R. (2016). The utility of a multi-tiered behavioral system in juvenile corrections: The positive behavior interventions and supports (PBIS) framework. *Corrections Today, 78,* 42–47.

Jolivette, K., McDaniel, S. C., Sprague, J. R., Swain-Bradway, J., & Ennis, R. (2012). Embedding the Positive Behavioral Interventions and Supports framework into the complex array of practices within alternative education settings: A decision-making process. *Assessment for Effective Intervention, 38,* 15–29.

Jolivette, K., Sprague, J. R., & Doyle, C. (2018, October). *Feasibility of facility-wide PBIS in secure juvenile facilities across the years.* Paper presented at the PBIS Forum, Chicago, IL.

Jolivette, K., Swoszowski, N. C., McDaniel, S. C., & Duchaine, E. L. (2016). Using positive behavioral interventions and supports to assist in the transition of youth from juvenile justice facilities back to their neighborhood school: An illustrative example. *Journal of Correctional Education, 67,* 9–24.

Kalberg, J. R., Lane, K. L., & Menzies, H. M. (2010). Using systematic screening procedures to identify students who are nonresponsive to primary prevention efforts: Integrating academic and behavioral measures. *Education and Treatment of Children, 33*(4), 561–584.

Kato, M. M., Flannery, B., Triplett, D., & Saeturn, S. (2018). Investing in freshmen: Providing preventative support to 9th graders. In K. B. Flannery, P. Hershfeldt, & J. Freeman (Eds.), *Lessons learned on implementation of PBIS in high schools: Current trends and future directions* (pp. 54–69). Eugene: University of Oregon Press.

Kendall, P. C., Safford, S., Flannery-Schroeder, E., & Webb, A. (2004). Child anxiety treatment: Outcomes in adolescence and impact on substance use and depression at 7.4-year follow-up. *Journal of Consulting and Clinical Psychology, 72,* 276–287.

Killu, K. (2008). Developing effective behavior intervention plans: Suggestions for school personnel. *Intervention in School and Clinic, 43,* 140–149.

Kim, J., McIntosh, K., Mercer, S. H., & Nese, R. N. (2018). Longitudinal associations between SWPBIS fidelity of implementation and behavior and academic outcomes. *Behavioral Disorders, 43*(3), 357–369.

Kittelman, A., Monzalve, M., Flannery, K. B., & Hershfeldt, P. A. (2018). Adaptations of Check-In/Check-Out to meet the needs of high school students. *High School Journal, 102*(1), 4–17.

Kladis, K., Hawken, L. S., & O'Neill, R. E. (2018). Addressing attendance and tardiness through adaptation of the Check-In, Check-Out Intervention. *Educational Applications Review, 3,* 1–5.

Kladis, K., Hawken, L. S., O'Neill, R. E., Fischer, A. J., Stokes, K., O'Keeffe, B. V., et al. (2020). *Effects of Check-In, Check-Out on engagement with students experiencing internalizing behaviors in an elementary school setting.* Manuscript submitted for publication.

Klingbeil, D. A., Dart, E. H., & Schramm, A. L. (2019). A systematic review of function-modified check-in/check-out. *Journal of Positive Behavior Interventions, 21*(2), 77–92.

Kovacs, M., & Devlin, B. (1998). Internalizing disorders in childhood. *Journal of Child Psychology and Psychiatry, 39,* 47–63.

Kuchle, L. B., & Riley-Tillman, T. C. (2019). Integrating behavior and academics in intervention planning. In R. Zumeta Edmunds, A. G. Gandhi, & L. Danielson (Eds.), *Essentials of intensive intervention* (pp. 51–70). New York: Guilford Press.

Lane, K. L., Capizzi, A., Fisher, M., & Ennis, R. (2012). Secondary prevention efforts at the middle school level: An application of the Behavior Education Program. *Education and Treatment of Children, 35*(1), 51–90.

Lane, K. L., Menzies, H. M., Oakes, W. P., & Kalberg, J. R. (2012). *Systematic screenings of behavior to support instruction: From preschool to high school.* New York: Guilford Press.

Lane, K. L., Oakes, W. P., Harris, P. J., Menzies, H. M., Cox, M. L., & Lambert, W. (2012). Initial evidence for the reliability and validity of the Student Risk Screening Scale for internalizing and externalizing behaviors at the elementary level. *Behavioral Disorders, 37,* 99–122.

Lane, K. L., Oakes, W. P., Swogger, E. D., Schatschneider, C., Menzies, H., M., & Sanchez, J. (2015). Student Risk Screening Scale for internalizing and externalizing behaviors: Preliminary cut scores to support data-informed decision making. *Behavioral Disorders, 40,* 159–170.

Lane, K. L., Wehby, J. H., Menzies, H. M., Doukas, G. L., Munton, S. M., & Gregg, R. M. (2003). Social skills instruction for students at risk for antisocial behavior: The effects of small-group instruction. *Behavioral Disorders, 28*(3), 229–248.

Lane, K. L., Wehby, J. H., Robertson, E. J., & Rogers, L. A. (2007). How do different types of high school students respond to schoolwide positive behavior support programs?: Characteristics and responsiveness of teacher-identified students. *Journal of Emotional and Behavioral Disorders, 15,* 3–20.

Leach, D. J., & Byrne, M. K. (1986). Some "spill-over" effects of a home-based reinforcement programme in a secondary school. *Educational Psychology, 6*(3), 265–276.

Lee, V. E., Bryk, A. S., & Smith, J. B. (1993). The organization of effective secondary schools. *Review of Research in Education, 19,* 171–267.

Lehr, C. A., Tan, C. S., & Ysseldyke, J. (2009). Alternative schools: A synthesis of state-level policy and research. *Remedial and Special Education, 30,* 19–32.

Leone, P., & Fink, C. (2017). *Raising the bar: Creating and sustaining quality education services in juvenile detention.* Washington, DC: National Technical Assistance Center for the Education of Neglected or Delinquent Children and Youth.

Leone, P., & Weinberg, P. (2010). *Addressing the unmet educational needs of children and youth in the juvenile justice and child welfare systems.* Washington, DC: Center for Juvenile Justice Reform, Georgetown University.

Lewis, T. J., & Sugai, G. (1999). Effective behavior support: A systems approach to proactive school-wide management. *Focus on Exceptional Children, 31*(6), 1–24.

Lewis-Palmer, T., Sugai, G., & Larson, S. (1999). Using data to guide decisions about program implementation and effectiveness. *Effective School Practices, 17*(4), 47–53.

Mace, F. C., Hock, M. L., Lalli, J. S., West, B. J., Belfiore, P., Pinter, E., et al. (1988). Behavioral momentum in the treatment of noncompliance. *Journal of Applied Behavior Analysis, 21*(2), 123–141.

MacLeod, K. S., Hawken, L. S., O'Neill, R. E., & Bundock, K. (2016). Combining Tier 2 and Tier 3 supports for students with disabilities in general education settings. *Journal of Educational Issues, 2*(2), 331–351.

Maggin, D. M., Zurheide, J., Pickett, K. C., & Baillie, S. J. (2015). A systematic evidence review of the Check-In/Check-Out program for reducing student challenging behaviors. *Journal of Positive Behavior Interventions, 17*(4), 197–208.

March, R. E., & Horner, R. H. (2002). Feasibility and contributions of functional behavioral assessment in schools. *Journal of Emotional and Behavioral Disorders, 10*(3), 158–170.

March, R. E., Horner, R. H., Lewis-Palmer, T., Brown, D., Crone, D., Todd, A. W., et al. (2000). *Functional Assessment Checklist: Teachers and Staff (FACTS).* Eugene, OR: Educational and Community Supports.

Marchant, M., Brown, M., Caldarella, P., & Young, E. (2010). Effects of Strong Kids curriculum on students with internalizing behaviors: A pilot study. *Journal of Evidence-Based Practices for Schools, 11,* 123–143.

May, S., Ard, W., Todd, A., Horner, R., Glasgow, A., Sugai, G., et al. (2018). *School-wide Information System 6.5.5b32.* Eugene: University of Oregon.

McGinnis, E. (2011). *Skillstreaming the elementary school child: A guide for teaching prosocial skills* (3rd ed.). Champaign, IL: Research Press.

McGinnis, E., Sprafkin, R. P., Gershaw, N. J., & Klein, P. (2011). *Skillstreaming the adolescent: A guide for teaching prosocial skills* (3rd ed.). Champaign, IL: Research Press.

McIntosh, K., Campbell, A. L., Carter, D. R., & Dickey, C. R. (2009). Differential effects of a tier two behavior intervention based on function of problem behavior. *Journal of Positive Behavior Interventions, 11*(2), 82–93.

McIntosh, K., Campbell, A. L., Carter, D. R., & Zumbo, B. D. (2009). Concurrent validity of office discipline referrals and cut points used in schoolwide positive behavior support. *Behavioral Disorders, 34,* 100–113.

McIntosh, K., Frank, J. L., & Spaulding, S. A. (2010). Establishing research-based trajectories of office discipline referrals for individual students. *School Psychology Review, 39,* 380–394.

McIntosh, K., Girvan, E. J., Horner, R. H., Smokowski, K., & Sugai, G. (2014). *Recommendations for addressing discipline disproportionality in education.* Washington, DC: OSEP Technical Assistance Center on Positive Behavioral Interventions and Supports. Retrieved from *www.pbis.org/ Common/Cms/files/pbisresources/A%205-Point%20Intervention%20%20Approach%20for%20Enhancing%20%20Equity%20in%20School%20Discipline.pdf.*

McIntosh, K., & Goodman, S. (2016). *Integrated multi-tiered systems of support: Blending RTI and PBIS.* New York: Guilford Press.

McIntosh, K., Massar, M. M., Algozzine, R. F., George, H. P., Horner, R. H., Lewis, T. J., et al. (2017). Technical adequacy of the SWPBIS Tiered Fidelity Inventory. *Journal of Positive Behavior Interventions, 19*, 3–13.

McIntosh, K., Reinke, W. M., & Herman, K. C. (2009). Schoolwide analysis of data for social behavior problems: Assessing outcomes, selecting targets for intervention, and identifying need for support. In G. Gimpel Peacock, R. A. Ervin, E. J. Daly, & K. W. Merrell (Eds.), *The practical handbook of school psychology: Effective practices for the 21st century* (pp. 135–156). New York: Guilford Press.

McIntosh, K., Ty, S. V., & Miller, L. D. (2014). Effects of school-wide positive behavioral interventions and supports on internalizing problems: Current evidence and future directions. *Journal of Positive Behavior Interventions, 16*(4) 209–218.

Melius, P., Swoszowski, N. C., & Siders, J. (2015). Peer-led check-in/check-out: A secondary tier intervention in an alternative educational setting. *Residential Treatment for Children and Youth, 32*, 58–79.

Mitchell, B. S. (2012). *Investigating use of the behavior education program for students with internalizing behavioral concerns* (Doctoral dissertation). Retrieved from ProQuest Dissertations & Theses Global.

Mitchell, B. S., Adamson, R., & McKenna, J. W. (2017). Curbing our enthusiasm: An analysis of the Check-In/Check-Out literature using the Council for Exceptional Children's evidence-based practice standards. *Behavior Modification, 41*(3), 343–367.

Mitchell, B. S., Stormont, M., & Gage, N. A. (2011). Tier two interventions implemented within the context of a tiered prevention framework. *Behavioral Disorders, 36*(4), 241–261.

Muscott, H. S., Mann, E. L., & LeBrun, M. R. (2008). Positive behavioral interventions and support in New Hampshire: Effects of a large-scale implementation of schoolwide positive behavior support on student discipline and academic achievement. *Journal of Positive Behavior Interventions, 10*, 190–205.

National Juvenile Justice Network. (2009, August). *National Juvenile Justice network policy platform: Conditions of confinement.* Washington, DC: Author.

National Research Council & Institute of Medicine. (2009). *Preventing mental, emotional, and behavioral disorders among young people: Progress and possibilities.* Washington, DC: National Academies Press.

Neal, J. W., & Neal, Z. P. (2013). Nested or networked?: Future directions for ecological systems theory. *Social Development, 22*(4), 722–737.

Noonan, P., Gaumer Erickson, A., Brussow, J., & Langham, A. (2015). *Observation checklist for high-quality professional development in education* [Updated version]. Lawrence: University of Kansas, Center for Research on Learning.

Oakes, W. P., Lane, K. L., & Ennis, R. P. (2016). Systematic screening at the elementary level: Considerations for exploring and installing universal behavior screening. *Journal of Applied School Psychology, 32*(3), 214–233.

Office of Juvenile Justice and Delinquency Prevention. (2011). Statistical briefing book. Retrieved from *www.ojjdp.gov/ojstatbb/corrections/qa08201.asp?qaDate=2010.*

O'Neil, K. A., Conner, B. T., & Kendall, P. C. (2011). Internalizing disorders and substance use disorders in youth: Comorbidity, risk, temporal order, and implications for intervention. *Clinical Psychology Review, 31*, 104–112.

O'Neill, R. E., Albin, R. W., Storey, K., Horner, R. H., & Sprague, J. R. (2014). *Functional assessment and program development for problem behavior: A practical handbook* (3rd ed.). Stamford, CT: Cengage Learning.

OSEP Technical Assistance Center on Positive Behavioral Interventions and Supports. (2017). Positive behavioral interventions and supports. Washington, DC: Author. Retrieved from *www.pbis.org.*

Osher, D., Dwyer, K. P., & Jackson, S. (2004). *Safe, supportive and successful schools step by step.* Longmont, CO: Sopris West Educational Services.

Paris, S. G., & Paris, A. H. (2001). Classroom applications of research on self-regulated learning. *Educational Psychologist, 36*(2), 89–101.

Pianta, R. C., & Walsh, D. (1996). *High-risk children in the schools: Creating sustaining relationships.* New York: Routledge.

Pool, J. L., Carter, D. R., & Johnson, E. S. (2013). Tier 2 team processes and decision-making in a comprehensive three-tiered model. *Intervention in School and Clinic, 48*(4), 232–239.

Powers, K., Hagans, K., & Linn, M. (2017). A mixed-method efficacy and fidelity study of Check and Connect. *Psychology in the Schools, 54*(9), 1019–1033.

Powers, L. J. (2003). *Examining effects of targeted group social skills intervention in schools with and without school wide systems of positive behavior support* (Doctoral dissertation, University of Missouri, Columbia). Retrieved from ProQuest Dissertations & Theses Global.

Quinn, M. M., Rutherford, R. B., Leone, P. E., Osher, D. M., & Poirer, J. M. (2005). Students with disabilities in detention and correctional settings. *Exceptional Children, 71*(3), 339–345.

Rapport, M. D., Denney, C. B., Chung, K., & Hustace, K. (2001). Internalizing behavior problems and scholastic achievement in children: Cognitive and behavioral pathways as mediators of outcome. *Journal of Clinical Child Psychology, 30*, 536–551.

Reynolds, C. R., & Kamphaus, R. W. (2004). *BASC-2: Behavior Assessment System for Children.* Circle Pines, MN: American Guidance Service.

Rodriguez, B. J., Loman, S. L., & Borgmeier, C. (2016). Tier 2 interventions in positive behavior support: A survey of school implementation. *Preventing School Failure: Alternative Education for Children and Youth, 60*(2), 94–105.

Ross, S. W., & Sabey, C. V. (2014). Check-In Check-Out + social skills: Enhancing the effects of check-in check-out for students with social skill deficits. *Remedial and Special Education, 36*(4), 246–257.

Sailor, W., Dunlap, G., Sugai, G., & Horner, R. H. (Eds.). (2009). *Handbook of positive behavior support.* New York: Springer.

Schiller, K. S. (1999). Effects of feeder patterns on students' transition to high school. *Sociology of Education, 72*, 216–233.

Sedlak, A. J., & Bruce, C. (2010, December). Youth's characteristics and backgrounds: Findings from the survey of youth in residential placement. *Juvenile Justice Bulletin*, pp. 1–11. Retrieved from *www.ncjrs.gov/pdffiles1/ojjdp/227730.pdf.*

Sheffield, K., & Waller, R. J. (2010). A review of single-case studies utilizing self-monitoring interventions to reduce problem classroom behaviors. *Beyond Behavior, 19*, 7–13.

Sheridan, S. M. (2014). *The tough kid: Teachers and parents as partners.* Eugene, OR: Pacific Northwest.

Sheridan, S. M., Clarke, B. L., Marti, D. C., Burt, J. D., & Rohlk, A. M. (2005). *Conjoint behavioral consultation: A model to facilitate meaningful partnerships for families and schools.* Cambridge, MA: Harvard Family Research Project. Retrieved from *www.researchgate.net/publication/242234891_Conjoint_Behavioral_Consultation_A_Model_to_Facilitate_Meaningful_Partnerships_for_Families_and_Schools.*

Shinn, M. R. (1989). *Curriculum-based measurement: Assessing special children.* New York: Guilford Press.

Shore, B. A., Iwata, B. A., DeLeon, I. G., Kahng, S. W., & Smith, R. G. (1997). An analysis of reinforcer substitutability using object manipulation and self-injury as competing responses. *Journal of Applied Behavior Analysis, 30*, 21–41.

Simonsen, B., Freeman, J., Goodman, S., Mitchell, B., Swain-Bradway, J., Flannery, B., et al. (2015). *Supporting and responding to behavior: Evidence-based classroom strategies for teachers.* Washington, DC: OSEP Technical Assistance Center.

Simonsen, B., Jeffrey-Pearsall, J., Sugai, G., & McCurdy, B. (2011). Alternative setting-wide positive behavior support. *Behavioral Disorders, 36*, 213–224.

Simonsen, B., Myers, D., & Briere, D. E. (2011). Comparing a behavioral Check-In/Check-Out (CICO) Intervention to standard practice in an urban middle school setting using an experimental group design. *Journal of Positive Behavior Interventions, 13*(3), 31–48.

Simonsen, B., & Sugai, G. (2013). PBIS in alternative education settings: Positive Behavior Support for youth with high-risk behavior. *Education and Treatment of Children, 36*, 3–14.

Simonsen, B., Sugai, G., & Negron, M. (2008). Schoolwide positive behavior supports: Primary systems and practices. *Teaching Exceptional Children, 40*(6), 32–40.

Sinclair, M. F., Christenson, S. L., Elevo, D. L., & Hurley, C. M. (1998). Dropout prevention for youth with disabilities: Efficacy of a sustained school engagement procedure. *Exceptional Children, 65*(1), 7–21.

Skedgell, K., & Kearney, C. A. (2018). Predictors of school absenteeism severity at multiple levels: A classification and regression tree analysis. *Children and Youth Services Review, 86*, 236–245.

Skowyra, K., & Cocozza, J. (2007). *Blueprint for change: A comprehensive model for the identification and treatment of youth with mental health needs in contact with the juvenile justice system.* Delmar, NY: Policy Research Associates, Inc., National Center for Mental Health and Juvenile Justice.

Smith, H. M., Evans-McCleon, M. T. N., Urbanski, B., & Justice, C. (2015). Check-In/Check-Out Intervention with peer monitoring for a student with emotional-behavioral difficulties. *Journal of Counseling and Development, 93*(4), 451–459.

Sugai, G., & Horner, R. H. (1999). Discipline and behavioral support: Preferred processes and practices. *Effective School Practices, 17*(4), 10–22.

Sugai, G., & Horner, R. H. (2002). The evolution of discipline practices: School-wide positive behavior intervention and support. *Child and Family Behavior Therapy, 24*, 23–50.

Sugai, G., & Horner, R. H. (2008). What we know and need to know about preventing problem behavior in schools. *Exceptionality, 16*(2), 67–77.

Sugai, G., & Horner, R. H. (2009a). Responsiveness-to-Intervention and school-wide positive behavior supports: Integration of multi-tiered system approaches. *Exceptionality, 17*(4), 223–237.

Sugai, G., & Horner, R. H. (2009b). Defining and describing schoolwide positive behavior support. In W. Sailor, G. Dunlap, G. Sugai, & R. H. Horner (Eds.), *Handbook of positive behavior support* (pp. 307–326). New York: Springer.

Sugai, G., Horner, R. H., Dunlap, G., Hieneman, G., Lewis, T. J., Nelson, C. M., et al. (2000). Applying positive behavior support and functional behavioral assessment in schools. *Journal of Positive Behavior Interventions, 2*(3), 131–143.

Sugai, G., Lewis-Palmer, T., Todd, A., & Horner, R. H. (2005). *School-wide evaluation tool.* Eugene: University of Oregon.

Sugai, G., Sprague, J. R., Horner, R. H., & Walker, H. M. (2000). Preventing school violence: The use of office discipline referrals to assess and monitor school-wide discipline interventions. *Journal of Emotional and Behavioral Disorders, 8*, 94–101.

Swain-Bradway, J. L. (2009). *An analysis of a secondary level intervention for high school students at risk of school failure: The high school behavior education program* (Doctoral dissertation, University of Oregon). Retrieved from *https://core.ac.uk/download/pdf/36685104.pdf.*

Swain-Bradway, J., Pinkney, C., & Flannery, K. B. (2015). Implementing SWPBIS in high schools: Contextual factors and stages of implementation. *Teaching Exceptional Children, 47*(5), 245–255.

Swoszowski, N. C. (2014). Adapting a tier 2 behavioral intervention, Check-In/Check-Out, to meet students' needs. *Intervention in School and Clinic, 49*, 211–218.

Swoszowski, N. C., Evanovich, L. L., Ennis, R. P., & Jolivette, K. (2017). Implementers view of CICO: Facilitators and barriers to successful implementation in residential settings. *Residential Treatment for Children and Youth, 34*, 107–121.

Swoszowski, N. C., Jolivette, K., & Fredrick, L. D. (2013). Addressing the social and academic behavior of a student with emotional and behavioral disorders in an alternative setting. *Journal of Classroom Interaction, 48*, 28–36.

Swoszowski, N. C., Jolivette, K., Fredrick, L. D., & Heflin, L. J. (2012). Check In/Check Out: Effects on students with emotional and behavioral disorders with attention- or escape-maintained behavior in a residential facility. *Exceptionality, 20*, 163–178.

Swoszowski, N. C., McDaniel, S. C., Jolivette, K., & Melius, P. (2013). The effect of Check In/Check Out including adaptation for non-responders on the off-task behavior of students with E/BD. *Education and Treatment of Children, 36,* 63–79.

Swoszowski, N. C., Patterson, D. P., & Crosby, S. (2011). Implementing Check In/Check out for students with emotional and behavioral disorders in residential and juvenile justice settings. *Beyond Behavior, 20,* 32–36.

Tanner, N., Eklund, K., Kilgus, S. P., & Johnson, A. H. (2018). Generalizability of universal screening measures for behavioral and emotional risk. *School Psychology Review, 47*(1), 3–17.

Taylor-Greene, S., Brown, D., Nelson, L., Longton, J., Gassman, T., Cohen, J., et al. (1997). School-wide behavioral support: Starting the year off right. *Journal of Behavioral Education, 7*(1), 99–112.

Todd, A. W., Campbell, A. L., Meyer, G. G., & Horner, R. H. (2008). The effects of a targeted intervention to reduce problem behaviors: Elementary school implementation of Check In-Check Out. *Journal of Positive Behavior Interventions, 10*(1), 46–55.

Todd, A. W., Horner, R. H., Berry, D., Sanders, C., Bugni, M., Currier, A., et al. (2012). A case study of team-initiated problem solving addressing student behavior in one elementary school. *Journal of Special Education Leadership, 25,* 81–89.

Todd, A. W., Horner, R. H., Sugai, G., & Sprague, J. R. (1999). Effective behavior support: Strengthening school-wide systems through a team-based approach. *Effective School Practices, 17*(4), 23–37.

Turtura, J. E., Anderson, C. M., & Boyd, J. R. (2014). Addressing task avoidance in middle school students: Academic behavior Check-In/Check-Out. *Journal of Positive Behavior Interventions, 16*(3), 159–167.

Tyack, D. (2001). Introduction. In S. Mondale & S. Patton (Eds.), *School: The story of American public education* (pp. 1–10). Boston: Beacon Press.

U.S. Department of Education. (2010). College- and career-ready standards and assessments. Retrieved from *www2.ed.gov/policy/elsec/leg/blueprint/faq/college-career.pdf.*

Van Acker, R. (2007). Antisocial, aggressive, and violent behavior in children and adolescents within alternative education settings: Prevention and intervention. *Preventing School Failure, 51,* 5–12.

Vincent, C., Tobin, T., Hawken, L. & Frank, J. (2012). Discipline referrals and access to targeted support in elementary and middle schools: Patterns across African-American, Hispanic-American, and White students. *Education and Treatment of Children, 35,* 431–458.

Walker, H. M., Horner, R. H., Sugai, G., Bullis, M., Sprague, J. R., Bricker, D., et al. (1996). Integrated approaches to preventing antisocial behavior patterns among school–age children and youth. *Journal of Emotional and Behavioral Disorders, 4*(4), 194–209.

Walker, H. M., Kavanagh, K., Stiller, B., Golly, A., Severson, H. H., & Feil, E. G. (1998). First step to success: An early intervention approach for preventing school antisocial behavior. *Journal of Emotional and Behavioral Disorders, 6*(2), 66–80.

Walker, H. M., Seeley, J. R., Small, J., Severson, H. H., Graham, B. A., Feil, E. G., et al. (2009). A randomized controlled trial of the first step to success early intervention: Demonstration of program efficacy outcomes in a diverse, urban school district. *Journal of Emotional and Behavioral Disorders, 17*(4), 197–212.

Walker, H. M., Severson, H. H., & Feil, E. G. (1994). *The Early Screening Project: A proven child-find process.* Longmont, CO: Sopris West.

Walker, H. M., Severson, H. H., & Feil, E. G. (2014). *Systematic Screening for Behavior Disorders (SSBD) technical manual: Universal screening for PreK–9* (2nd ed.). Eugene, OR: Pacific Northwest.

Warberg, A., George, N., Brown, D., Chauran, K., & Taylor-Greene, S. (1995). *Behavior Education Plan handbook.* Elmira, OR: Fern Ridge Middle School.

Whitford, D. K., Katsiyannis, A., & Counts, J. (2016). Discriminatory discipline: Trends and issues. *NASSP Bulletin, 100*(2), 117–135.

Williams, D. D. (2015). *Effects of the Strong Kids curriculum as a targeted intervention for students at-risk for developing depressive disorders* (Doctoral dissertation). Retrieved from ProQuest Dissertations & Theses Global.

Wolfe, K., Pyle, D., Charlton, C. T., Sabey, C. V., Lund, E. M., & Ross, S. W. (2016). A systematic review of the empirical support for Check-In Check-Out. *Journal of Positive Behavior Interventions, 18*(2), 74–88.

Wright, J. A., & Dusek, J. B. (1998). Compiling school base-rates for disruptive behavior from student disciplinary referral data. *School Psychology Review, 27,* 138–147.

Wu, P., Hoven, C. W., Bird, H. R., Moore, R. E., Cohen, P., Alegria, M., et al. (1999). Depressive and disruptive disorders and mental health service utilization in children and adolescents. *Journal of the American Academy of Child and Adolescent Psychiatry, 38,* 1081–1089.

Zhou, L., Goff, G. A., & Iwata, B. A. (2000). Effects of increased response effort on self-injury and object manipulation as competing responses. *Journal of Applied Behavior Analysis, 33,* 29–40.

索引

INDEX

（條目中的頁碼係原文書頁碼，檢索時請查正文側邊的頁碼。頁碼後之 *f* 和 *t* 為圖表之意）

B

check-outs 交通問題和簽到／簽退
30, 34, 51, 97, 161, 210

國家圖書館出版品預行編目（CIP）資料

正向支持學生的行為問題：簽到簽退策略之運用／
Leanne S. Hawken, Deanne A. Crone, Kaitlin Bundock,
Robert H. Horner著；洪儷瑜, 蔡淑妃, 翁素珍, 林迺超,
王心怡, 李忠諺, 袁銀娟譯. -- 初版. -- 新北市：心理出
版社股份有限公司, 2023.10
　　面；　　公分. --（教育現場系列；41154）
　　譯自：Responding to problem behavior in schools: the
check-in, check-out intervention, 3rd ed.
　　ISBN 978-626-7178-71-3（平裝）
　　1.CST: 學生 2.CST: 學校管理 3.CST: 問題學生輔導

527.4　　　　　　　　　　　　　　　　112014382

教育現場系列 41154

正向支持學生的行為問題——簽到簽退策略之運用

作　　　者：Leanne S. Hawken、Deanne A. Crone、Kaitlin Bundock、Robert H. Horner
策　　　畫：臺灣正向行為支持學會
校 閱 者：洪儷瑜、蔡淑妃
譯　　　者：洪儷瑜、蔡淑妃、翁素珍、林迺超、王心怡、李忠諺、袁銀娟
執行編輯：林汝穎
總 編 輯：林敬堯
發 行 人：洪有義
出 版 者：心理出版社股份有限公司
地　　　址：231026 新北市新店區光明街 288 號 7 樓
電　　　話：(02) 29150566
傳　　　真：(02) 29152928
郵撥帳號：19293172 心理出版社股份有限公司
網　　　址：https://www.psy.com.tw
電子信箱：psychoco@ms15.hinet.net
排 版 者：菩薩蠻數位文化有限公司
印 刷 者：辰皓國際出版製作有限公司
初版一刷：2023 年 10 月
I S B N：978-626-7178-71-3
定　　　價：新台幣 500 元